William Kirkpatrick de Málaga

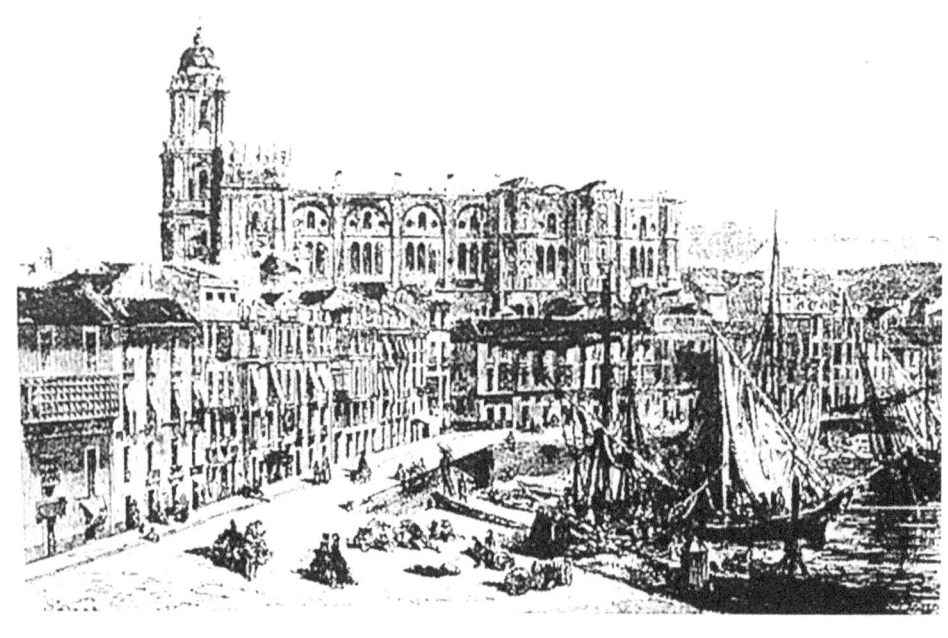

Doré, Gustave, Catedral y Puerto, Málaga

WILLIAM KIRKPATRICK DE MÁLAGA
1764 – 1837

CÓNSUL EN MÁLAGA, AFANOSO INDUSTRIAL
Y ABUELO DE LA EMPERATRIZ
EUGENIA, CONSORTE DE NAPOLEÓN III,
EMPERADOR DE FRANCIA.

Colin Carlin

The Grimsay Press
Escocia

The Grimsay Press
An imprint of Zeticula Ltd
The Roan,
Kilkerran,
KA19 8LS
Escocia

http://www.thegrimsaypress.co.uk

First published in English 2011 © Colin Carlin, 2011.
Primera Edición en Espanol © Colin Carlin, 2012.

Front Cover/Portada: David Roberts, *View of Málaga*, 1837-8.

All rights reserved. No part of this publication may be reproduced, stored in a retrieval system, or transmitted in any form or by any means, electronic, mechanical, photocopying, recording or otherwise, without the prior permission of the publishers.
Excerpts from *Aspects of the French Revolution* by Alfred Cobban, published by Jonathan Cape Limited, are used by permission of the Random House Group Limited.
Excerpts from *Ebb and Flow*, by Richard Herr, Chapter 7, *In Spain a History*, edited by Raymond Carr, are used by permission of Oxford University Press.
Excerpts from *Fernando Sor, Composer and Guitarist*, are used by permission of Dr. Brian Jeffery, Tecla Editions.
Excepts from Dr Jan Parmentier's study *Het Gezicht van de Oostendse Handelarr* - are used with the permission of The Archivist, Oostende Historische Publicaties.
Every effort has been made to contact all the illustration copyright holders. The author and the publishers will make good any in future editions any errors or omissions brought to their attention.

Todos los derechos reservados. Queda prohibida la reproducción de los textos e imágenes de la presente publicación, así como su almacenamiento o transmisión por cualquier medio, sea electrónico, mecánico, fotocopia, grabación o por cualquier otro similar, sin la previa autorización de sus titulares.
Las noticias procedentes de la obra *Aspects of the French Revolution* escrita por Alfred Cobban, publicada por Jonathan Cape Limited, se utilizan bajo autorización de Random House Group Limited.
Los extractos procedentes de *Ebb and Flow*, escritos por Richard Herr, al capítulo 7, *In Spain a History*, editado por Raymond Carr, se utilizan con autorización de Oxford University Press.
Los extractos procedentes de la obra *Fernando Sor, Composer and Guitarist* se utilizan bajo permiso del Dr. Brian Jeffery, Tecla Editions.
Las noticias procedentes de la obra del Dr Jan Parmentier, *Het Gezicht van de Oostendse Handelarr*, se utilizan bajo la autorización de The Archivist, Oostende Historische Publicaties. Se ha hecho todo lo posible por contactar con los legítimos titulares de los derechos de propiedad intelectual que existen sobre las imágenes que ilustran el presente trabajo. El autor y los editores se comprometen a reparar en futuras ediciones los errores u omisiones que se pongan en su conocimiento.

ISBN 978-1-84530-130-9

Dedicado a don Luis Kirkpatrick O'Donnell,
barón de Closeburn,
heredero de la famila Kirkpatrick,
1910-2011

"La historia, si es algo más que pura cronología, tiene también que ser algo más que recta historia política. Tiene que ser la historia de la actividad humana de manera específica, como la religión o la ley o la política o la producción".
Profesor Alfred Cobban

Índice

	Dedicación	v
	Las Ilustraciones	ix
	Explicación Previa	xi
	Introducción	1
1.	La profunda Escocia	9
2.	Los Kirkpatricks de Málaga	14
3.	Un Hidalgo entre los Kirkpatricks de Conheath	25
4.	Extensas Conexiones Familiares	30
5.	William y Fanny	38
6.	Los Kirkpatricks en el Extranjero	44
7.	Negocios Familiares	59
8.	Vida Consular	69
9.	Empresas en Málaga	84
10.	Churriana	89
11.	Vida Doméstica en Málaga	95
12.	Política y Reacción	103
13.	Vida bajo Ocupación: 1808 – 1812	115
14.	Años de Tribulación	129
15.	Últimos Días en Málaga	144
16.	El Trienio Liberal y Sus Secuelas, 1820 – 1823	148
17.	Pionero Industrial	156
18.	Días Finales	167
19.	Conclusiones Diversas	172
	Apéndice Documental	175
	Arboles Genealógicos	201
	Guía de Personajes	219
	Bibliografía	221
	Agradecimientos	233

Puerto de Málaga en las primeras décadas del siglo XIX

Las Ilustraciones

Vista de Málaga, 1823–1833 por David Roberts.	*portada*
Catedral y Puerto, Málaga por Gustave Doré.	Pág. ii
Puerto de Málaga a finales del siglo XVIII.	viii
La Emperatriz Eugénie, Franz Xavier Winterhalter.	xiii
[Château de Compiègne, Francia]	
Ella Rosa Carlin née, Jenkins o Richardson o de Montijo.	xv
Eugénie dibuja esta escena en Romanillos.	xviii
La Condesa de Montijo-Teba con sus hijas.	xx
[Biblioteca Nacional, Paris]	
Napoleón III.	2
Torre del castillo de Closeburn reconstruidas con el material del Old Hall.	12
[Imagen procedente de don Enrique Kirkpatrick Mendaro]	
Closeburn Hall en el siglo XIX.	13
El coronel Cipriano Palafox Portocarrero, conde de Teba y luego de Montijo.	21
[Retrato por Vicente López, Archivo Palacio de Liria, Madrid]	
Carnaval de elegantes disfraces ofrecido por la condesa de Montijo, en febrero de 1843, junto a Paca, Eugenia y su tía Carlota Kirkpatrick y Kirkpatrick.	22
[Colección del Duque de Peñaranda]	
Conheath House, hoy.	28
[Imagen procedente de don Enrique Kirkpatrick Mendaro]	
Ruina de la Gallegos Flour Mills, Richmond Virginia, 1865.	32
[Fotografía de Alexander Gardiner]	
Francisca (Fanny) de Grivegnée y Gallegos.	33
[Imagen procedente de don Enrique Kirkpatrick Mendaro]	
Retrato del ingeniero Ferdinand de Lesseps (1805–1894) Fotografía Nadar.	35
María Mañuela Kirkpatrick y Grivegnée, Condesa de Montijo.	41
[Biblioteca Nacional de Madrid]	
Lugar probable de la casa comercial de John Kirkpatrick en Sint Jozefstraat, Ostende.[Procedente de Gijs Speltincx]	46

John Kirkpatrick, Ostende, por Edouard Pingret . [M. John Kirkpatrick de Bruselas]	47
William Escott Kirkpatrick, el hijo de John Kirkpatrick de Ostende. [Retrato por Edouard Pingret. M. John Kirkpatrick de Bruselas]	48
Eliza Anne (Parkinson) Kirkpatrick, le esposa de William Escott Kirkpatrick y sus hijos. Retrato por Edouard Pingret. [M. John Kirkpatrick de Bruselas]	50
Corsario tunecino aborda al *Mercury* de Boston. [M.F. Corné]	71
Comodoro Dale, marina estadounidense [Retrato por John Ford]	73
La goleta estadounidense *Enterprise* captura al corsario tripolitano *Tripoli* el 1 de agosto de 1801 [Capitán Bainbridge Hoff]	75
El capitán Bainbridge tributa al Dey.	78
Calle San Juan, casa no 36, con similares características.	95
El barrio del Perchel, Málaga. [Archivo Díaz de Escovar, Málaga]	96
Calle San Juan de Dios por la Puerta de Los Abades, en marco de la Catedral -1945. [Archivo Municipal de Málaga]	97
Calle San Juan de Dios, hacia 1945, próxima al antiguo Hospital San Juan de Dios. [Archivo Municipal de Málaga]	98
Viejas casas próximas a la Puerta de Los Abades. [Archivo Municipal de Málaga]	99
Fernando Sor. [litografía por M. N. Bates de Goubeau]	100
Plaza de la Constitución, Málaga en el siglo XIX.	148
Casa de Eugénie de Montijo, Calle de Gracia, Granada.	152
La Emperatriz Eugénie.	161
Patente de hidalguía otorgada a John Kirkpatrick of Culloch por Edinburgh College of Heralds. [Archivo Municipal de Málaga]	201

Explicación Previa

La presente biografía tiene sus orígenes en un viejo cuento familiar de princesas españolas y apuestos traficantes de armas. Mi interés por la historia de la emperatriz Eugenia y los Kirkpatricks de Málaga se inició hace mucho tiempo en tierras lejanas. Cuando niño crecí en un lugar remoto, por entonces llamado Rhodesia del Norte, en el corazón del África Central. Este pequeño pueblo colonial de Abercorn se convirtió en un refugio africano de clima perfecto, aire de montaña y aguas claras.

En este lugar idílico, primero escuché hablar acerca de nuestra romántica tradición de un enlace familiar: Carlin con la "brilliant Eugénie", condesa de Teba, también conocida como la condesa de Montijo. Este vínculo se decía provenía de nuestra bisabuela, la cual se había casado con Rhett Butler, figura de *Lo que el viento se llevo*, el cuento americano del "Old South". Acaso esto no era bastante, y a ello se le añadió el mito de una emperatriz, Charleston y el mundo novelesco Sudeño.

Algunos años más tarde, cuando tuve 19 años, estaba en Johannesburgo, en Sudáfrica, tomando un almuerzo con mi abuelo de 90 años de edad, George Carlin, en su "Club". Éste resultó ser la sala de una conocida tienda comercial, y su mesa estaba en la primera fila, justo detrás del escenario, donde las modelos desfilaban a la última moda de París. Sé que mi abuelo intentó decirme lo que él conocía de esta historia, y sé que mucho de su relato se borró de mi memoria de adolescente al contemplar aquellas maravillosas chicas.

Después de muchos años de búsqueda, he podido reconstruir la mayor parte de la historia de su padre, el capitán James Carlin, el elegante traficante de armas. La historia que intentó contarme sobre Ella Rosa, su exótica madre, es todavía mucho más que un misterio.

He recobrado nuestras historias de amoríos familiares a partir de las cartas del capitán Carlin, historias y escrituras de mi familia en Inglaterra y Escocia, así como California, Estado de Washington y Florida en los EEUU, y en Sudáfrica, además de archivos y registros de muchas partes del mundo que han estado a mi alcance.

El tráfico de armas fue sólo una de las actividades del capitán Carlin entre 1861 y 1880. Él desapareció durante los diez años comprendidos entre 1881 a 1891. Cuando apareció, de nuevo y por última vez, se aseó en el Bowery frente a la costa de Nueva York necesitado de la ayuda de sus amigos en esa ciudad, porque pudo haber perdido su barco en un desastre en la costa occidental de Groenlandia o quizá ocurriría alguna otra calamidad. Si bien, el caso es que murió en esa ciudad en 1921. Mis intentos por rellenar lagunas en su vida llevan a una revisión de la historia de su esposa, y una búsqueda para encontrar información y corroboración. Este estudio de William Kirkpatrick es el resultado de esa búsqueda para probar o desmentir la historia que mi abuelo contaba sobre Ella Rosa.

En los Censos de Texas de 1860 consta que mi bisabuela, Ella Rosa Carlin, había nacido en Louisiana en 1841. Sea como fuere, sabemos que ella se casó en Charleston, en Carolina del Sur, el 5 de mayo (fecha insigne para los Bonapartistas) en el año 1857, con el capitán James Carlin, un inglés que trabajaba con el Departamento Estadounidense de Guarda Costas. Con los brotes de la Guerra Civil de los Estados Unidos y la imposición del bloqueo de la marina estadounidense a los Estados Confederados Sureños, él se convirtió en un afamado comandante de los veloces barcos de vapores grises, que especialmente diseñó para correr sobre los bajos costeros, atravesando el bloqueo de la flota de la Marina de los Estados Unidos en los puertos de la Confederación.

Llegó a ser capitán superintendente para la compañía de importación y exportación South Carolina y un gran accionista en la compañía y, desde ahora, se convertirá en el comodoro de nuestro cuento. Importó municiones y armamento para el ejército Confederado y exportó algodón a Europa. Después de numerosas aventuras, incluyendo dos periodos breves como prisionero de guerra, él y su familia salieron para Liverpool a finales de 1863. En la búsqueda de nuevas aventuras, reaparece en los archivos transportando artillería, pertrechos, uniformes y hombres en la costa de Cuba en apoyo del intento de Céspedes para derrocar el gobierno Peninsular en La Habana, ello durante la Guerra de los Diez Años (1868-1878).

¿Y qué hay sobre Ella Rosa? Su leyenda comienza por ser sobrina o prima de Eugenia de Montijo, las descripciones varían. Ella clamó en su "lecho de muerte" –aunque más tarde se recuperó- que su "tía Eugénie" era la fuente de los fondos secretos que ella usó para educar a su familia -tres de sus hijos fueron a la universidad en Alemania- y para vivir con cierto estilo en Nairn, en Escocia, y más tarde para preservar su modesta casa de clase media en el Londres Victoriano. Ella utilizó "Montijo y de Montijo" como nombre de soltera en las partidas de nacimiento de la mayoría de sus 15 hijos, entre ellos su hijo mayor y también la más exitosa de sus hijas, Louise Harriet, que usó 'de Montijo' como segundo apellido.

La emperatriz Eugenia (Franz Winterhalter)

¿Acaso era ella una fantasiosa o inventó este extravagante romance para explicar exóticos orígenes americanos y españoles en el "Old South"? ¿Fue quizá una elaborada coartada para preservar los fondos que había logrado ahorrar desde la ruina de la Confederación, y más tarde de los abogados, de los acreedores y de los agentes de gobierno? Habría mucho que hablar sobre la sangre española y los característicos y singulares rasgos españoles. Sus hijas fueron todas mujeres educadas para la época y evidentemente creyeron las fantasías familiares. Una de ellas fue, ciertamente, una romántica. Fue guionista de algunas tempranas películas con la que obtuvo crédito. Otra de ellas, fue propietaria de una afamada casa de convalecencia de Harley Street en Londres y persona muy práctica y realista. No parece que estén vinculadas con las familias Montijo en Améica, que probablemente les viene dado el nombre por el pueblo cercano a Badajoz, en la provincia de Extremadura.

Mi abuelo dejó escrito que el padre de Ella Rosa fue un rico colono de Virginia que perdió todo su dinero en los bonos Confederados. Quedaron muchísimos colonos arruinados en los Estados Sureños tras la marcha de Sherman hacia el mar y las expropiaciones de la Unión. Pero nuestra familia en los Estados Unidos afirma que la madre de Ella Rosa murió de parto y que la niña se crió en un Convento. La familia en Johannesburgo afirma incluso que las monjas intentaron quedarse con su dinero. Esto implica que ella pudo haber sido huérfana y se crió bajo tutela sufragada con su propio peculio. Después de muchos años de investigación, no hemos encontrado huella alguna de sus orígenes en los Estados Unidos. Se casó como Ella Rosa Jenkins, pero declaró en varias ocasiones que su apellido era formalmente el de "Montijo", y también fue formalmente el de "Richardson". ¿Acaso fue una prometida dada a la fuga que escondía su identidad?

Podría haber vínculo con Eugenia a través de la familia Lesseps de Nueva Orleans, que fueron auténticos, aunque remotos primos de Montijo. Estos Lesseps estuvieron casados con la familia Richardson en Louisiana. Los miembros de la familia que se instalaron en Júpiter, pequeña población de la costa de Florida (USA), vinculan a Ella Rosa con Nueva Orleans. Un centenario Carlin, con 102 años de edad, capitán de la U.S. Navy, recordaba la conversación de su abuela acerca de Ella Rosa, y cómo sus viejas titas chismeaban quedamente sobre Ella Rosa y "guardaban silencio".

Ella Rosa Carlin née Jenkins o Richardson o de Montijo

Lo que en realidad se desconoce de Ella Rosa es su origen materno. Los censos de New Braunfels (Texas) conservan los datos de Ella con su marido y su primer niño, y un tal Edward Jenkins, que pudo ser un hermanastro. También muestran su nacimiento en Louisiana, donde se dice que su marido poseía una gran plantación de azúcar tras la Guerra Civil. Ella Rosa murió en Chelsea, en Londres, en 1914.

¿Cómo pueden estas historias ser reconciliadas? ¿Hay sobrinas o hijas perdidas de las extensas familias Kirkpatrick, Grivegnée, Gallegos, Cabarrús o acaso incluso de las familias Portocarrero y Palafox y Guzmán, quién pudo ser esa madre que murió de parto dejando una hija huérfana al cuidado de monjas en la lejana América?

Aunque no he encontrado evidencias directas que respalden esta hipótesis, hay múltiples posibilidades tentadoras. La declaración que Ella Rosa sostuvo sobre sus orígenes secretos hasta su "lecho de muerte" sugiere, de por sí, que eso sea verdad, ya fuera una realidad importante en su vida que tuvo que ser mantenida oculta, o quizá fuera hilvanada para esconder el origen oculto de los fondos, que no podía ser revelado a la familia. Su marido había ganado grandes cantidades de dinero como corredor de bloqueo y pudo haber escondido algo, pero una relación con la mítica emperatriz parecía una historia muy elaborada para inventarla cuando realmente sería más convincente una explicación más simple y de mayor credibilidad.

Una solución sensata podría enlazar esta historia con la idea de una hija "perdida". El abuelo de Eugenia, William Kirkpatrick y Wilson, tuvo tres hijas que llegaron a edad adulta y otra que pudo haber muerto joven aunque, al parecer, ya se había desvinculado de la familia. Hubo numerosos comerciantes extranjeros en la Málaga de los siglos XVIII y principios del XIX. El cultivo y la manufactura de algodón y azúcar, así como la explotación minera fueron todo un gran negocio para los Kirkpatricks, Grivegnées y los Lesseps en Málaga. Es razonable suponer que muchos de sus éxitos fueron debido a la experiencia americana traída desde los Estados Sureños, quizá con la ayuda de los "primos" Lesseps y Richardson en Nueva Orleans. Fácilmente podemos imaginar una bella joven andaluza que es llevada en 'volandas' a América, concretamente por un joven americano que regresa a casa después de un sustancioso contrato en España. La familia española pudo haber visto este enlace matrimonial inapropiado, quizá en las diferencias religiosas, pues todos los niños de Ella Rosa crecieron bajo el anglicanismo protestante. Su familia pudo haber desaprobado semejante pretendiente, y pudo haberle sacado fuera de los registros, y ciertamente hay indicios de que esto pudo haber ocurrido.

William Kirkpatrick y Wilson retrasó durante algunos días la entrega de su puesto en el consulado americano para completar las estipulaciones sobre la hacienda dejada tras la muerte del americano Richardson, que se suicidó en Málaga en 1818. Mademoiselle E. Richardson estaba enclaustrada en el convento de Ursulinas en Nueva Orleans durante el mismo periodo. William Kirkpatrick y su esposa Fanny aparecen registrados algunas veces con dos hijos más que "fallecieron jóvenes". Uno de ellos fue su hijo Guillermo y la otra sería Elisabeth, su otra hija o tal vez sobrina, que murió joven en la lejana América. En este tiempo el nombre de Ella se solía usar como diminutivo de Elizabeth.

No obstante existen también otras posibilidades. Si tomamos en consideración cómo admite Ella Rosa en el lecho de muerte que Eugenia fue su tía, también desde ese entonces tenemos que considerar la forma en que pudo haber ocurrido. Dejando aparte otras definiciones y traducciones de "tía", la implicación evidente de Ella Rosa es que su madre fue la hija no registrada de Francisca, nieta de William Kirkpatrick, más tarde duquesa de Alba, y hermana de la emperatriz Eugenia de Montijo, o quizá de alguna otra hermana que ha desaparecido o estuvo oculta a la vista.

Y aunque parezca sorprendente, ello no trasciende completamente la mera prueba circunstancial y contemporánea. Eugenia y su hermana mayor Francisca fueron a una excursión a caballo por las extensas tierras de La Mancha en 1839, con ambas iba el futuro marido de Francisca, el duque de Alba, y el joven marqués de Alcañices, más tarde duque de Sesto, quien estaba locamente enamorado de Francisca. Eugenia entretanto estaba enamorada del duque de Alba y más tarde del marqués de Alcañices. Estaban bien poco acompañados, sólo por sirvientes. Lo curioso es que existen noticias que sugieren que Eugenia pudo haber tenido una aventura amorosa durante esta excursión. El historiador Prosper Mérimée escribió a la madre de ambas, María Manuela, mostrando alarma por ciertos acontecimientos durante esta época, y la grandiosa boda de Francisca con el duque de Alba fue demorada durante un año o más con la excusa que los vestidos habían de ser traídos desde París.

Existen dos familias en Inglaterra que tienen historias curiosas de ser descendientes de un niño secreto de Eugenia o Paca que podría haberse originado en este incidente[1]. Su madre, la temperamental y brillante señora María Manuela Kirkpatrick y Grivegné, actuando de una forma excepcional y quiz imprudente, dej a sus hijas adolescentes adentrarse al

1   Cartlidge, Joyce, *Empress Eugénie: Her Secret Revealed*.

interior de las tierras manchegas durante algunas semanas con sus dos pretendientes. Ella pudo haber esperado cimentar los lazos con el duque de Alba y el duque de Sesto, que era también un buen partido para su hija.

"Eugenia dibujó esta escena en Romanillos, en la que se aprecia a la duquesa de Alba junto a Pepe Alcañices y Eugenia reclinándose sobre el terreno".

Si Ella Rosa fuese la hija de la piadosa Francisca, posterior duquesa de Alba, entonces su madre sin duda la calificaría casi para ser llamada una "Spanish Princess". La descripción dada sobre la madre de Ella Rosa por los Carlins en Johannesburgo quiza sólo se hizo eco de las difamaciones de Hilliare Belloc sobre Napoleón III y su prometida princesa española.

Permanece otra posibilidad que no habría pasado inadvertida a ningún familiar. María Manuela no fue de ninguna manera una inocente. Sobre ella surgieron habladurías de haber tomado como amante a George

Villiers, posterior Lord Clarendon y ministro británico de Asuntos Exteriores, y también hubo historias sobre otros. Napoleón III estuvo preocupado con el comportamiento de su suegra, y le concedió dinero de manera elegante para alejarla de París. El embajador español en Bruselas se quejó al conde de Montijo acerca de las actividades de su tan distante esposa.

El conde Cipriano Portocarrero replicó en tono angustiado que su esposa doña María Manuela estaba fuera de su control. Estos rumores acaso sólo pudieron haber sido el resultado de sus veleidades amorosas, en concreto de aquellos que coquetearon con ella en su salón. Eugenia, cuándo fue emperatriz de Francia, enviaba fondos secretos a los pobres españoles refugiados en América por medio del Dr. Evans, su dentista de Filadelfia. Y algunos de estos, probablemente, fueron a parar a manos de la familia de Ella Rosa, que como sabemos siempre ocultó el origen de sus fondos económicos.

¿Hubo quizá otra hija Kirkpatrick de una anterior generación que fue enviada para cimentar las distantes relaciones familiares en América o acaso se casó con un extranjero errante? ¿Era ésta la hija despreciada que se casó bajo su posición social, mencionada por mi prima Ethel Jones cuando recordaba en su carta las memorias de familia de su madre en San Francisco? Pero también Cipriano tuvo hermanas Montijo. Tal vez una de ellas tuvo a una hija que acabó siendo exiliada española en los Estados Unidos durante los disturbios de las Guerras Carlistas en España. Como tales descendientes, se confeccionaría una explicación perfectamente razonable del por qué Ella Rosa usaba el apellido Montijo.

Otra posibilidad podría referirse a la esposa de William Kirkpatrick, Françoise de Grivegnée y Gallegos, que tuvo un tío en Richmond, Virginia, llamado José o Joseph Gallegos; fue muy próspero y dejó a sus sobrinas en Málaga un sustancial legado tras su muerte en 1817. Quizá dejó un legado a una sobrina o a una hija que llegó a ser la madre de Ella Rosa en 1840, de este modo encaja el vínculo de Virginia referido por mi abuelo. También es posible que exista una conexión cubana a través de los últimos Kirkpatricks que se reacomodaron allí o de Alexander Kirkpatrick de Wilmington N.C.

Sea como fuere, estas viejas leyendas familiares, además de la romántica historia, realmente me han conducido a una investigación minuciosa de la familia Kirkpatrick en Málaga, sus contactos sociales y comerciales, y una visión amplia de la vida de los siglos XVIII y principios del XIX de una saga mercantil decididamente internacional.

La Condesa de Montijo-Teba con sus hijas. Biblioteca Nacional, París

Introducción

La celebridad de la familia Kirkpatrick de Málaga deriva en gran parte de su nieta Eugenia, condesa de Teba y consorte de Napoleón III y, como tal, emperatriz de Francia durante los gloriosos años del Segundo Imperio. Indudablemente Eugenia también había estado en el ojo público como su sobrina nieta, la duquesa de Alba, cuya conocida heredera, llamada Cayetana del Alba, es todavía centro de atención de todas las revistas de sociedad en España. Eugenia tuvo un papel dinámico y marcó tendencia para mujeres de medio mundo, y su ascenso y decadencia fueron ampliamente resaltadas tanto en las noticias políticas como en las columnas de sociedad desde Nueva Zelanda, San Francisco y las capitales de Europa hasta los pueblos más pequeños que dispusieran de un periódico mensual. Su hermana Francisca, más conocida como Paca, fue poco menos célebre en su día, en su papel de duquesa de Alba, pero su fama se desvaneció con su muerte prematura.

Eugenia se casó con Luis Napoleón, elegido Presidente-Emperador de Francia el 25 de enero de 1853. Si bien, ella no fue la primera mujer extranjera de sangre no real en estar sentada sobre el trono de Francia, aunque con toda seguridad fue la última.

Luis Napoleón, que llegó a ser el tercer emperador Bonaparte de los franceses, fue oficialmente el hijo de Luis Bonaparte, el hermano predilecto del gran emperador Napoleón Bonaparte, y que durante un periodo fue Rey de Holanda y Hortense de Beauharnais. Ella fue la hija de Josefina, la esposa del Emperador de su primer matrimonio. Pero ciertos rumores y un estudio de los movimientos de todas las familias implicadas, sugieren que él bien podría haber sido el hijo del Emperador. El asunto de las fechas es complicado por el hecho indiscutible que el niño nació un mes prematuro. Ambos la Emperatriz y su marido estaban en París en el tiempo pertinente, no obstante Hortense y Luis Bonaparte eran notablemente incompatibles y él, consumido por los celos, pidió en breve el divorcio.

En cualquier caso, la verdad es que Luis Napoleón explotó despiadadamente su apellido familiar para ganar su elección como Presidente de Francia, y por tanto como Emperador. Fue un hombre capaz, de amplios horizontes, de mente abierta y analítica, pero nunca habría logrado estas cotas de poder sin el respaldo leal de los reaccionarios de Bonaparte y su abrumadora ambición personal.

Napoleón III

Mucho de la Francia que vemos hoy, los grandes bulevares de París, las grandiosas ciudades provinciales, los bancos y las cooperativas agrícolas de crédito y bastante más, son producto de su concienzudo esfuerzo y trabajo. Él pasó algún tiempo en los Estados Unidos e Inglaterra, había observado cómo debería funcionar un estado moderno y determinó decididamente reformar Francia.

A las hijas de Montijo se les había inculcado los ideales de Napoleón I. Su elegante padre, el coronel Cipriano Portocarrero, que había luchado con Napoleón en la defensa de París, había llenado la cabeza de su hija, la joven Eugenia, con cuentos de gloria del emperador y sus éxitos militares. Aunque Inglaterra, y los países que él ocupó, podían tener una visión muy diferente del tirano que dominó Europa durante casi dos décadas, lo cierto es que Napoleón revolucionó ley y gobierno en Francia, así como en buena parte del resto de Europa, y transformó los ideales de la revolución francesa en una forma republicana de democracia.

El joven Luis Napoleón, portador de la antorcha de los Bonapartistas y su heredero, había sido héroe de infancia de Eugenia. Pero su fascinación con la leyenda de Napoleón, y la inminente posibilidad del trono de Francia, no impidió su intento de casarse con Pepe Alcañices, conde de Sexto, su pretendiente de adolescencia, y el hombre que ella realmente amó, antes de aceptar la insistente oferta de matrimonio de Napoleón III.

Pero Eugenia se distingue por otra importante razón. Siempre discreta, fue toda una autoridad detrás del trono. Napoleón III sufría de inclementes piedras en los riñones y padecía a menudo tal dolor que fue incapaz de atender el gobierno de la nación. Eugenia le sustituyó en reuniones del Gabinete Francés como su Regente en 1859, 1865 y 1870 y así se convirtió en la primera mujer de sangre no real en mantener el poder directo sobre el destino de la mayor potencia europea. Eso sí, tendió a tomar una posición conservadora que contrastó con las tendencias más liberales de su marido.

Durante la primera visita de Estado a Inglaterra de la pareja imperial, Eugenia entabló entrañable amistad con la reina Victoria, amistad que duró el resto de sus vidas. Victoria fue de carácter astuto y apreció muchas de las cualidades de la condesa española.

Así las cosas, podemos lanzar la cuestión: ¿Cómo fue que la nieta de unos comerciantes escoceses llegó a convertirse en la Emperatriz consorte y regente de la Francia y amiga personal de la Reina de Gran Bretaña y el Imperio Británico, por entonces las naciones más poderosas? Su historia ha sido contada lo suficiente en muchas ocasiones. Pero la historia de su familia, sus orígenes y conexiones, nunca han sido examinados en detalle. Se le ha quitado importancia o se le ha hecho caso omiso al papel de William Kirkpatrick y Wilson en establecer los cimientos para la progresión exitosa de María Manuela a través de la corte real de Europa, y la brillante llegada de su hija Eugenia a la escena europea.

Los Kirkpatricks estaban en Andalucía hacia la década de 1730. Pudieron haberse establecido en España antes de esa fecha y haber estado en el país desde siglos atrás. Este estudio se centra en la vida de William Kirkpatrick y su familia más allegada. La fama de su descendencia y el glamour de su vínculo con el Segundo Imperio supone que sus orígenes en Escocia han sido extensamente investigados y documentados. Los viajeros románticos, de paso por España, anotaron sus contactos con la familia y escribieron sobre ellos en sus cuadernos de viajes, recordando largas y distantes tertulias cuando su celebridad se convirtió en noticia internacional.

Cabe hacer un profundo estudio del aspecto familiar de los Kirkpatricks y Grivegnées de Málaga, en especial por el interés universal de su extraordinaria progenie desarrollada durante los últimos 150 años. En primer lugar, su hija mayor, la genial y extravagante María Manuela y luego su hija, Eugenia, y su vinculación con la gloria y tragedia de Napoleón III y su Segundo Imperio. Las numerosas biografías de Eugenia y Napoleón III, las cartas de Prosper Mérimée a María Manuela, y abundantes referencias más casuales sobre William Kirkpatrick, son suficiente material histórico para ilustrar la vida de una familia de mercaderes en Málaga durante más de cien años, desde que en 1730 Juan Kirkpatrick aparece en documentos oficiales hasta la muerte de William en 1837.

Las referencias más contemporáneas dan una vista imparcial razonable de sus orígenes sociales, su relación permanente con Gran Bretaña, su vida en Málaga y sus contactos comerciales internacionales en Europa y los Estados Unidos. También tendremos una visión del trabajo de un cónsul extranjero en tiempos turbulentos. Aunque las verdaderas lealtades de Kirkpatrick y sus puntos de vista permanecen oscuros, ellas pueden dilucidarse por sus propios socios comerciales y sus reacciones ante los acontecimientos. Disponemos de abundantes cartas comerciales y consulares escritas de su propia pluma para ayudarnos a juzgar su personalidad y calidad humana. No obstante su compañero, el cónsul americano en Alicante, hizo algunos comentarios críticos a James Munroe sobre lo que él consideró como las excesivas simpatías francesas de Kirkpatrick. Para los americanos, su asociación con el famoso comodoro Bainbridge, de la Marina de los Estados Unidos, es especialmente llamativa. Cartas oficiosas, escritas por su amigo el Cónsul Británico, sugieren un hombre de humor irónico escocés y un sentido agudo para los negocios. Su carácter y su actitud ante los acontecimientos son reflejados por las vidas y reacciones de sus socios comerciales, de sus amigos y de los hombres que se casaron con sus hijas. Su larga asociación con Henri de Grivegnée, su amistad con Cipriano, conde de Teba, y con William Laird, cónsul Británico, así como la posición social y los extensos intereses comerciales con la familia Cabarrús son buena prueba de sus puntos de vista políticos y sus alianzas.

Los Kirkpatricks de Málaga provenían de una grande y compleja familia escocesa con muy diversas ramas genealógicas. Tras generaciones llegaron a estar asociados con otras familias igualmente influyentes: los Cabarrús, Grivegnées, Gallegos y Quilty, así como los Powers y Neumanns y otras establecidas en Málaga. Algunos de estas relaciones tendrían que ser investigadas en detalle para lograr un entendimiento de sus asociaciones y sus métodos de negocio.

Los académicos americanos Jesus Cruz y David Ringrose han estudiado la ascensión de la clase capitalista española y han puesto de manifiesto cómo la aristocracia escoge miembros comerciantes de la clase media para manejar sus finanzas y expandir la economía. Jesús Cruz expone como ejemplo la familia Cabarrús y el Banco de San Carlos para mostrar este proceso de trabajo en Madrid, detallando el sistemático uso de contactos familiares, matrimonios consanguíneos y captación de clientes por parte de un gran número de familias de Madrid. Su estudio sobre la ascensión de la familia Cabarrús abrió el camino para la investigación sobre los magnates extranjeros del azúcar del XIX en Andalucía.

Ringrose ha elaborado un estudio detallado de la economía española y el comercio en los siglos XVIII y XIX. Pero también pone de relieve un punto significativo en relación con los orígenes de los vínculos de la familia Kirkpatrick en España. Mientras había similar línea en Escocia, los acercamientos de Kirkpatrick siguieron el patrón español en el reclutamiento de socios para sus negocios. Ringrose explica al sistema español de mancebos o aprendices[2]. Hombres jóvenes con potencial fueron reclutados de la casa familiar en las provincias para aprender el comercio y fortalecer los negocios familiares. Los matrimonios se concertaron de forma similar, con el fin de casarse con prometedores *mancebos*. Recientemente Manuel Muñoz Martín ha escrito sobre los promotores de la economía de Málaga en el siglo XIX y ha descrito con

---

2   Ringrose, David R., *Spain, Europe, and the "Spanish Miracle" 1700–1900*, Cambridge U. P., 1996.

detalle el desastre financiero por el que pas toda la familia en los años que siguieron a la ocupación francesa de la ciudad.

Estos y otros académicos españoles han investigado los aspectos sociales y económicos de la alta burguesía extranjera en Málaga. Sus estudios tienden a mirar la colonia como un todo y examinar, de manera general, las dificultades que este grupo de colonos afrontó en los agitados siglos XVIII y principios del XIX. Su demografía ha sido dibujada y su sociedad ha sido descrita. Sus formas de recaudar capital, sus acuerdos financieros, su estratificación social y sus afiliaciones religiosas han sido presentadas en el contexto de sus relaciones con los productores locales y con la población española. Los trabajos que existen publicados han tratado sobre las reacciones ante las agitaciones políticas de la época, pero aún nadie ha examinado en detalle los orígenes sociales y el desarrollo concreto de una de estas familias procedentes de las Islas Británicas.

Blanca Krauel ha estudiado sobre los muchos viajeros británicos en España y ha descrito sus reacciones sobre esta tierra y sus gentes. También ha puesto en evidencia cómo los comentarios adversos de estos visitantes a menudo se hicieron en sus posteriores publicaciones, que a veces se volvieron contra sus amigos y colegas en España. María Begoña Villar García también ha examinado a los residentes extranjeros con cierto detalle y los ha introducido en el contexto social español. Su trabajo fija un amplio contexto social y académico, con una mirada muy personal sobre una de las familias más grandes y poderosas.

El presente estudio trata de demostrar que William Kirkpatrick fue miembro prominente de una extensa red interrelacionada de comercio e influencia. Él no fue un mero refugiado jacobita por razones propagandísticas, tanto para Republicanos Franceses como para legitimistas Borbones después de la caída del Segundo Imperio. Ni era un comerciante irlandés exitoso en Málaga, como proclaman algunos Nacionalistas Irlandeses, ni fue nativo americano. Emprendió negocios familiares con energía e iniciativa, ayudado por un importante puesto consular y familiar y conexiones comerciales y políticas en América y Europa.

William Kirkpatrick juega un papel en la sombra en las numerosas historias y biografías de la emperatriz Eugenia y Napoleón III. Existen referencias a él en fuentes secundarias, especialmente en biografías del siglo XX sobre Eugenia, que son a menudo realmente imprecisas y calcadas de obras similares de finales del siglo XIX, fuertemente influenciadas por los anti-bonapartistas y los Communards de París y muy alentada por la prensa sensacionalista[3].

---

3   *Les Droits de l'Homme*, Paris, Sept. 1876.

La región de Andalucía, con sus antiguas tierras de Granada, Córdoba y Málaga, y con su romanticismo decimonónico, se convirtió en el itinerario de muchos viajeros ingleses haciendo el 'Grand Tour'. Los cónsules americanos y británicos, y sus amigos y socios, fueron una parte fundamental de la excursión española. Dispensaron consejos y cartas de presentaciones para los gobernadores de la ciudad, cobraron o renovaron letras de cambio y proveyeron refugio seguro para angustiados visitantes.

El señor Arthur de Cappell Brooke[4] escribía en 1831:

"No sé, ciertamente, si el robo o asesinato es más general (en Málaga) que en otras partes de Andalucía, aunque demasiado frecuente para un viajero tranquilo e inofensivo como yo; me siento bastante incómodo cuando dejo la acogedora casa de mis amigos, Mr Kirkpatrick y Mr Mark, (Cónsul Británico) y continuo mis pasos a lo largo de la silenciosa Alameda hacia mi hotel".

Estas fuentes inglesas aportan un comentario lejano, otra mirada y otra voz. Dan una perspectiva distante sobre los acontecimientos en España. En el presente trabajo he procurado usar extractos de muchos autores extranjeros para revelar pormenores históricos que no siempre serán conocidos por los estudiosos malagueños.

Es curioso que algunas fuentes contemporáneas francesas tiendan a acreditar que Kirkpatrick tenía mucho dinero, "riche á millions"[5], mientras algunas fuentes en lengua inglesa dan mucha más importancia al desarrollo de sus bodegas, algunas veces mal traducidas por Wine Bar[6].

Al menos para los ojos de un español, los Kirkpatricks, Grivegnées y sus socios comerciales eran todos firmes *afrancesados*, y de notorias afiliaciones a los ideales del Republicanismo Francés; los tempranos sentimientos reformistas de Napoleón debieron influenciar sus reacciones durante los acontecimientos vividos en España e incluso más allá[7].

El eclipse de Napoleón debió también poner fin a sus prósperas y confortables vidas como colonos en tierra extranjera, y vino a resentir su riqueza y su aparente infidelidad para su país adoptivo. Pero tanto él como sus socios extranjeros mostraron el camino para la rápida expansión de las actividades comerciales e industriales españolas en los años que siguieron al final de las Guerras Carlistas.

---

4   De Cappell Brooke, Sir Arthur, *Sketches in Spain and Morocco*, Vol. II, London, 1831, p. 205. reseña trata sobre Thomas Kirkpatrick, cónsul de Hanóver.
5   Mevil, André, *Vie Espagnole de L'Impératrice Eugénie*, París, éditions Ventadour, sin fecha.
6   Tache, Louis-H, *Les homes du jour galerie de portraits contemporains*, Montreal, Canada, 1894, p. 259.
7   Mevil, André, *op.cit.*

La verdad es que él se mostraba como hombre de ideas liberales y progresistas, y de gran iniciativa. En diversos periodos llegó a alcanzar la prosperidad deseada, no obstante sufrió una serie de pérdidas provocadas por los efectos del bloqueo británico durante los largos años de la Revolución y de las Guerras Napoleónicas. Sus dificultades continuaron bajo la autoridad del Sistema Continental de Napoleón de embargos comerciales y se extendieron al período de desasosiego popular que siguió a la invasión francesa, en la llamada Guerra de la Independencia española, la ocupación de Málaga y sus secuelas, y la segunda invasión francesa y los disturbios de los años de 1820. Siguiendo el ejemplo de su hermano John, él no llegó siquiera más allá de unas pequeñas sanciones por negocios ocultos al margen del fisco.

El decreto de Berlín de Napoleón de noviembre de 1806 frenó a los aliados de Francia, y a los países que ocuparon, de comerciar con Gran Bretaña. Esto fue ampliado por el Decreto de Milán de 1807 y fue contrarrestado por los ingleses con una Orden del Consejo que detuvo a los tradicionales socios comerciales de Gran Bretaña de comerciar con Francia.

William Kirkpatrick tuvo que llevar a cabo una vida pública y notoria contra los tumultuosos acontecimientos. Para comprender completamente sus dificultades y sus éxitos necesitaremos mirar nueva y detenidamente estos acontecimientos históricos. Como las generaciones pasan, ésta bien conocida historia se ha vuelto distante y poco familiar. En cierta forma él encontró un camino para sobrevivir, muchos otros no lo hicieron ni pudieron. Málaga quedó en un estado desastroso cuando los franceses dejaron la ciudad en 1812. Él emergió como un hombre sagaz para los negocios, si bien atrapado por los vaivenes políticos. Parecía haber reconstruido su prosperidad años más tarde, sin embargo nunca recobraría su antigua riqueza.

1. La profunda Escocia

La familia Kirkpatrick repetía el mismo set de nombres cristianos desde hacia generaciones. Las líneas genealógicas de los Closeburn son bastante complejas y mejor será dejar a los especialista desenredar los polvorientos expedientes que conserva la tierra escocesa, las patentes de hidalguía, así como demás antiguos documentos legales. A aquellos que estén interesados en obtener más información familiar les remito al libro del General Charles Kirkpatrick citado en la bibliografía.

Los orígenes de esta emprendedora familia descansan en las tierras de cultivo de Dumfriesshire, al suroeste de Escocia. Sus tierras fueron amasadas en propiedad en torno al antiguo Royal Burgh de Dumfries y a lo largo del valle del río Nith, en Nithsdale. Tuvieron bajo su dominio hasta el Solway Firth y más allá del mar Irlandés. Los pueblos y aldeas de Closeburn, Kirkpatrick y Conheath se encuentran todos cercanos a aquel lugar. La frontera inglesa está a 25 millas al este en Gretna, donde la carretera de Dumfries conecta con la carretera principal a Carlisle y sigue dirección a Londres. Es una región con una historia afligida por rebeliones jacobitas e invasiones inglesas. Los Kirkpatricks sobrevivieron adaptándose a los acontecimientos, y asegurando que un miembro de la familia en algún lugar, de alguna manera, terminaría en el lado triunfador. Aportarían a sus negocios, sus innatas dotes y su sagacidad escocesa en lo tocante al dinero y al comercio.

Pero fueron más que una aristocracia provincial. En 1596 el rey James dio protección al cabeza de familia.

"grantis and gevis licence to one trusty and familiar servator Thomas Kirkpatrick of Closeburn and to his eldest son to depairt and pas furth of our realme to the parties of France, Flanders and utheris beyond sea, and thair in, for the space of five years meanwhile their lands, stedings, possessions, offices, tenants, servants, to remain in our special protection, to be unharmit, untroublit unmolested or unquieted in any sorte be any person or personis for quhat somever cause"[8].

El general Charles Kirkpatrick comenta que "quizá Sir Thomas tomó la sabia precaución de preparar unas largas vacaciones con la certeza de que su propiedad quedaba pues asegurada". Pero el punto de vista internacionalista de Kirkpatrick pudo haber empañado este viaje

---

8   Kirkpatrick, General Charles: *Records of the Closeburn Kirkpatricks,* p. 95.

a Francia y Flandes, que por entonces era regida por España, y habría incluido Ostende.

El joven Willie Kirkpatrick y Wilson, que llegó a convertirse en cónsul de los Estados Unidos en Málaga, fue el segundo hijo que sobrevivió de William Kirkpatrick y Gillespie de Conheath (1737 – 1787), en Nithsdale. Bernard Burke, miembro de la nobleza de los Burke, escribiendo en 1855 declara, que estos Kirkpatricks "mantuvieron la posición de clase acomodada provincial vinculados por matrimonios entre parientes con algunas preeminentes familias locales"[9]. La madre de Willie fue Mary, hija de John Wilson de Kelton de Kirkcudbright; algunas millas más el oeste.

William Kirkpatrick era nieto de Robert Kirkpatrick y Gillespie de Glenkiln que apoyó al "Bonnie Prince" Charles Edward Stuart en el "45", en la Rebelión Jacobita[10], y como consecuencia fue decapitado en el patíbulo en 1746. Esta conexi es probablemente el origen de la idea romántica de que William fue un jacobita exiliado en España por razones políticas. Pero esta visión confunde los motivos de William con aquellos que tuvieron las anteriores generaciones que se diseminaron alrededor del mundo después de la caída de la Primera Rebelión Jacobita de 1715, conocida como "los Quince". Siguiendo la senda marcada por muchos de sus familiares, abandon su tierra natal para abrirse paso en el mundo y no escapar nunca de las tropas inglesas. Logr entonces fortuna y un lugar destacable en la historia gracias a la fama de su nieta Eugenia, condesa de Teba.

Su relación con la línea de Robert de Glenkiln y con Thomas Kirkpatrick de Knock, de la línea Kirkmichael, dio a los Kirkpatricks de Conheath una importante conexión con las honorabilidades y el 'standing' de los Kirkpatricks de Closeburn, su linaje histórico y sus abrumadoras posesiones de tierras.

Estos antiguos Kirkpatricks tuvieron vínculos con varios reyes de Escocia y con Robert the Bruce y Lord Darnley, marido de la reina María de Escocia, y los Hamiltons, primeros duques de Escocia. A mediados del siglo XV, la familia dividida entre los Closeburn y los Kirkmichael continuaron casándose entre parientes durante las generaciones siguientes.

Después de la muerte del último lord de Kirkmichael en 1689, su hacienda fue dividida entre sus dos hijos George Kirkpatrick de Knock

9   Burke, Bernard, *A Visitation of the Seats of the Noblemen and Gentlemen of Great Britain*, Heraldry – 1855, p. 145. (Herald's Office, Edinburgh, 16 de Mayo de 1791).
10 Los jacobitas eran partidarios de la restauración en el trono de Inglaterra de Jacobo II Estuardo o sus descendientes. En 1668 Jacobo se convierte al catolicismo; en 1685 asciende al trono de Inglaterra e intenta la restauración oficial de la religión católica Su nieto fue Charles Edward Stuart, conocido como *The Young Pretender* (El Joven Pretendiente) o más popularmente *Bonnie Prince Charlie*.

y Robert Kirkpatrick de Glenkiln, de quien James Kirkpatrick de Collumpton y sus hijos Robert y John y también William de Conheath y su hijo William de Málaga son todos descendientes. George se alistó en el ejército Inglés y sirvió en Irlanda, donde su hijo Alexander se estableció y alcanzó éxito convirtiéndose en High Sheriff de Dublín y más tarde del condado circundante.

A Sir Thomas Kirkpatrick, cabeza de la línea principal de Closeburn, se le dio título de barón de Nueva Escocia por Carlos II en 1685 "por la inquebrantable fidelidad" así como una cuantiosa donación para la plantación de esa remota colonia[11].

Como resultado de las rebeliones jacobitas y otras desgracias, los Kirkpatricks de Closeburn perdieron muchas de sus tierras, que sumaban unos 14,000 acres. Su castillo siempre había sido muy pequeño y la familia construyó en las cercanías una casa solariega. Aunque un descuidado sirviente la incendió en 1748 y regresaron a la restaurada torre del castillo. La hacienda fue vendida en 1778 por una muy sustancial suma de 500,000 libras y la familia se diseminó. En 1889, el castillo de Closeburn era descrito más bien como una cárcel pequeña, que tuvo mejores días, que como residencia palaciega[12]. Closeburn Hall fue destruido por el ejácito Británico durante la Segunda Guerra Mundial. Closeburn está a pocos kilómetros al norte de Dumfries, en lo que hoy es la carretera A76. El castillo de Closeburn, ahora restaurado, es de la propiedad de don Luis Kirkpatrick, directo descendiente de Thomas Kirkpatrick Stothart y Carlota Kirkpatrick y Grivegnée.

Pero esta amplia y dispersa familia se mantuvo unida durante numerosas generaciones, concertando exitosos matrimonios y retuvieron su posición en la sociedad escocesa e inglesa sin grandes propiedades y tierras.

Primos se casaron con primos y la familia quedó vinculada por este tipo de relaciones conyugales. La prueba evidente de su posición social se encuentra en los puestos de gobierno mantenidos por los miembros mayores, sus nombramientos consulares y sus distinguidos servicios militares.

---

11 Kirkpatrick, Alexander de Lapere, *Chronicles of the Kirkpatrick Family*, publicado privado.
12 *Otago Witness*, (New Zealand) Issue 1871, de 29 de agosto de 1889, p. 33. http://paperspast.natlib.govt.nz/cgibin/paperspast

Torre del castillo de Closeburn reconstruida con piedra del "Old Hall"

Closeburn Hall en el siglo XIX

Tanto los hijos como las hijas contrajeron matrimonios muy beneficiosos. Los hijos mayores de la línea Closeburn disfrutaron del estatus de hacendados o terratenientes escoceses y sirvieron en el ejército, la marina de Guerra y la judicatura, a menudo logrando alto rango. Los hijos menores y aquellos pertenecientes a la línea más joven se abrieron paso en el comercio como mercaderes internacionales, tal como era usual en las familias escocesas de esta clase. Los Kirkpatricks y las demás familias emparentadas, tales como los Aiskells, Escotts y Parkinsons, usaron alianzas matrimoniales y relaciones familiares para mantener los vínculos más o menos interconectados, ampliando las sociedades mercantiles en nombre colectivo desde Londres a los Países Bajos, Hamburgo y París, y hacia la localidad de Adra y la ciudad de Málaga, en España, y tanto más allá hasta al Caribe y los Estados Unidos.

2. Los Kirkpatricks de Málaga

La información sobre la descendencia y las relaciones de los primeros Kirkpatricks de Málaga ha sido extractada de sus testamentos, conservados en los Archivos Nacionales Británicos, así como biografías contemporáneas y registros oficiales de la prensa de la época. Estas noticias no fueron examinadas con mucho detalle por el General Charles Kirkpatrick y los demás estudiosos de la obra y figura de Kirkpatrick.

William Kirkpatrick de Málaga nació en Escocia el 24 de mayo 1764, hijo de William Kirkpatrick y Gillespie de Conheath y Mary Wilson. Su actual descendiente, Enrique Kirkpatrick y Mendaro, marqués de Placetas, documenta que William pasó sus primeros años en Caerlaverock, (Escocia) donde sus padres vivían desde 1761, después que se trasladaron desde Garrel. Tanto él como sus numerosos hermanos y hermanas habitaron la mansión de Conheath, en Glencaple, que su padre construyó para acomodar a su numerosa familia de 19 hijos. Una vieja amiga de la infancia en Dumfries (Escocia) registró que "Willie Kilpatrick fue su amigo de juego y compañero de colegio" y durante su infancia fueron vecinos de los niños del terrateniente. Ella dice que él fue a "buscar fortuna en Londres, donde se convirtió en comerciante. Después marchó hacia España y se reacomodó en Málaga donde se casó con una señora de una gran familia española"[13].

La documentación consular expresa que, tras recibir una "educación liberal", fue a Ostende a unirse a una casa comercial. William logró llegar por medio de astucia a Londres para trabajar con la firma comercial de su primo hermano, Robert Kirkpatrick, y de aquel lugar marchó a Ostende donde su hermano mayor, John Kirkpatrick y Wilson, era un próspero comerciante. Otros miembros familiares le siguieron a Ostende y luego a Málaga a la muerte de su padre en 1787. Hay noticias en la Ewart Library de Dumfries que demuestran que su padre sufrió dificultades financieras al final de su vida y la hacienda de Conheath y sus efectos personales fueron vendidos para pagar a sus acreedores[14].

El poeta escocés Robert Burns, desesperado de llevar una vida de granjero, prestó servicio en el Departamento de Aduanas del puerto

---

13 *The Leisure Hour*, editado por William Haig Miller, James Macaulay, William Stevens - Great Britain , 1905, p. 328.

14 Ewart Library, Dumfries, GGD74/3/9 – 17 documents. (véase también GGD/55).

marítimo de Dumfries por un sueldo de 50 libras al año. William Kirkpatrick y Gillespie de Conheath había sido su colega y jefe según menciona su propio testamento; era tasador de aduanas del puerto de Dumfries al momento de su muerte el 2 de diciembre de 1787. Su hijo menor Thomas, que nació el 25 de julio de 1766 y que después marchó a Dunkirk (Hamburgo), y luego a Málaga, fue nombrado como su único albacea. Este testamento fue impugnado el 14 de noviembre del mismo año por Robert Riddick, representando al difunto William Riddick, por una cantidad de quinientas libras más intereses. El documento recoge la firma de Riddick Kirkpatrick & Ross, de quién el señor William Kirkpatrick y Gillespie era socio, y también la de la Gatehouse Wine Company. Esta acción procesal removió del cargo de albacea a Thomas Kirkpatrick y Wilson, que fue reemplazado en la persona de Robert Riddick. De ello podemos deducir que ambos William Kirkpatrick, padre e hijo, estaban en similar tipo de negocios.

Los archivos holandeses y belgas muestran que John Kirkpatrick y Wilson de Ostende, el mayor de los hermanos, mantuvo intenso comercio con Dumfries. John tuvo que regresar a Dumfries para resolver las dificultades con la hacienda de su padre y el resto de acreedores. El hijo de su tío John Kirkpatrick y Gillespie de la Isla de Man le ayudó a decidir sobre los asuntos de su padre. Su tío incluso contribuyó con su porción de tierras familiares de la herencia, casi dos quintas partes de Nether Glenkiln, en la liquidación final de las deudas de William padre[15].

William Kirkpatrick y Wilson no fue el primer escocés, ni el primer miembro de la familia en ganarse la vida en el Sur de España. Los Archivos Nacionales en Londres recogen una temprana petición desde "Malek" España, que data hacia los años 1325 – 1350, así como la última voluntad de un antiguo mercader llamado John Corny, comerciante inglés que falleció en 1622, y un tal Robert Wilson que murió allí en 1691. Robert Bowden y Robert Warner también fueron comerciantes ingleses en Málaga en 1664.

En 1696, cónsules británicos, lugartenientes y otros de la 'Royal English Factory' en Málaga enviaron congratulaciones al rey William II de Inglaterra. El hecho de que ellos le llamaran como William Segundo sugiere su prejuicio escocés, a juzgar porque este Rey William fue el segundo de ese nombre para el reino de Escocia, pero el tercero para Inglaterra. Ello fue una declaración de su lealtad para el nuevo Rey Protestante, y fue probablemente diseñada para demostrar que no eran simpatizantes jacobitas.

---

15 Kirkpatrick, General Charles, *op. cit*, p. 178. esta obra aparece diversa documentación relacionada con estos eventos.

Otro antiguo colono británico fue John Galwey de Irlanda. Ejerció el oficio de Síndico Personero, le fue otorgada la Gran Cruz de Carlos III y ganó reconocimiento de Hidalguía el 24 de agosto de 1765. Se emparentó con la familia Quilty de Irlanda, que fueron también antiguos colonos irlandeses en Málaga. Galwey se quedó en España después de recibir en herencia la abrumadora fortuna de su padre. Uno de sus hijos se alistó en el ejército en la honorable Compañía de las Indias Orientales, evidenciando su continuo apego por Gran Bretaña, otros hijos se quedaron en Málaga, y un nieto se casó con un descendiente de los Cabarrús y Kirkpatrick[16].

Estos primeros comerciantes "ingleses" se beneficiaron de acuerdos especiales de comercio, del "estatus de la nación más favorecida", por las concesiones que los españoles habían otorgado a Inglaterra bajo el tratado Anglo-español de 1667, renovado en 1713, 1715 y 1750. Estos beneficiosos acuerdos de comercio fueron comparados "como las Indias de la Europa" por un economista español del siglo XVIII[17].

Los Kirkpatricks que se establecieron en Andalucía están divididos en confusas líneas colaterales que descienden de Thomas de Knock, perteneciente a la rama Kirkmichael de la familia Kirkpatrick establecida en Dumfries. Este Thomas tuvo tres hijos: Robert, que fue ajusticiado como jacobita en el "cuarenta y cinco", James, que marchó a Inglaterra y prosperó, y George que se estableció en Irlanda.

James es mencionado en diversos testamentos de los Kirkpatrick y Escott que lo vinculan con la familia de Dumfries, y figurando como cabeza de familia. Se casó en 1686 con Elizabeth Cerradora de Cullompton, en Devonshire, Inglaterra, y fue el padre de los primeros Kirkpatricks de Málaga.

James y Elizabeth tuvieron cuatro hijos: Robert de Málaga y de Woodford, en el condado de Essex; Abraham, comerciante en Málaga y más tarde en Londres, y John, más conocido como 'Juan de Málaga'. Su hermana Elizabeth se casó con el Mr. Escott de Málaga. Abraham era socio en las empresas de Málaga y consta en abundante documentación conservada en los archivos de Málaga. Otro hijo, llamado James, se convirtió en eminente jurista y ocupó el cargo judicial en la Chancillería de 'Master in Extraordinary'[18].

El Jacobita Robert Kirkpatrick de Dumfrieshire tuvo cuatro hijos

---

16 Blackall, Sir Henry, *The Galweys of Munster*, Part II, http://www.galwey.com/genedocs/galweys_of_munster.htm

17 Lydon, James G., *Fish and Flour for Gold, 1600 – 1800: Southern Europe in the Colonial Balance of Payments*, Library of Philadelphia, 2008.

18 *Lectic Law Library*, http://www.lectlaw.com/def2/m091.htm

con nombres similares a sus primos. El mayor fue William de Conheath, padre de William de Málaga. El siguiente hijo fue Thomas, quien se emparentó con la familia Craig de Tobago, en las Indias Occidentales. El tercer hijo fue también un tal Robert, que supuestamente permaneció en Dumfries, y luego un tal John que se estableció en la Isla de Man (véase el apéndice nº 7 para más información sobre el referido John). A juzgar por los datos disponibles, queda claro que los mencionados Robert y John fueron tíos de los comerciantes malagueños del mismo nombre durante el período de 1730 a 1779.

William de Conheath disfruto de toda una extensa familia, muchos de sus miembros aparecerán en la presente obra, donde explicaremos cómo se reacomodaron en el extranjero y terminaron sus días cerca de Málaga. Su hijo mayor John fue comerciante internacional y dueño de barcos en Ostende, pronto asociado con un John Kirkpatrick no identificado, que fue también dueño de barcos en la plaza, y pudo haber sido el Juan de Málaga, de la misma fecha, que poseyó un barco con Mr. Browne. El siguiente hijo que sobrevivió fue William, nuestro biografiado y progenitor de los Kirkpatricks Españoles. El hijo menor era Thomas, que fue durante algunos años comerciante en Dunkirk y posteriormente en Hanover antes de ser destinado a Málaga como cónsul de Hanover.

Las actas del Archivo Municipal de Málaga ponen de manifiesto que un Juan Kirkpatrick estaba envuelto en la exportación y el comercio en la ciudad en 1730. Esta fecha puede ser significativa pues los gobiernos españoles y británicos habían firmado el Tratado de Sevilla en 1729 poniendo fin al turbulento período de hostilidades que había seguido a la Guerra de Sucesión Española. Él fue seguido por sus hermanos, Robert y Abraham Kirkpatrick y Capper, y por William Escott, que se casó con su hermana mayor, Elizabeth Kirkpatrick y Capper. Su hijo, John Kirkpatrick Escott, también aparece en los archivos, en la documentación del siglo XVIII, y estuvo muy activo en los asuntos del Consulado del Mar de Málaga, poniendo mucho de su parte para modernizar el puerto marítimo e incrementar el comercio. El hermano de William, Thomas, fue cónsul y comerciante. El sobrino de William, Thomas James Kirkpatrick y Stothart, y su sobrino nieto Alexander Thomas Kirkpatrick y Kirkpatrick, fueron también cónsules honorarios británicos algunos años más tarde. Esto es una señal de su creciente integración, pues los Kirkpatricks de la primera generación se emparentaran con británicos, así como con la comunidad extranjera, mientras sus hijos, nacidos en España, tendieron a emparentarse con prominentes familias españolas. Las relaciones anteriores son ya poco claras y acaso pueden resultar ligeramente diferentes, pero los varones fueron todos hermanos, primos o tíos.

La documentación histórica que aún se conserva apunta que Juan Kirkpatrick y Capper fue el primer miembro de la familia en establecerse en España. Su hermano Abraham Kirkpatrick y Capper fue descrito como comerciante en Londres cuando él murió en 1777. Pero Abraham Kirkpatrick estuvo íntimamente asociado con Francis Aiskell, comerciante de Málaga y cónsul británico; y había cerrado relaciones comerciales con sus hermanos Kirkpatricks en Málaga. Pasó tiempo en esta ciudad formando la *Abraham Kirkpatrick et Cíe* que se especializó en maniobras de buques y trabajos en el muelle. En el testamento de Abraham, fechado el 16 de enero de 1777, le dejó un sustancial legado a su hermano Robert y a sus nietos Aiskell, e indicaba que él era residente de Clapham, en el Condado de Surrey[19]. El testamento español de Juan Kirkpatrick confirma que él es hermano de Abraham y Robert, siendo el tercer hijo de James Kirkpatrick de Cullompton, en Devonshire.

Documentos fechados entre 1730 y 1732 en los archivos de la ciudad de Málaga muestran a un Juan Kilpatrick - también Kxikpatxick y otras varias formas de deletrear su apellido - en el contexto de una importación de 2.903 fanegas de harina, cuando la máxima carga para un mulo era 2.5 fanegas. Esta consignación resultó ser aproximadamente ciento treinta toneladas métricas y fue distribuida como alivio por la carestía que vivían los vecinos de la ciudad[20]. Posey un barco en copropiedad con Francisco Bowne, el cual trajo trigo a Málaga en un tiempo de suma necesidad. John o Juan Kirkpatrick no es mencionado en la última voluntad de Abraham, siendo así, él pudo haber fallecido hacia 1777. Claramente Francis Aiskell introduce a Juan Kirkpatrick en el comercio malagueño, y Robert Kirkpatrick y Capper se le uni a ellos y se hicieron responsables de su firma comercial. Por entonces estaban vinculados por lazos familiares a los Escotts, que también son reseñados en la última voluntad de Abraham. Este vínculo entre los Escotts y Aiskells confirma que estos primeros Kirkpatricks en Málaga fueron parte de la extensa familia de Kirkpatrick en Dumfries y conecta a ellos con la familia en Ostende y luego en Bruselas. Otros documentos históricos ponen de manifiesto que Robert Kirkpatrick y Juan Escott eran todavía comerciantes en la ciudad a mediados del siglo XVIII.

El primer hijo de James, Robert, es referido en los archivos familiares en estado de soltero, aunque hay indicios para pensar que pudo haber

---

19 The National Archives, Kew, PROB 11/1027, testamento de Abraham Kirkpatrick.
20 Archivo Municipal de Málaga (en adelante AMM), 1730 – 1732, 143/5.

enviudado en España. Los documentos conservados en el Archivo Histórico Provincial de Málaga, fechados en 1777, manifiestan que era natural de Cullompton, en Devonshire. Robert fue descrito en su propia esquela fúnebre, publicada en *The Gentleman's Magazine* de 1781, como un comerciante muy confidencial en el comercio español[21]. Sus legados confirman que efectivamente éste es el mencionado Robert Kirkpatrick y Capper. Murió dejánole una fortuna abrumadora a sus diseminadas sobrinas y sobrinos. Estos incluye a una sobrina nieta Charlotte Aiskell, y a su hermano Francis Aiskell, los nietos de su hermano menor, Abraham Kirkpatrick, cuya hija Charlotte se cas con Mr Francis Aiskell, cónsul británico en Málaga desde al menos 1763[22]. El hijo de William Escott y Elizabeth née Kirkpatrick era John Kirkpatrick Escott, que estuvo avecindado en Málaga durante 30 años antes de 1781[23]. Tuvo relaciones comerciales con Henri de Grivegnée y dej sus asuntos en manos de Henri cuando tuvo que abandonar España.

Hacia el 11 de enero de 1757 se registra a Francis Aiskell escribiendo a William Pitt[24]. Era por entonces cónsul británico en la ciudad cuando Juan, Abraham y Robert Kirkpatrick y Capper y William Escott eran residentes. Charlotte Aiskell se cas con James Reed, High Sheriff de Essex y director del Banco de Inglaterra. Éste es el James Reed que había mantenido negocios con John Kirkpatrick Escott cuando regres a Inglaterra. Reed fue patrocinador del nombramiento de William Kirkpatrick como cónsul de los Estados Unidos en 1800 y también fue un buen referente de su probidad comercial, as como socio, junto a Jeremiah Parkinson, en los diversos negocios de Robert Kirkpatrick en Londres[25].

La dramática muerte de Robert de Glenkiln en 1746 en el patíbulo de Edimburgo dispersó a su familia e incluso algunas de sus nietas tomaron el camino a España o se casaron con hombres que pasaron buena parte de sus vidas en Málaga. Su relativo éxito, a pesar de tal pérdida, señala que la familia tuvo recursos más allá de Escocia. Tales recursos externos sólo pudieron haber sido contactos sociales y comerciales, pero los posteriores matrimonios de sobrinas nietas con el gobernador del Banco de Inglaterra y con un teniente gobernador de la Torre de Londres, dan a entender que

---

21 Véase el documento nº 3 del apéndice documental para más información sobre Robert Kirkpatrick.
22 *Notes and Queries*, Oxford University Press, 1934. Item notas: v.167, Jul-Dec, p. 352.
23 Procedimientos de la Corte de Apelación, Londres, p. 349 in the 29th year of the reign of George III.
24 The Cambridge Historical Journal 1937, v. 5-6, 1935-1940 citing PRO: *S.P.F.*, Sp 154.
25 Kirkpatrick, General Charles: *op.cit.*, p. 187-88.

fueron parte de un extenso grupo social que mantuvo posiciones de cierta influencia en la ciudad de Londres.

Al tiempo que las alianzas matrimoniales sellaban las sociedades mercantiles y abrían puertas, fuertemente selladas, a una diferente clase social, religión o nacionalidad, estos asuntos fueron la máxima importancia y debieron ocupar las mentes de un buen número de madres ansiosas o tías solteronas. A decir verdad, William Kirkpatrick cimentó una anterior alianza comercial con John Kirkpatrick Escott, Robert Kirkpatrick y Henri de Grivegnée mediante la boda de la hija de Henri, Françoise.

Lo cierto es que la hija de William y Françoise, María Manuela, protagonizó una boda espectacular cuando se casó con el Conde de Teba, por entonces presunto e improbable heredero de la espléndida lista de títulos que poseían los Montijo y sus muy considerables propiedades y haciendas.

La hermana de María Manuela, Henriette, también 'encontró buen partido'. Se casó con Domingo Cabarrús, hijo del mismísimo banquero del Rey y, en su momento, se convirtió en la condesa de Cabarrús. Los Cabarrús fueron de origen francés y de la primera generación de nobles que habían emprendido su propio camino, dada la habilidad de su padre. El conde de Teba, con otros socios de Málaga, fue el mayor accionista en el Banco de San Carlos, fundado por don Francisco, primer conde de Cabarrús[26].

La tercera hermana, Catalina Carlota Kirkpatrick y Grivegnée, se casó con su primo, Thomas James Kirkpatrick y Stothart de Ostende. Es descrito como súbdito Británico dedicado al comercio y miembro del Alto Comercio Marítimo de Málaga. Fue hijo de Juan Kirkpatrick y Wilson, de Ostende, y de doña Juana Stodhart, de Dumfries. Don Thomas James agregó en depósito la cantidad de 100,000 rsv. a los 31,644 rsv. que su prometida había entregado como dote[27].

Este matrimonio reforzó los lazos dentro de las alianzas mercantiles de la familia y las dotes parecieron formar parte sustancial del capital de sus empresas. Aunque debieron también causar muchas dificultades en los años siguientes. Tales alianzas fueron la senda seguida por muchos comerciantes extranjeros, como los Quiltys, Lorings, Rellies, Gordons, Powers, Terrys y otros muchos.

---

26 *Vigésimo sexta Junta General de Accionistas del Banco Nacional de San Carlos, celebrada en la casa del mismo Banco en el día 20 de abril de 1808.* Madrid, 1815.
27 Archivo Histórico Provincial de Málaga (en adelante AHPM), 1730 – 1732, 143/5.

El coronel Cipriano Palafox Portocarrero, conde de Teba y luego de Montijo.

William tuvo varias hermanas que le siguieron hasta España, sin embargo no se casaron, aunque al menos una de ellas se convirtió al catolicismo romano. Sin embargo, sus tías, hermanas de Francesca Kirkpatrick y Gallegos, se casaron con familias de igual rango: una de ellas con un cónsul polaco con influyentes contactos locales, y otra con una familia de mercaderes extranjeros establecida durante mucho tiempo en el Sur de España.

Carnaval de elegantes disfraces ofrecido por la condesa de Montijo, en febrero de 1843, junto a Paca, Eugenia y su tía Carlota Kirkpatrick y Kirkpatrick.

Hoy es difícil de apreciar la brecha que existió entre las prósperas familias de comerciantes y las antiguas familias nobles de España. Su exclusividad aristocrática descansó en títulos de propiedad y *pureza de sangre*, en especial en una genealogía intacta de sangre católica[28]. La familia Palafox Portocarrero Guzmán, de quien Cipriano, conde de Teba, fue descendiente, fue la más grande entre las grandes. Sin embargo se cas con María Manuela Kirkpatrick en un tiempo en el que su estatus de noble contaba bien poco. Había renunciado a su título y se convirti en el mero coronel Portocarrero, cuando hubo razón pequeña para pensar que su hermano mayor, Eugenio, conde de Montijo y renombrado mujeriego, aùn no podía dar un heredero.

Sin embargo en 1817 estuvo también en un punto bajo financiero. Su hermano le retenía las rentas debidas procedentes de las haciendas en Teba, que le pertenecían legítimamente como hijo segundo. Aunque más significativamente en este contexto, su fortuna política estaba también desgastada. Como Liberal y notorio defensor de los franceses, había perdido toda la influencia de su estatus dentro de la jerarquía de la principal nobleza española. Su misma presencia en España estaba autorizada por el Rey, y ello significaba que era de poca duración.

Cipriano tuvo gran dificultad para persuadir a su hermano de que su prometida era apropiada para un grande de España. Eugenio fue conservador y defensor de la nobleza que jugaba un papel muy notable en la vida política de la corte en Madrid. Pero María Manuela fue descrita como "riche a millions et belle comme le jour"[29]. Ella fue también altamente inteligente y educada en cinco idiomas; tuvo una voz excelente para el canto y, como veremos, una personalidad muy enérgica. Ella debi haber causado en William y Fanny un buen número de ansiosos momentos. Enrique Kirkpatrick comenta que, tras la paciente lectura de las biografías de la emperatriz Eugenia y su madre María Manuela, la ve como una mujer de gran temperamento y mucho carácter, causando numerosos roces con su padre que también debi tener un fuerte carácter.

"De la lectura y cotejo de los distintos libros biográficos de la Emperatriz Eugenia de Montijo se desprende que María Manuela Kirkpatrick Grivegnée era una mujer de gran temperamento y de mucho carácter, lo que debió provocar múltiples roces con su padre (William Kirkpatrick Wilson) que sin duda alguna también tuvo un fuerte carácter".

El matrimonio de María Manuela puede ser visto como un salto al poder para la hija de un negociante, pero, que duda cabe, éste era también un momento muy oportuno para entrar en el más alto escalafón de la sociedad española, que ella culminó convirtiéndose, durante poco tiempo, en la principal dama de honor para la Reina en el corte de Madrid.

28 Cruz, Jesús, *Gentlemen Bourgeois and Revolutionaries*, Cambridge U P, 1996.
29 Llanos y Torriglia, Felix de, *Lettres Familières de L'Impératrice Eugénie*, 1935.

Aunque se dice que la reacción inicial de William Kirkpatrick fue la de estar en contra de la boda con Cipriano, que daba la apariencia de estar sin suficientes fondos para mantener una posición apropiada en la sociedad, William eventualmente estuvo de acuerdo bajo condición que la dote que su hija aportara al matrimonio fuera tratada, por ley, como sus propios fondos, en previsión de su futura seguridad.

¡Ciertamente fue un hombre resuelto para mantenerse firme en contra de los halagos de una hija con tanto carácter como María Manuela! Su atinados esfuerzos para ascender en la escala social, le dio a esta audaz señora la plataforma que necesitaría más tarde para lanzar a sus hijas por los más exclusivos círculos de la Sociedad Europea. Y lo logró con el más asombroso éxito. Pero sus relaciones con su padre parecen haber permanecido tormentosas y quedo patente que, aunque María Manuela se apresuró desde París para estar al lado de su moribundo marido en Madrid, ella no visitó siquiera a su padre en sus últimos días en Málaga, ni por supuesto observó la acostumbrada tradición de llevar luto[30].

La progresión de Kirkpatrick desde el oeste de Escocia a los aposentos de los palacios de Europa tuvo lugar a lo largo de cinco generaciones, y esto es un tributo al talento de los primeros miembros que allanaron la senda sembrando riqueza y valiosos contactos a lo largo del camino.

El hecho de descubrir a estos primeros Kirkpatrick bien posicionados demuestra que el joven "Willie" Kirkpatrick seguía una ruta ya pisada cuando partió de las tierras de cultivo de Dumfrieshire para conectar con el camino de Londres a comienzos de los años de 1780. Se fue provisto de una exquisita educación escocesa, cartas de presentación y recomendaciones para abrirse camino en sus relaciones en Europa.

Los primeros acuerdos entre españoles e ingleses habían permitido al comercio prosperar; asimismo el comercio de Málaga fue estimulado debido a la derrota de los ingleses en América del Norte y a la liberación del comercio con los recién independizados Estados Unidos. No obstante el largo periodo de guerra y revolución que siguió, y la pérdida del comercio español con las recién independizadas colonias españolas de Centroamérica y Suramérica, contribuyó a un período de declive económico. Generaciones de Kirkpatricks habían prosperado en la ciudad y habían podido regresar a un confortable retiro en Inglaterra, pero William acabó sus días en circunstancias más modestas, en su casa de campo de Adra, en la provincia de Almería.

---

30 Kirkpatrick Mendaro, Enrique, *Biografía de la familia Kirkpatrick, Ivone - Guillermo*, 8 bis, manuscrito inédito.

3. Un Hidalgo entre los Kirkpatricks de Conheath

William Kirkpatrick y Wilson llegó a Málaga en 1788, con veinticuatro años de edad, como joven de buena familia pero sin posición establecida y como comerciante extranjero. Sus parientes habían estado distante de la ciudad durante algunos años y su tarea fue la de reorganizar la Casa de los Kirkpatricks y revitalizar su comercio. Para hacer esto tuvo que posicionar su estatus en la sociedad de Málaga e integrarse en el modus vivendi español.

Y para ello se adentró en el complejo proceso previsto para obtener reconocimiento de Hidalguía en 1795. Debemos adelanta que, tal vez, William Kirkpatrick pudo ser acusado de engrandecer la nobleza de su ascendencia familiar, pero ello debió ser para obtener exenciones tributarias y otros privilegios y ventajas asociadas a este rango. No fue para probar que su hija era lo bastante noble como para casarse con su viejo amigo el Coronel Portocarrero en 1817, según sugieren algunos tardíos estudiosos detractores de su figura.

El título de Hidalgo se concedía a amplias categorías de individuo. Hubo de aquellos que lo ganaron por derecho propio, como contraprestación a los servicios prestados o en mérito a su valor. Aunque el reconocimiento más común era descender de aquellos que fueron o habían sido nobles o por ostentar cuantiosos derechos de propiedad. Pertenecer a una importante casa familiar fue también una cualificación bastante apreciada, como lo era la tenencia de tierras con títulos de propiedad. Incluso aquellos que pudieran probar que eran descendientes de una secuencia de siete hijos legítimos serían idóneos.

No era una clase de nobleza, pero el estatus trajo consigo numerosos privilegios. Sus casas, caballos y armas no podían ser embargados por deudas, ni podían ser encarcelados por razones económicas o sufrir tortura. Los hidalgos fueron eximidos de servicio concejil y disfrutaron de prisiones separadas. Les estuvo permitido resolver ciertas disputas por duelos y no podían ser condenados a muerte por ofensas, ni puestos en la "hoguera ni atravesados con la espada". Fueron además eximidos de una quinta parte de la contribución para las milicias provinciales, claro está, todo ello si pudiesen disponer de su título de hidalguía[31].

31   Barrionuevo Serrano, Rosario, *Los expedientes de hidalguía del Archivo de Málaga*, en preparación para su publicación a finales de 2009, Archivo Municipal de Málaga.

En aquellos inciertos momentos existían obviamente privilegios que valían la pena conseguir y William hizo esfuerzos considerable para obtener este reconocimiento.

Fue propuesto por un buen número de importante figuras del comercio local, incluyendo a William Laird, que más tarde llegó a convertirse en cónsul británico en la ciudad y durante mucho tiempo su íntimo amigo. También tuvo que obtener información sobre su descendencia familiar de Dumfries y copias certificadas de las partidas bautismales de al menos tres generaciones anteriores. Estas tuvieron que ser firmadas por el ministro de la Iglesia y ciertas autoridades locales en Dumfries y Edimburgo.

James Cummyn, The Lyon Kings of Arms en Edimburgo, confirmó que esas Patentes de Hidalguía de John Kirkpatrick y Wilson estaban en conformidad con las genealogías de las familias de Escocia. Se certificaron nuevamente o más bien fueron autorizadas en Londres por James Sutherland, y se confirmaron por el cónsul británico en Málaga William Douglas Brodie. Incluso la embajada británica en Madrid estuvo involucrada. Finalmente todos los documentos tuvieron que ser traducidos, y el traductor, don Lorenzo Wasberg, debía tener certificada su cualificación. Es significativo que "Sir" (Caballero) James Kirkpatrick de Collumpton sea mencionado como el cabeza de familia[32].

En 23 de febrero de 1797, la Real Chancillería establecida en Granada confirmó su capacitación. Esta patente no era sólo una validación del estatus religioso y social en su tierra natal. También era una cuestión de sangre. La ascendencia noble, o al menos respetable y honorable, tenía obligatoriamente que ser probada y certificada.

Desde la percepción del catolicismo español del siglo XX y los horrores de la Inquisición, es llamativo el hecho que la denominación religiosa pareciese jugar un papel menor en el proceso de capacitación. Aunque era importante que los bautismos de sus antepasados fuesen registrados, ello debió ser para probar su legitimidad, su honorabilidad y herencia cristiana, en vez de su auténtico credo religioso. El hecho que ellos fueran bautizados como cristianos en la Iglesia de Escocia era suficiente. Siendo entendido y aceptado que no lo fueron por el rito católico romano[33].

---

32 AMM, Signatura C-45 bis.
33 Este énfasis sobre la sangre, en vez de la religión, se habría originado del tiempo de la Conquista, cuándo los moros fueron expulsados de España, pues ello acabó siendo extremadamente importante para probar su ascendencia cristiana con exclusión de cualquier creencia judía o islámica. El protestantismo nunca fue parte de la ecuación. El bautismo en una iglesia cristiana era suficiente y numerosos comerciantes pudieron prosperar cómodamente en Málaga sin necesidad de convertirse a la doctrina romana.

Bien puede ser cierto que las familias protestantes quedaron excluidas de la mejor sociedad andaluza, y que las alianzas matrimoniales españolas estaban fuera de toda cuestión para esta comunidad, no obstante es evidente que hubo un nivel de tolerancia en una sociedad, la española, donde los extranjeros pudieron prosperar sin conversión.

El linaje familiar de William fue nuevamente examinado de cerca en 1817, con ocasión del matrimonio de su hija María Manuela con el coronel Cipriano Palafox y Portocarrero (1784 – 1839). El Coronel era por nacimiento un grande de España, y el primero en la línea para recibir en herencia las grandes honorabilidades y haciendas de su hermano Eugenio, sexto conde de Montijo[34]. Hubo de solicitarse permiso al Rey y la alianza matrimonial hubo de ser autorizada oficialmente por la corte en Madrid.

El reclamo de William de ser miembro de la nobleza escocesa no era exagerado. Estos Kirkpatricks de Dumfriesshire fueron notables hacendados y célebres personajes en el ámbito local desde épocas remotas. La hacienda de Conheath había sido parte de las posesiones de los Kirkpatricks de Closeburn, pero había salido del patrimonio familiar[35]. Más tarde fue comprada nuevamente por el padre de William Kirkpatrick. Los viejos mapas muestran a Conheath como una hacienda exenta con una serie de casas de campo asociadas. Hoy Conheath est justo al este de la B725, cuatro millas al sur de Dumfries, en Nithsdale, en el camino que va al castillo de Caerlaverock.

Pero su ascendencia nuevamente dio pie a comentarios sarcásticos de aquellos que se opusieron o despreciaron la alta alianza de su nieta Eugenia con Luis Napoleón en 1853. Aquellos propagandistas en contra del nuevo Segundo Imperio de Napoleón, y de los Republicanos en general, aumentaron las sospechas y dudas acerca de la genealogía que Kirkpatrick había entregado al monarca español en 1817. Despreciaron el matrimonio de Napoleón con una condesa española, y más cuándo otras prometidas de mayor nobleza y abolengo habían sido ofrecidas desde las casas reales de Europa.

William Kirkpatrick y Wilson nunca llegó a encargar la redacción de la patente de hidalguía que luego usó en su solicitud. Sabemos que contactó con su pariente, el historiador escocés Charles Kirkpatrick Sharp y obtuvo una copia de la patente de hidalguía de 1791, de su hermano mayor, John Kirkpatrick y Wilson de Ostende, que había comisionado al

---

34 Sencourt, Robert: *The Life of Empress Eugénie*, London, 1931.
35 Anderson, William, *The Scottish Nation, Surnames, Families, Literature, Honours and Biographical History of the People of Scotland, Vol. II*, Edinburgh and London 1862, p. 617.

Lyon King of Arms del Edinburgh College of Heralds. Ésta se basó en una historia familiar que un historiador local, el Dr. Clapperton, había organizado para su padre William de Conheath en 1784 para respaldar diversos asuntos relacionados con títulos de propiedad[36].

Conheath House hoy

Será William Escott Kirkpatrick quien, en una carta escrita desde Bruselas el 18 de enero de 1853, manifieste que la patente de hidalguía del Edinburgh Herald Offices of Arms, de 16 de mayo de 1791, fue otorgada a su padre, John Kirkpatrick de "Cullock", siendo éste el nombre de la propiedad de su esposa en Kirkcudbright. Este John es el hermano mayor de William que se reacomodó en Ostende. La patente debió haber sido aprobada por Sir Thomas Kirkpatrick, quinto Barón de Closeburn, y debió haber sido concedida bajo la prueba coetánea del historiador local Dr. Clapperton, quien confeccionó toda una completa historia del linaje, datado desde tiempos remotos, para William Kirkpatrick de Conheath en 1784.

Aunque, existan dudas sobre cuáles documentos fueron mostrados al rey Fernando VII en 1817, sabemos que el monarca sin duda contempló la patente de 1791, de la cual existe una copia fiel y muy bien conservada en el Archivo Histórico Municipal de Málaga. Si bien, al Rey le fue probablemente mostrado el linaje elaborado por Clapperton y lo tuvo

---

36 *Genealogical Table of the Family of Kirkpatrick of Closeburn in Nithdale.* Patent, Heralds Office, Edinburgh, 16 May, 1791.

por bueno, pues hizo el famoso comentario: "Dejó al buen hombre - el conde de Teba - casarse con la hija de Fingal". Sabemos que previamente Clapperton había escrito una historia de la línea Closeburn desde los más remotos tiempos hasta 1811, que incluso incluía referencias a una conexión con Robert the Bruce. Quizá el Rey hizo una declaración profundamente irónica, siendo Fingal más una figura de leyenda irlandesa, que de pura raíces escocesa.

John Kirkpatrick necesitó la patente de Hidalguía por motivos relacionados con su propia sucesión. Cuando su padre murió, él tuvo que regresar a Dumfries para resolver los problemas con la compleja hacienda. Como parte del proceso, él necesitó probar su vínculo con Conheath. Así visto, las razones para buscar la Patente fueron completamente distintas y, por supuesto, precedieron al matrimonio de María Manuela en 1817[37].

Ocasionalmente William Kirkpatrick es llamado "Barón", pero no existe prueba alguna de que haya ostentado o ascendido a esta posición, y probablemente refleja una mala interpretación de su supuesto "rango" escocés como hijo de un Laird, y su relación con la línea principal de Closeburn. Closeburn fue descrito como una Baronía y ciertas tierras pertenecientes a las haciendas de Conheath también pudieron haber sido descritas como Baronías. Ciertamente su padre William de Conheath también es mencionado como "Barón", pero ello lo fue porque poseyó la Baronía de Conheath. Esta tenencia de tierras no otorgaba al propietario ningún derecho para ser calificado de Barón en el sentido europeo de la palabra. En cualquier caso, estas tierras se habrían convertido en la propiedad del hijo primogénito, John Kirkpatrick y Wilson, si no hubieran sido embargadas por los acreedores de su padre.

Todavía puede haber alguna incertidumbre sobre dónde y cuándo el joven linaje de Conheath se separó del más viejo y mejor vinculado linaje de Closeburn. La Oficina del Edinburgh Herald muestra una fecha a mediados del siglo XV. Aunque estuvieron muy vinculados, como es evidenciado por lazos matrimoniales y negocios a lo largo de las siguientes generaciones. El vínculo es también establecido por una concesión de tierras hecha en 1774 por el cuarto Barón, Sir James Kirkpatrick, a favor de William de Conheath. Ésta fue una valiosa posesión vitalicia sobre ciertas tierras en la baronía Closeburn. Es un documento significativo en tanto prueba que las dos ramas de la familia estaban en íntimo contacto, y la línea Closeburn estaba preparada y predispuesta a apoyar a la familia Conheath cuando necesitaran ayuda. El vínculo entre las dos ramas fue reforzado y consolidado en generaciones posteriores por matrimonios entre primos.

---

37   Kirkpatrick, General Charles, *op.cit.*

4. Extensas Conexiones Familiares

Podemos imaginar al joven Willie Kirkpatrick llegando a Málaga en 1788. Su primera llamada debió haber sido a la puerta de Henri de Grivegnée, que había estado actuando como agente de los Kirkpatricks durante su forzada ausencia. El joven escocés habría recibido una calurosa bienvenida en una familia llena de hijas que necesitaban maridos. La llegada del comerciante, de veinticuatro años de edad, quizá con el pelo rojo y con pecas, alto y atractivo, seguramente debió causar gran excitación en la casa familiar. Una vista romántica y probablemente imaginativa de él le describe así:

"Alto y musculoso, piel rojiza y pelo rubio, fue poseedor afortunado no solamente de los rasgos físicos de su raza, sino de la sagacidad que les permite ver y comprender la oportunidades de éxito"[38].

Había muchos negocios familiares y comerciales pendientes de resolver y quedaban reminiscencias del tiempo cuando sus primos, Robert y Juan, y John Escott estuvieron en la ciudad. Las dos familias trabajaron codo con codo, pero no está claro hasta que punto esto fue consecuencia de un previo acuerdo de compartir consignaciones y cargamentos, así como de proyectos comerciales o de una asociación formal; aunque normalmente comerciaron bajo nombre colectivo. William habría disfrutado de la ayuda y el estímulo en las relaciones comerciales del más experimentado Henri. Probablemente había estado viviendo con ellos y había trabajado desde sus oficinas en sus primeros años en la ciudad, antes de establecerse en la plazuela de los Moros, para luego trasladarse a la calle de Santo Domingo[39]. Una pareja para la hija mayor, Fanny, habría de ser el resultado natural y un acuerdo muy satisfactorio para ambas partes y para sus extendidos negocios.

La asimilación de los numerosos artesanos y comerciantes extranjeros en la sociedad española fue un componente importante en el éxito de muchas de estas empresas. Ello es mostrado por la familia flamenca Grivegnée, que tuvieron origen como comerciantes en Lieja, en lo que ahora es Bélgica, y por su vínculo a través del matrimonio con la familia local Gallegos. Sus vidas, viajes y tribulaciones ilustran su enfoque

---

38 Malloy, Fitzgerald, *The Romance of Royalty*, New York, 1903, pp. 294-5.
39 Información de don Enrique Kirkpatrick Mendaro.

internacionalista, y la razón por la cual París era el centro de su universo cultural.

Henri de Grivegnée llegó a convertirse en un importante y exitoso mercader, que eficazmente se había integrado entre las autoridades del comercio de la ciudad. Estaba bien posicionado para sacar ventaja de las tormentas que estaban por llegar, aunque quedó totalmente arruinado por la bancarrota en 1814, originada por una asociación demasiado íntima con los franceses. Se casó con doña Antonia de Gallegos en 1766, cuando ella tenía tan sólo 15 años de edad. Ella nació en 1751 y falleció durante el triste período que siguió al desastre financiero. Ella era de una familia bien establecida en Málaga, que frecuentemente aparece en los registros de la ciudad y en los registros de la localidad de Churriana. Esta alianza matrimonial pudo haber provisto de capital y tierras a Henri para sus proyectos de azúcar y algodón en Churriana y para una buena hacienda de campo confortable para los Kirkpatricks algunos años más tarde. Estuvo asociado con la Compañía de Housse, Nenot y Francisco de Selick, Caballero, en 1795[40]. Su hermano Guillermo Grivegnée fue pionero industrial en Marbella.

Al evaluar la posición política de este grupo de prósperos comerciantes es indicativo de sus visiones ilustradas que fueran miembros de *La Sociedad Económica de Amigos del País de Málaga*. Ésta fue una importante corporación en los siglos XVIII y XIX formada por pensadores ilustrados tanto de España como sus colonias. Vitalizada por las reglas borbónicas de Carlos III. Hombres y algunas veces mujeres se reunían para mantener debates y publicar sobre asuntos de actualidad y aspectos reformistas. Algunos artículos fueron altamente técnicos en debates agrícolas, literarios o culturales. Fueron conscientes de que España iba a la cola y se quedaba atrás de muchos países europeos, y se determinó que ellos introdujeran las nuevas ideas ilustradas europeas en el gobierno de la nación.

Muchos cafés de tertulias se desvanecieron con el paso del tiempo, pero la Sociedad de Málaga permaneció activa durante los últimos años del siglo XIX.· En 1790 incluía tanto a don Henrique Grivigny (sic.), del comercio alto marítimo y Consiliario, y don Juan Rein y don Diego Power, del alto comercio marítimo, también Tomas Cwilti (debería leerse Quilty) y Gallegos, Muller, Murphy y tantos otros, muchos de los cuales eran extranjeros. Sabemos que los cónsules extranjeros también asistieron a reuniones pero no eran mencionados. William Kirkpatrick tuvo vínculos con todos estos individuos y por ello se consideró que obtuvo

---

40 Archivo Histórico Nacional (en adelante AHN), Estados-Carlos 111, EXP.877, item 12, 1795 (consultado en PARES).

simpatía para su causa. El conde de Montijo, quizá en su papel de Duque de Granada, también era mencionado como socio corresponsal[41].

Los Gallegos también tuvieron un punto de vista internacional. El hermano de doña Antonia, José Gallegos, se estableció como comerciante en Richmond, Virginia, en los Estados Unidos, y en gran medida prosperó. Le dejó una suma abrumadora a su familia en España tras su muerte en 1818. Llegó a convertirse en el muy acaudalado fundador de la Gallego Flour Mills, cuyo inmueble sufrió un gran incendio, providencialmente captado por una fotografía en el saqueo de Richmond el 2 de abril de 1865, antes del avance del Ejército de la Unión. El señor Gallego desarrolló extensas conexiones y mantuvo sus asociaciones con su cuñado Henri de Grivegnée y sus cuatro hermanas y dos hermanos en España. Su socio comercial y coheredero fue Peter Chevallie, el hijo del cónsul francés del período revolucionario americano, John Augustus Chevallie, originalmente de La Rochelle, quien había usado su propio dinero para equipar un barco con armamento militar para apoyar a las fuerzas Revolucionarias Americanas.

Ruina de la Gallego Flour Mills, Richmond, Virginia, 1865. Alejandro Gardner (América, 1821–1882)

---

41 *Boletín de la Sociedad Económica de Amigos del País de Málaga*, 31 de enero de 1864, p. 4.

Oxford Notes and Queries (una especie de publicación académica del siglo XIX) reseña el matrimonio de "la nieta del barón Grivegnée de Málaga con Napoleón III, así como cierto relato relacionado con su familia. Los matrimonios de las cuatro hijas son revelados, pero no sus nombres cristianos. Una se casó con Neumann, cónsul para Polonia, otra con Lesseps; otra con Michael N. Power de Málaga; otra con William Kirkpatrick"[42].

Las hijas de Grivegnée concertaron matrimonios notables, que revelan vínculos afectivos en la sociedad local del período. Francisca (o Fanny) María de Grivegnée y Gallegos nace el 11 de junio de 1774 y se casa con William Kirkpatrick en 1791[43], apenas tres años después de su llegada a Málaga. Francisca muri trágicamente en Málaga el 3 o el 4 de febrero de 1822 de los efectos fatales del arsénico, tomado por equivocación en una porción de crema de tátaro[44]. La epigrafía en su tumba, en el panteón familiar del cementerio parroquial de Churriana, recuerda que muri como resultado de un ataque producido por la ingestión de arsénico, tomado por equivocación cuando lo confundi con una salsa de comida[45]. El arsénico era normalmente usado como insecticida en esta época.

Francisca de Grivegnée y Gallegos (Retrato perteneciente a Enrique Kirkpatrick)

Su siguiente hija fue Catherine, que se casó con Mathieu de Lesseps en la Catedral de Málaga el 21 de mayo de 1801. Ella murió en París el

---
42 *Oxford Notes and Queries,* January - June 1901.
43 Anotaciones familiares procedentes de don Carlos Trías Verjarano, Marbella.
44 *Blackwood's Magazine,* 1822, p. 500.
45 Correspondencia privada de don Enrique Kirkpatrick Mendaro a don Carlos Trías Vejarano 13 de julio de 2003.

27 de enero de 1853, tres días antes de la boda de su sobrina Eugenia con Napoleón III el día 30. Ella fue la madre de Fernando de Lesseps, el afamado constructor del Canal de Suez. Los Lesseps fueron franceses que reclamaron sus orígenes escoceses, pero pasaron muchos años y generaciones en Biarritz. Tuvieron primos cercanos en Louisiana, que además mantuvieron sus lazos con Francia y fueron afamados terratenientes con plantaciones cerca de Nueva Orleans. Sus fuertes lealtades políticas con los Bonapartistas y sus dificultades después de la caída de Napoleón I son ilustradas en una breve revisión de su vida, la cual también revela el punto de vista internacional de la familia.

Catherine acompañó a Mathieu a través de sus puestos consulares en Alejandría, y luego en Pisa, donde ella permaneció cuándo su marido fue nombrado Comisario Imperial para las Islas Jónicas. Descrita por entonces como una "atractiva" mujer viuda de su esposo. "Su salón fue el centro social de la Toscana"[46]. La situación política en Corf, controlada entonces por las impopulares fuerzas francesas, fue demasiado volátil para la seguridad de la familia de un "gobernador" francés. Tras el desastre de Napoleón en Rusia y el colapso del poder francés, Mathieu se neg a rendirse ante la flota británica entonces acosando a Corf, hasta que recibi instrucciones desde París. Se qued con la hambrienta guarnición francesa e incluso pag sus sueldos de su propio peculio. Eventualmente Mathieu recibi sus órdenes, pero el Emperador estaba entonces en el cautiverio de Elba y las órdenes vinieron de Luis XVIII. El Comisario Imperial fue despedido y no fue recompensado por sus gastos en mantener a la guarnición francesa. Hizo su camino de vuelta a casa, cerca de Versalles, extremadamente falto de recursos y sin ninguna posibilidad de empleo.

"Catherine trajo más noticias malas cuando llegó con los niños desde Pisa. Su propia gente había quedado arruinada por el eclipse del Emperador, por tanto la posición de la familia era ahora seria"[47].

Su 'propia gente' no debe ser otra que sus propios parientes Grivegnée y Kirkpatrick en Málaga, los cuales habían quedado arruinados por las expropiaciones francesas y las consiguientes deudas.

La escapada de Napoleón y su regreso triunfante a París durante los "100 días gloriosos" trajeron algún respiro. Mathieu fue rememorado y su lealtad al Imperio fue recompensada. Fue ascendido al rango de conde del Imperio y nombrado Prefecto del Departamento de Cantal. Sin embargo este episodio estaba a punto de acabar; Mathieu otra vez perdió su puesto cuando Luis XVIII fue restaurado tras Waterloo; y Mathieu y luego

---

46 Beatty, Charles, *Ferdinand de Lesseps a biographical study*, London, 1956, p. 16-19.
47 Beatty, *Ibid*, p. 18.

Catherine se abrieron camino de regreso a París. Un incidente durante este confuso período ofrece una extraña instantánea del carácter de Catherine y nuevamente ilustra el compromiso de la familia por la causa napoleónica.

Retrato del ingeniero Fernando de Lesseps (1805-1894) Fotógrafía: Nadar.

Cuando Mathieu perdió la Prefectura de Cantal, como es natural, tuvo que dejar la residencia del Prefecto; pero Fernando estaba enfermo con altas fiebres y por ello se pensó que era insensato trasladarle. Así Catherine permaneció en parte de la residencia.

"Ella a su vez se ofreció a darle prestado –al nuevo Prefecto, Barón Locard– su carruaje, solamente para descubrir que se había usado para traer bajo arresto a Aurillac nada menos que a un personaje como el

Mariscal Ney, que había estado escondido con un pariente de ella. Años más tarde Fernando recordó: "Nunca olvidaré la indignación de mi madre cuando ella se enteró para lo que había sido usado el carruaje de mi padre. Con su fuego español, ella vertió los reproches más violentos en el Barón Locard y no pudo nunca perdonar su parte en el proceso"[48].

Salieron con destino a París donde todavía poseían una casa cerca de Versalles. Justo cuando alcanzaron el fin de sus recursos financiero, la credibilidad de Mathieu fue restaurada providencialmente y, en noviembre de 1818, se le propuso el puesto de cónsul General francés en Filadelfia. Catherine permaneció en París para supervisar la educación de sus hijos. Los Lesseps llegaron a ser famosos, algunos habrían dicho más bien infames respecto a la conducta de su hijo Fernando. Alcanzó altas cotas de éxito sirviéndose de su fuerte carácter y de sus conexiones de alto nivel, para finalmente conseguir abrir vía a través del Canal de Suez, un triunfo que fue celebrado en Egipto en presencia de su prima la emperatriz Eugenia. Pero sus esfuerzos en Panamá se toparon con el desastre y fue acusado de fraude y mala administración del plan y su financiación.

Estas relaciones y sus extendidas conexiones están establecidas en una extensa lista de suscripción a la obra titulada *Miscellaneous Works of David Humphreys late Minister Plenipotentiary from the United States of America to the Court of Madrid* [49]. También demuestra sus más importantes intereses intelectuales y su sensibilidad por el desarrollo de la ciencia y la tecnología. Henry Neumann, comerciante de Málaga, fue suscriptor de la obra como lo fue Nickolas Plinck, el padre de la "señora doña Juana Plinck de Nagel, viuda de Thomas Kirkpatrick, durante muchos años cónsul de Hanover en Málaga[50]. Doña Juana fue sobrina de M. Rein[51], de la conocida casa Rein y Domecq, afamados exportadores de vinos. Cuando James Busby llega de excursión a España para recabar vides, él calificó a Reins como la "Primera Casa Mercantil en Málaga, lo que vendría a significar su liderazgo.

La siguiente hija de Grivegnée y Gallegos, María Juana, se casó con el comerciante Michael Narciso Power, cuya familia estuvo durante largo tiempo establecida en Andalucía y Gibraltar. Un tal James Power, comerciante de Málaga, también se encuentra en la lista. Él habría estado asociado con William Power y Co. de Cádiz y fue probablemente el

---

48 Beatty, *Ibid.*
49 *Miscellaneous Works of David Humphreys Late Minister Plenipotentiary from the United States of America to the Court of Madrid,* New York, 1804.
50 *Hof und Staats Handbuck fur das Konigreich Hannover,* ed. 1829, p. 39 y ed. 1833, p. 50.
51 Papers of Mrs Butler, daughter of Major General C. Kirkpatrick, seen at Dean Lane, Whiteways, Somerset, England, 10 March 1996.

hijo de Michael Power de Málaga, que se casó con Juana de Grivegnée. Michael Power fue un comerciante de vinos irlandés, cuya nieta, Emily Jane Power, se casó con Benjamín Carver de la firma Carver Brothers Ltd., durante mucho tiempo establecida como comerciantes de algodón en Gibraltar[52].

Los registros revelan otras numerosas combinaciones entre comerciantes extranjeros de Málaga y Gibraltar, a menudo forjadas por intereses comerciales comunes. Estos fueron focalizados en vinos, Jerez, algodón y azúcar, jugando el comercio americano un gran papel. Otros suscriptores era George Trenholm de Charleston, Sir Henri Grivegnée y Henry Grivegnée júnior, ambos de Málaga, y, por supuesto, William Kirkpatrick, que tomó dos copias.

Esta misma lista de suscripción vincula una gran variedad de socios de Kirkpatrick y muestra una conexión posible con George Trenholm, tío de George Alfred Trenholm, importante hombre de negocios de Charleston, Carolina del Sur. Él fue instrumental en forjar la Compañía South Carolina Importing and Exporting Company que corrió el bloqueo de Charleston en los inicios de los años de 1860. No sabemos si ambos están conectados por algo más que las meras suscripciones, aunque ciertamente existen indicios sobre varias conexiones de Kirkpatrick con la familia Trenholm de Charleston S. C[53].

Su cuarta hija fue María Josefa de Grevignée y Gallegos, casada con Henri Neuman, natural de Hamburgo y cónsul polaco en la ciudad. Sus niños se emparentaron con influyentes familias de Málaga, desarrollando conexiones con los Reissig y las familias Huelin y Silver, que remonta sus orígenes a un inglés de Southampton llamado William Huelin Silver, reacomodado en Málaga en el siglo XVIII y casado con Josefa Mandly de Rueda en 1777. Su hijo, Matías Huelin Silver Mandly de Rueda, se casó con Enriqueta Neumann y Grivegnée, reacomodándose en Granada. Debió jugar un papel elemental en la administración de la hacienda de William y las diversas estipulaciones sobre sus minas de plomo. La familia Huelin Mandly Reissig se convirtió en pionera industrial y fundidores de hierro en Málaga[54]. Las hermanas Gallegos tuvieron a otros dos hermanos: Manuel Gallegos de Málaga y el conocido Francisco, presbítero en la Catedral de Málaga.

---

52 Carver, Michael, *Out of Step, Memoirs of Field Marshall Lord Carver*, London, 1989, p. 2.
53 Nepveux, Ethel S., *George Alfred Trenholm and the Company That Went to War 1861-1865*, Charleston 1973.
54 *www.Málagahistoria.com/Málagahistoria/huelin.html*

5. William y Fanny

Desde la distancia en el tiempo no podemos dilucidar cómo William y Fanny de Grivegnée mantuvieron el matrimonio que concertaron el 2 de noviembre de 1791 en la iglesia parroquial de San Juan en el lado oeste de la ciudad. Aunque hubo largos periodos de separaciones, éstas sólo fueron forzadas por mera necesidad. Fanny estuvo en París durante algunos años residiendo con su hermana Catherine y educando a sus hijas. William parece haberlos visitado y pudo haber estado con ellos en Inglaterra, incluso los pudo haber iniciado en sus relaciones londinenses con John Kirkpatrick Escott. Si bien, existen indicios para pensar que el matrimonio marchó bien. Sus hijas fueron muy bien miradas por su apariencia y brillantez social. Y las invitaciones a sus eventos musicales fueron altamente preciadas. Lo único cierto es que William parece haber quedado afectado en gran medida por la muerte trágica de Fanny. Se trasladó a Motril en ese tiempo y es mencionado como "pauvre Guillermo" en posteriores cartas, aunque no sabemos si ello fue en simpatía por la pérdida de su esposa o por sus dificultades comerciales. Sufrió mala salud al final de su vida, lo cual debió apresurar su regreso a Málaga apenas unos meses antes de su fallecimiento.

William Kirkpatrick y Fanny tuvieron cinco niños: cuatro hijas y un hijo que murió prematuramente[55]. Los expedientes de la catedral de Málaga demuestran que la hija mayor de William y Fanny era Antonia María Ann, bautizada el 8 de septiembre de 1792. María Manuela Elisabeth[56], que naci en Málaga en 1793, también conocida en la familia como Mariquita. Luego le siguieron Henriquita, nacida en 1795, y Carlota Catalina, nacida el 18 de enero de 1796. Su único hijo fue Guillermo Enrique Joaquín Thomás nacido el 11 de marzo de 1797, aunque no lleg a edad adulta.

William y Fanny Kirkpatrick vivieron en el populoso barrio de Santo Domingo hacia 1795, pero los libros sacramentales de esta iglesia se destruyeron durante el bombardeo de la pasada Guerra Civil. Los libros

---

55 Anderson, William: *The Scottish Nation: Or The Surnames, Families, Literature, Honours, etc.*, Edinburgh, A. Fullerton & Co. 1862, p. 617.

56 Kirkpatrick, Melvin Eugene, *A Kirkpatrick Genealogy, Being an Account of the Descendants of the Family*, David Hudson, 1995 p. 425. Véase también *Scottish Notes and Queries* 1898, p. 170.

bautismales de la Parroquia de San Juan, custodiados en el Archivo Histórico Diocesano de Málaga, desde 1790 hasta junio de 1825, muestran una serie de bautismos relativos a los Kirkpatrick y Grivegnée. Aunque falta el valioso volumen para los años de 1794 – 1795, que habría mostrado el bautismo de María Manuela. Ello parece la tónica general: vista las curiosas lagunas que hemos encontrado en abundantes registros oficiales relativos a María Manuela, condesa de Montijo. Existen numerosos Gallegos registrados en Churriana, cuyo archivo parroquial también se encuentra en la torre de la Catedral de Málaga.

En las cuentas financieras que recogen los gastos de Fanny en Londres en 1814, enviadas a William Kirkpatrick en 1836 por Juan de Lesseps, se mencionan cinco chicas: "Marie Quita (María Manuela), Henriette, Carlotta, Elisabeth y Mathilde[57]. Las dos últimas son sus sobrinas. Sólo la carta de Juan de Lessep menciona Elisabeth y Mathilde como parte del círculo familiar en este tiempo.

Matilde María Rafael Neuman fue bautizada en 1801, en la capilla del Sagrario de la Catedral de Málaga, hija de Enrique Neuman y de doña María Josefa de Grivegnée y Gallegos y por tanto sobrina de Fanny de Grivegnée. Un hijo llamado Guillermo Neumann es mostrado en otros registros[58]. Elisabeth debi ser otra sobrina de los Gallegos o Power o quiz una confusión sobre el nombre de una cuarta hija que muri prematuramente.

Juan de Lesseps da razón de estas sobrinas a la misma vez que menciona a las tres hermanas conocidas y las incluye dentro de las mismas cuentas y en pequeñas compras. Los padres de Elisabeth y Mathilde no habían pagado sus cuentas tampoco. Don Enrique Neuman es reseñado como natural de Hamburgo y cónsul polaco en Málaga. Elisabeth pudo haber sido otra sobrina e hija de la familia Powers, prominentes comerciantes de vinos de Málaga.

Una fuente escocesa registra cómo[59]:

"Un vástago de la familia de Sir James Kirkpatrick se reacomodó en Málaga a principios del presente siglo como agente para un comerciante escocés de vinos, y sirvió de mucho en el departamento de la comisaría del Ejército Británico en la Guerra Peninsular. Tuvo tres hijas de radiante complexión y pelo rubio, así como también adineradas, eran la

---

57   Kirkpatrick, Richard Godman, *Memoir Respecting the Family of Kirkpatrick of Closeburn in Nithdale*, p. 71. "el hijo y una hija murieron jóvenes".
58   http://familytreemaker.genealogy.com/users/t/o/r/Jorge-Toro-San-Juan/WEBSITE-0001/UHP-1085.html .
59   Johnstone, C. L., *Historical Families of Dumfriesshire and the Border Wars*, 1878, Chapter V.

admiración de los caballeros españoles. Una hija se casó con un viticultor en Andalucía y la tercera, con un oficial empleado en la comisaría del Ejército Británico".

Esta y otras similares declaraciones confirman que Thomas James Kirkpatrick estuvo con las fuerzas de Wellington, mientras que William estuvo, al menos inicialmente, en simpatía con los puntos de vista reformistas de Napoleón. Ello nos pone de manifiesto que hubo una división familiar entre Eugenio, conde de Montijo, y su hermano menor Cipriano, conde de Teba, coronel en la Artillería de Napoleón.

Sus hijas fueron claramente loadas por la comunidad extranjera a su regreso a Málaga, aunque sus vínculos franceses y su educación mantuvieron a distancia a los pretendientes locales españoles. The Gentleman's Magazine se hace eco en julio de 1818 de un matrimonio que tuvo lugar recientemente en Gibraltar y "en Málaga, Cipriano Palafox, conde de Jeva, (sic) con Mariquita Malvina, hija mayor de William Kirkpatrick de Málaga". Los testigos en el matrimonio de Cipriano con María Manuela en 1817 fueron un tal Jaime Seta, el coronel Antonio Díaz, Enrique Grivegnée y Enrique Neumann, todos de Málaga[60].

Mérimée describe a María Manuela de esta manera: C'est une excellente femme qui a toutes les qualités solides d'une femme du Nord, avec la grâce et le sans-façon de son pays. Claramente William había tenido una fuerte influencia en su brillante hija aunque su posterior relación fue más distante[61].

Pero la hija predilecta de William Kirkpatrick parece haber sido Carlota Catalina, que se casó con su primo, Thomas James Kirkpatrick, el hijo de John Kirkpatrick de Ostende y tuvo cinco hijos[62]. Estuvo vinculado con Motril, aunque se convirti en vicecónsul británico en Adra[63]. Thomas y Carlota junto a su familia acompañarán a William cuando él se traslade de Málaga a Motril y posteriormente a Adra. La muerte de ella en Adra en 1831 le debi dejar afligido en gran medida y debi intensificar sus afectos con su último hijo Alejandro.

---

60   Demerson, Paula de: *La Vida Azarosa de Cipriano Palafox Portocarrero, Padre de la Emperatriz Eugenia de Montijo (1784 – 1839).*Vol. II, Badajoz, Revista de Estudios Extremeños, 1995, p. 19.
61   *Lettres de Prosper Mérimée a Madame de Montijo*, Vol. I, Mercure de France, 1995 p. 26.
62   Abbott, John Stevens Cabot, *The History of Napoleon III, Emperor of the French*, B. B. Russell, Boston, 1868.
63   Véase la documentación Consular en The National Archives in Kew, ref. FO 185/90.

María Manuela Kirkpatrick y Grivegnée, Condesa de Montijo

Thomas estuvo profundamente involucrado en la administración del legado de William y la gerencia de sus minas de plomo, pero parece también haber caído también en bancarrota al menos en dos ocasiones[64]. Jug un papel complementario a su hermano mayor John, quien también había estado en la comisaría del ejército británico de Wellington y más tarde se convirti en un banquero de París y mantuvo contactos con Le Havre donde su madre vivi. Otro hermano de ellos, llamado también William, estuvo asentando en Bruselas. John ayud a financiar el desarrollo de las minas y pag la educación de Alexander, el hijo de Thomas que, después de la muerte de su madre en 1831, pas algunos años de su infancia viviendo con su abuelo William en Adra.

En gran medida, William estuvo también muy apegado a su tercera hija, Henriquita, que se casó con Dominique Cabarrús y Quilty, hijo del

---

[64] El expediente de testamentaría de William Kirkpatrick se conserva en el AHN, Leg 52, B.

conde Domingo Vincente Cabarrús. En el estado actual de investigación, sabemos que don Domingo Vincente Cabarrús se trasladó a Málaga y se alojó en casa de Thomas Quilty, un acaudalado comerciante de origen irlandés, que fue consejero para el Ministerio de Hacienda español y oficial electo del gobierno andaluz, además de pionero industrial en España. En 1795 se casó con Rosa Quilty y Cólogan (1775-1811), hija de Thomas Quilty, y junto a su esposa, formaron parte de la familia Cólogan de las Islas Canarias, que tuvieron estrechas conexiones con la banca en Madrid y Londres. Thomas Quilty (1739-1804) "compró dos ingenios de azúcar para Málaga y revitalizado la industria con la introducción del carbón mineral y la renovación de la maquinaria"[65].

Domingo Cabarrús recibió por herencia el título de conde de Cabarrús el 27 de abril de 1810 tras la muerte de su padre el banquero Francisco de Cabarrús, primer Conde. También recibió en herencia las extensas salinas cercanas a Valencia, que su padre había reivindicado y las había transformado en tierra agrícola productiva. Se convirtió en un rico colono del azúcar y vivió con cierto estilo en Vélez-Málaga, unas millas al Este de la capital de la provincia.

La conexión Cabarrús con los residentes extranjeros de Málaga es otro ejemplo de la integración de las prominentes familias comerciales con los elementos progresistas de las familias españolas más establecidas. Henriquita es descrita como la "más tranquila" de las tres hermanas y posiblemente la más feliz en la gran plantación de azúcar de su marido, cercana a Vélez Málaga, próxima a Torrox[66].

Dominique Cabarrús fue nieto del francés, Francisco Cabarrús, director del Banco de San Carlos, único y mayor accionista, además de miembro fundador, de lo qué se convirtió en el primer banco nacional español[67]. Domingo fue sobrino de la popular Teresa Cabarrús, que culmin una sucesión fabulosa de matrimonios y enlaces, convirtiéndose finalmente en la princesa de Chimay.

---

65 García Montoro, Cristóbal: 'Inversiones agroindustriales de la burguesía mercantil a fines del siglo XVIII: Tomás Quilty y la fabricación de azúcar en la costa malagueña (1779-1804)', en *La burguesía de negocios en la Andalucía de la Ilustración*, tomo II, Cádiz, 1991, pp. 151-162. Véase (…), 'Inversiones industriales de los irlandeses en Málaga durante la etapa final del Antiguo Régimen', en VILLAR GARCÍA María Begoña, *La emigración irlandesa en el siglo XVIII*, Málaga, Universidad de Málaga, 2000, pp. 143-156.

66 Anónimo, *Napoleon the Third and his Court*, London 1865, pp. 243 y 244.

67 Cruz, Jesus, *Gentlemen, Bourgeois, and Revolutionaries, Political change and Cultural Persistence among the Spanish Dominant Groups 1750 –1850*, Cambridge University Press, 2004, p. 114.

Don Domingo Cabarrús y Henri Grivegnée eran mencionados en la sesión del cabildo municipal de Málaga de 17 de febrero de 1810 por haber representado al Real Consejo Comerciales entre el grupo de caballeros que viajó a Sevilla para enviarle felicitaciones al rey José, también conocido como José Napoleón Bonaparte, hermano del emperador Napoleón, que le había proclamado rey de España en junio de 1808[68]. Desafiaron a los bandoleros en los caminos, que no dudaron en saquear a aquellos que tuvieran sospechas de estar colaborando con los franceses. En 1810 una diputación similar del Ayuntamiento de Alcaudete, al noroeste de Granada, que había emprendido camino para felicitar a Jos Bonaparte por su conquista de Andalucía, fue saqueada[69].

La prominente familia Grivegnée fue duramente penalizada por sus acciones pro francesas tras la retirada a Francia de José Bonaparte en junio de 1812. Quedó eventualmente arruinada por una serie de acciones judiciales y, a decir verdad, estuvieron pasando apuros. Cipriano, conde de Teba, estuvo también envuelto en la retirada francesa de España en 1813. Como coronel del Cuerpo Real de Artillería tuvo la obligación de acompañar su unidad española en la larga marcha de regreso a París.

Estas familias estuvieron unidas por numerosos lazos de consanguinidad, otorgándoles cohesión y resistencia en tiempos convulsos. Estos vínculos fueron reforzados por contratos matrimoniales, negocios interfamiliares y dotes como garantías, así como acuerdos testamentarios. Aunque esto fue una fuente de fuerza y capital en los primeros días, fueron estas mismas disposiciones las que verdaderamente guiaron a la bancarrota o trajeron la ruina de la familia tras la expoliación de Napoleón.

---

68 Rubio Argüelles, Ángeles, *Apuntes Históricos Málacitanos (1808-1812)*, ed. 1954, p. 98.
69 Esdaile, Charles, J., *Fighting Napoleon, Guerrilla, Bandits and Adventurers in Spain 1808 – 1814*, Yale University Press, 1988.

6. Los Kirkpatricks en el Extranjero

Leyendas románticas dan variada cuenta sobre la partida de los Kirkpatricks de Dumfries y su diáspora por los confines de las fronteras de Europa. Si bien, lo extenso de este éxodo establece el contexto internacional para las empresas de William Kirkpatrick de Málaga. María Manuela y sus hermanas iniciaron una vida con amplios horizontes, que por supuesto alcanzaban más allá de las angostas calles de la legendaria ciudad de Málaga. La sorprendente ascensión de Eugenia es menos asombrosa cuando tenemos en cuenta la familia de la cual provenía.

Los siguientes fragmentos, sobre la vida de aquellos tiempos, ilustran cómo vivían y viajaban las personas y cómo se abrían paso en una Europa que estaba a punto de resistir la reglas despóticas de Napoleón.

"El tatarabuelo de la emperatriz Eugenia se unió al ejército del pretendiente en 1745 y, siendo capturado como prisionero, murió en el patíbulo. Su hijo dejó Escocia y se reacomodó en Ostende, desde dónde la familia emigró a España".

Historiadores como William Anderson[70] manifiestan que ellos escaparon al extranjero después de que Robert fuera ajusticiado como jacobita en 1745. Esto fue más tarde referido a los niños de William de Conheath.

Nuevas evidencias demuestran que esta emigración forzosa se refiere a los niños y a los hermanos de Robert Kirkpatrick, que murió luchando como mártir para la causa jacobita, y no a sus nietos. Ello también da la apariencia de ser un eco de una anterior diáspora, después de la rebelión de 1715, que bien puede haber enviado anteriormente a un grupo de Kirkpatricks a Málaga y Ostende.

Otras actividades familiares menos románticas parecen haber estado convenientemente perdidas en el tiempo. Una investigación reciente ha dejado conocer que las operaciones de Ostende estaban profundamente involucradas en el comercio y el tráfico de contrabando.

Juan Kirkpatrick estaba en Málaga a principios de los años de 1730 y había Kirkpatricks en Ostende desde 1739, seis años antes de que Robert fuera ejecutado en Escocia. Estos Kirkpatricks habrían sido de la misma

---

70 Anderson, William, *op.cit.* p. 617.

generación de Robert o anteriores a éste, y debieron ser sus hermanos, sus primos o sus tíos. Indudablemente sus niños viajaron al extranjero después del arresto de su padre. Dejaron la ciudad para reunirse con los miembros familiares que estaban ya situados y establecidos en el comercio de las ciudades donde las siguientes generaciones de Kirkpatricks fueron a hacer sus fortunas.

Las redes familiares mercantiles fueron una característica del creciente comercio de la costa atlántica. Las relaciones íntimas establecieron confianza, y facilitaron créditos y comunicaciones. Las familias irlandesas y escocesas expatriadas, huyendo de las difíciles condiciones del país, fueron un elemento significativo y reconocido en la internacionalización y el crecimiento del comercio en los siglos XVII y XVIII.

En el siglo XVIII Ostende alcanzó su apogeo bajo las reglas austriacas, y unos dos mil comerciantes y artesanos británicos con sus familias trajeron su estilo de vida, con su Iglesia Inglesa, la cual se instaló en los años de 1780 en un viejo establo. La Revolución Francesa obligó a la mayor parte de ellos a huir y no regresaron hasta 1817. Los archivos de la Iglesia Inglesa en Ostende registran el nacimiento de un Kirkpatrick en 1739, otro en 1743 y un matrimonio en 1764. Un John Kirkpatrick nació en Ostende en 1765. Pero este estilo de vida tocó a su fin debido a los acontecimientos que siguieron a la toma de la Bastilla el 14 de julio de 1789, el inicio de la Revolución Francesa y la caída de la monarquía de los Borbones. Los pocos que se quedaran estuvieron retenidos bajo una forma imprecisa de arresto domiciliario y tuvieron dificultad para la obtención de pasajes para viajar.

John Kirkpatrick y Wilson, que era el hermano mayor de William, se reacomodó en Ostende en enero de 1788 y hacia el 18 del mismo mes, se convirtió en un burgués o ciudadano de dicha ciudad. Su sede social estaba en la esquina de St. Jozefstraat y St. Thomas Street.

También fue dueño de una hacienda en Meickleculloch, a 16 Km al suroeste de Dumfries, que vendió en 1791 por la gran suma de 4,266 £. Vendió una hacienda denominada Lainfils, cerca de Sterling, en la Escocia central por unas 910 £ durante este período. Estas ventas bien pudieron haber sido sobre propiedades pertenecientes a su esposa Janet Stothart. Y fueron vendidas para financiar la compra de la hacienda familiar de Conheath y salvarla de los acreedores de su padre por unas 8,100 £. Hacia el 20 de enero de 1795, se había convertido en un burgués de Vlissingen, en el nacimiento del gran río de Schulte, justo el día después de que Holanda fuera tomada por las garras de Napoleón como la República

Bátava con un nuevo gobierno y constitución que se propagó hasta 1806, cuando Luis Bonaparte fue puesto en el trono del Reino de Holanda[71].

Probable lugar de la Casa de Comercio de John Kirkpatrick en Sint Jozefstraat en Ostende. Esta fachada mide unos 136.576 metros[72].

Jan Parmentier de la Universidad de Gante ha demostrado que su éxito fue debido más bien a esas actividades mercantiles. John Kirkpatrick y su hermano Thomas estuvieron involucrados activamente en el tráfico de contrabando. Pero su papel parecía ser el de promotor, armador y proveedor al por mayor para dicho contrabando, más que el de acometer desesperados desembarcos y emprender correrías con oficiales armados de aduanas.

Estas actividades no pudieron haber sido más que un esfuerzo desesperado para evitar las sanciones impuestas por el gobierno y los embargos comerciales, más que actividades realmente criminales, aunque las penas en caso de captura fueron severas y desproporcionadas.

Sus principales actividades de contrabando estaban centradas en Guernsey, en las islas anglonormandas de soberanía británicas. Estos

---

71 Mi gratitud con Gijs Speltincx, de la parroquia anglicana de Ostende y Brujas, por la traducción de varios interesantes párrafos procedentes del libro del Dr. Jan Parmentier *Het Gezicht van de Oostendse Handelaar, Studie van Oostende kooplieden, renders en ondernemers actief in de internationale handle en visserij tijdens de 18d eeuw"*. Para la confección del presente capítulo se han utilizado muchas de sus frases traducidas.

72 Edificios probablemente usados por John Kirkpatrick en Ostende. Los inmuebles eran propiedad de Liebaert & Jfr. Wwe Leep & d'Heer Leeps.

John Kirkpatrick, Ostende

William Escott Kirkpatrick, el hijo de John Kirkpatrick

cargamentos ilegales incluyeron tabaco, ginebra holandesa, té y brandy. Regularmente envió no más de 3 o 4 barcos con cargamentos a la isla en este tiempo. Dada la reducida población de la isla, estos víveres debían ser transbordados y pasados a otros transportadores, quizá para el comercio o el contrabando en la isla de Gran Bretaña. Si bien, él es también registrado desarrollando actividades de contrabando en Ayr, en la costa oeste de Escocia, esto puede haber sido a través de un tercero.

Sus actividades navieras legales eran de gran escala con pequeños barcos navegando a Dumfries, donde indudablemente estaban proveyendo vinos, brandy y productos mediterráneos a la compañía de su padre Riddick y Co. y a los comerciantes de la Gatehouse Wine. Sus balandras y sus cortadores también transportaron la carga a Ayr, Kirkcudbright, en Solway Firth, y Stranraer a la entrada del Lago Ryan. También comerciaron con tabaco con las Islas Feroe, bien al noroeste de las Shetlands y Orkney. Esta conexión demuestra que los barcos de Kirkpatrick tomaron el curso del norte bordeando la parte superior de Escocia y luego bajaron a través de las Islas Hébridas, hacia la costa oeste cerca de Dumfries. Este camino parecer haber sido una ruta más larga, pero ideal si hubiese cargamentos que conseguir y mercancías para ser vendidas en esos puertos. Pudieron existir también buenos marineros para reclutar en las islas Shetlands y Orkneys, que bien conocían los mares del norte y no estaban demasiado preocupados por sus cargamentos. Curiosamente ésta fue también la ruta segura que ellos tomaron; fuera del alcance del rápido Servicio británico de Guarda Costas que patrullaba el Canal Inglés y los cercanos mares irlandeses.

La red mundial de contactos de John Kirkpatrick y Wilson, de proveedores y clientes, formó una trama de actividad comercial que vinculaba mercados y proveedores de Málaga y España. Jan Parmentier ha revelado cómo el sistema naviero comercial del siglo XVIII ofrece profunda clarividencia sobre las actividades de agentes navieros, armadores de barcos, importadores y exportadores como Henri de Grivegnée y William Kirkpatrick, así como sobre sus predecesores en la casa Kirkpatrick y Escott. Londres fue parte extremadamente importante de esta trama, proveyendo crédito desde los bancos y descontando facilidades como capital de comercio para estas actividades.

Durante los años de 1790, John Kirkpatrick regularmente importó cargamentos de café y azúcar de Santo Domingo y algodón desde Nueva York. También compró tabaco y arroz para los mercados del Sur de los Países Bajos, desde San Petersburgo a Virginia y Charleston, en Carolina del Sur.

Eliza Anne (Parkinson) Kirkpatrick, la esposa de William Escott Kirkpatrick.

John Kirkpatrick también tuvo contactos comerciales con Salem, en Massachusetts. Trajo cargamentos de ida y vuelta para el comercio americano, en especial brandy y vino español y de Madeira. Cada año su casa de Ostende solicitaba varios cargamentos de vino seco y vino dulce Pedro Ximenes de Henry de Grivegnée en Málaga.

En los años de 1770 este John fue parte de la casa mercantil Grivegnée, Kirkpatrick, Escott y Cíe. de Málaga. Para los vinos de Madeira contrató con la Casa Scott en Funchal, la capital de la Isla de Madeira. Los vinos catalanes fueron comprados a sus antiguos socios Nicolás Reserson y William de Vic Tupper que se habían establecido en Barcelona. Su hermano Thomas Kirkpatrick y Wilson actuó como gerente de la casa comercial de Dunkirk antes de que se trasladara a Hamburgo y luego a Málaga.

Su comercio fue geográficamente extenso. De Lisboa compraba cueros secos y de Livorno, en la Toscana, importaba enebrinas. Ocasionalmente pedía ron directamente desde la isla danesa de Santa Cruz, en las Indias Occidentales. También participó del comercio Británico de las Indias Orientales utilizando Ostende como base.

Mucho de este comercio fue transportado en sus barcos, pues tenía extensos intereses navieros en estas plazas marítimas y porque, en parte, poseía seis barcos más pequeños en el período hasta 1793, cuando los vendió y compró el nuevo bergantín *Trinity*, de 200 toneladas, y la balandra *Black Prince*, de 60 toneladas. En 1791-92 solía tener grandes contratos, en parte con el comercio de Bengala, con el barco de bandera danesa *Flora*, capitaneado por Ole Holmstrom; y para el comercio de Madrás, el barco *L'Aquila*, capitaneado por Luigi Fortunato Goreni, navegando bajo bandera Genovesa. Él también actuó como agente portuario para capitanes que navegaban para Escocia, América y Málaga, así como Madeira y como agente para numerosas e importantes casas mercantiles anglosajonas. Esto incluía a un Genovés East Indiaman (armado barco para el comercio con las Indias Orientales), llamado la *Justina*, de 400 toneladas, que pertenecía en copropiedad a dos ingleses que indudablemente quisieron asumir el control del barco durante un período político difícil. (Véase en el apéndice el documento nº 8). Estas actividades revelan por vez primera los detalles del extenso comercio de los Kirkpatricks y muestran tanto el alcance como los volúmenes implicados.

En este sentido, un encuentro inmediato con los Kirkpatricks de Ostende y cómo pudieron viajar por Europa durante ese período se encuentra en el diario de una señora de esa época[73]:

"*Esta historia procede del diario de Mary Westwater Campbell y es una historia verdadera, usando sus palabras en el discurso del tiempo. Tuvo lugar en Europa hacia 1792 o 1793, durante el turbulento período que condujo al "Tiempo de Terror" de la Revolución Francesa (1789 – 1799).*

"Dejé Leith a bordo de un barco mercante con dirección a Londres un día de Navidad, ya fuera del año 1792 o 1793; a cargo de dos sobrinas cuya madre, mi hermanastra, estaba muerta. Su padre, el teniente e intendente Douglas del 53º Regimiento, estaba por aquel entonces en servicio en el extranjero, y deseó que sus hijas tomaran lugar en un Convento para su educación y también para que él pudiera tener la posibilidad de verlas de vez en cuando. Llegamos a Londres tras un pasaje de unas dos semanas, que era la duración normal en aquellos tiempos. Hubo varios pasajeros a bordo, entre ellos había un extranjero que cayó o fingió enamorarse de

---

[73] Great-Grandma's Tales, *The remembrances of Mary Westwater Campbell (1772 – 1865)*. www.myheritageimages.com

mí y aunque apenas le había hablado, insistía tanto que al dejar el barco había conseguido un mechón de mi pelo; el cual tuve la obligación de dar para deshacerme de él.

El capitán del barco nos llevó a una Posada donde nos quedamos durante tres días. Vi poco de Londres, pues apenas salí afuera, salvo a las oficinas de los agentes del Regimiento – la Compañía Greenwood, la cuál pienso estaba cerca de la bolsa. Dejamos Londres con destino a Dover en carruaje, nada ocurrió notable durante el viaje. Navegamos por la noche desde Dover a Ostende en un barco de pasajeros. No hubo viaje más espantoso y tempestuoso, nadie a bordo esperaba ver tierra. Una señora y sus dos niños estaban en la cabina conmigo. Pudimos oír a un oficial, que se dirigía a su regimiento, maldiciendo con soltura. Oírle fue lo peor, más cuando todos pensábamos que cada minuto podría ser nuestro último. Alcanzamos Ostende al fin, por lo cuál estuvimos muy agradecidos.

Tuvimos cartas de presentación para Mr. Kirkpatrick, cónsul británico en Ostende, quién, con su esposa, nos recibió muy amablemente. Él era de Dumfriesshire, y pienso debió ser abuelo o tío abuelo de Eugenia, la emperatriz de Francia. Nos quedamos con ellos algunos días. Vivían con buen estilo. Tenían un hijo, un niño chico que siempre nos daba su tostón: "El Duc-de-York." Jugaron a las cartas el domingo y no les agradó que no les acompañase en el juego. Hubieran ido al "Teatro" si no hubiera sido un mal día. Me enseñaron otra tarde a jugar al 'vingt-un' al cual gané.

Dejamos Ostende para llegar a Gante en una falúa, lo cuál es una forma muy agradable de viajar, nadie se daba cuenta de que se movía. La falúa era muy linda y tuvimos una cena grandiosa a bordo. Fuimos el primer día a Brujas donde pasamos toda la noche. Al llegar al hotel al que fuimos dirigidos, no pudimos conseguir admisión porque estaba bastante completo, pero el personal nos envió a otro donde estuvimos muy cómodos, aunque tuvimos que compartir habitación con otra señora.

En la mañana, fuimos a bordo de una barcaza y alcanzamos Gante por la tarde. Teníamos carta de Mr. Kirkpatrick para el Hotel Royale, donde nos dirigimos a la llegada. Era un hotel muy fino, situado en el Gran Plaza. Mientras estuvimos allí, vimos desde la ventana un largo cuerpo de tropas revistadas por el Duque de York. Había varias bandas de música, lo cual fue encantador. Cenamos en el Table d'Hotel, que normalmente estaba abarrotado.

Al oír que el 53º Regimiento estaba en Oudenarde, (...) nos encaminamos hacia ese lugar en carruaje, cuando a mitad de camino nos reunimos con Mr. Douglas que había llegado de Gante (...). Tuvimos posada en la casa de Madame Willard. Ella tenía gran cantidad de huéspedes, pero aunque no había habitación para nosotros, todos cenamos juntos. Ella tenía una mesa de billar".

Esta referencia a John y Janet Kirkpatrick y Stoddard, sugiere que él estuvo por aquel entonces actuando como cónsul honorario británico. Seguramente una promoción extraordinaria para un comerciante tan involucrado en el comercio ilegal. Las aventuras de Napoleón y los embargos, en los que puso sus miras, para restringir el comercio con Gran Bretaña, destruían la exportación e importación comercial de Europa. En 1805 John Kirkpatrick y su esposa fueron declarados insolventes y tuvieron que hipotecar su propiedad familiar para asegurar parte de su hacienda de Tarscreechan, en compromiso de un bono por 900 £ que habían obtenido previamente. Hacia junio de 1813 su hijo William Escott Kirkpatrick pudo asumir el control de las deudas no liquidadas de 2,000 £. y 1,000 £ [74]. Estos acontecimientos ilustran los vínculos familiares entre la familia y Dumfries. Esta bancarrota debi provocar dificultades financieras y comerciales a los Kirkpatricks en Londres, Málaga y también en Hamburgo.

Pero hubo otra cara para las actividades de Kirkpatrick que demuestra que tuvieron contactos también con oficiales ingleses y que bien puede explicar su papel consular. El Gobierno británico había estado alarmado por muchos aspectos de la Revolución Francesa y por el apoyó de algunas facciones entre la resistencia de los émigré Realista, pero tuvo cuidado con otros que no pudieron obtener apoyó popular en el campo francés.

En 1793 Evan Napean, bajo las órdenes de la secretaría en Ministère de l'Intérieur el británico, se puso en contacto con Gideon Duncan, cónsul británico en Ostende, requiriendo un pequeño barco para llevar a cabo un servicio de inteligencia en la costa bloqueada de la Francia Revolucionaria. Nepean fue un "administrador profesional y capacitado" que controló el presupuesto para el servicio secreto de inteligencia británica desplegado en Francia[75].

El principal interés de Nepean fue el despliegue de la Marina de Guerra francesa, sin embargo él había oído noticias sobre una insurrección en la Vendée conducida por un legendario General llamado Gaston. Se consideraba que Gran Bretaña había estado asistiendo a las Fuerzas Armadas monárquicas y al ejército de Gaston, que se rumoreaba tener 200,000 efectivos. Nepean esperó trabajar con contactos entre el continente francés y las Islas Anglonormandas. Pero los ingleses urgentemente necesitaron establecer relaciones con Gaston y verificar las noticias para ver qué ayuda necesitaba[76].

---

74 Kirkpatrick, General Charles, *op.cit.*, p. 178, listado de escrituras de propiedad de Kirkcudbright nos, 1426 – 1429-2443-2879-3325 y 3324.
75 Cobban, Alfred, *Aspects of the French Revolution*, France, 1970, pp. 233 y 234.
76 Sobre Evan Nepean, (1751 – 1822) véase *The Papers of Henry Laurens*, 1 September 1782 - 17 December 1792. South Carolina Historical Society.

Nepean solicitó a Gideon Duncan que alquilará una "Goleta Americana" para subir la costa de Francia, y ver lo que estaba haciendo Gaston". El cónsul recomendó el *Lydia*, perteneciente a John Kirkpatrick y Co., el cual fue fletado el 16 de mayo de 1793 por 150 libras al mes. No está claro si esta compañía comercial estuvo denominada bajo el nombre de John Kirkpatrick de Ostende, hermano mayor de William, o por el John Kirkpatrick nacido en esa ciudad en 1765 o acaso por algún Kirkpatrick anterior.

El historiador Alfred Cobban relata la historia:

"El sobrecargo, un milanés llamado Madeny, debió ser la única persona de abordo que conoció el objeto auténtico del viaje. El Lydia partió para Lisboa, para desembarcar en Nantes al objeto de buscar mercaderías. No importa qué información ella pudiese recoger, pues debía efectuar la entrega al Gobierno de Guernsey, y todo los hombres ingleses de guerra tuvieron aviso suyo, que ella no podría ser importunada. Llegando a Nantes, el Lydia de inmediato se encontró bajo embargo con todos los demás barcos en el puerto marítimo. Subsiguientemente se olvidó la misión para la cual había sido alquilada, y permaneció ocupada en el comercio entre Francia, América y Hamburgo, hasta que fue incautada en el Canal, con un cargamento de Holanda para Burdeos, por un buque de guerra británico. Duncan pensó que habían existido acuerdos entre Kirkpatrick, Madeny y el Capitán; y Nepean evidentemente no consiguió información por su dinero".

Estos extractos son ofrecidos extensamente, pues son las únicas referencias significativas que tenemos sobre los Kirkpatricks de Ostende. El Juan Kirkpatrick que estaba en Málaga en 1730 fue copropietario de un barco que traía harina para alivio de los vecinos. Ello, unido con la referencia para comerciar con Hamburgo, demuestra que estos Kirkpatricks eran dueños o compartieron buques mercantes, o compraron y vendieron estos con sus cargamentos, tal como era práctica habitual de comercio. La opinión del cónsul Duncan sobre el fracaso del complot fue debido a la confabulación, queda explícita, pero no está resuelto si fue un sabotaje deliberado por parte de Madeny o Kirkpatrick, o simplemente se debió a la presión de la regulación francesa y los acontecimientos comerciales. Madeny pudo haber escuchado sobre el destino de Gastón. Él fue capturado y fusilado en abril de 1793. Su pelotón había consistido en no más de varios centenares de campesinos. Si bien éste puede ser un indicio de que Kirkpatrick, a pesar de su estatus consular, no fue el patriota británico por el que Duncan le había tomado.

El hermano mayor de William, John Kirkpatrick, se casó con Janet Stothart (también llamado Stoddart), heredera por derecho propio de las haciendas de Tarscreechan[77]. Una transcripción procedente del registro de la Iglesia Inglesa de Ostende[78] muestra a un hijo, Thomas James Kirkpatrick, nacido de John Kirkpatrick y Janet, y bautizado el 2 de agosto de 1791 en Ostende, al oeste de Vlaanderen (Bélgica). Este hijo se cas en Gibraltar en 1818 con Carlota Catalina, la segunda hija de William de Málaga.

Otro hijo de John de Ostende, también llamado John, es descrito como una figura muy valiosa para la Comisaría del duque de Wellington hasta 1814. Luego es descrito como banquero en París. Él se convierte en paradigma en el punto en que la familia se encontró luchando en bandos opuestos durante las Guerras Napoleónicas, aunque sus lealtades a última hora parece haber sido firmemente por la causa británica[79].

Su hija, María Isabel Kirkpatrick, nació en Ostende en 1792 y se casó con Joseph Kirkpatrick, miembro de la familia que se asentó en la Isla de Wight y prosperó en el sur de Inglaterra[80]. Tenemos noticias de que Janet Stodart Kirkpatrick muri en Harv el 22 de febrero 1846, viuda de John Kirkpatrick, último de Conheath[81].

Memorial Kirkpatrick

En el cementerio de la iglesia de Caerlaverock, apenas seis millas al sur de Dumfries, existe un espacio anejo, que contiene los restos de los Kirkpatricks de Conheath, antepasados de la Emperatriz Eugenia. El siguiente epitafio se encuentra en ésta:

EN MEMORIA DE WILLIAM KIRKPATRICK, ÚLTIMO DE CONHEATH;
MARY WILSON, SU ESPOSA; ISABELLA, ALEJANDRO,
Y ELIZABETH KIRKPATRICK, SUS NIÑOS.
ROSINA KIRKPATRICK MURIÓ EN NITHBANK EL DÍA 5 DE
ABRIL DE 1833.
JANE FORBES KIRKPATRICK, ÚLTIMA HIJA SOBREVIVIENTE
DE WILLIAM Y MARY KIRKPATRICK, NACIDA EL
18 DE SEPTIEMBRE DE 1767; MUERTA EL 21 DE DICIEMBRE DE 1854.
ERIGIDO POR JOHN KIRKPATRICK, COMERCIANTE EN OSTENDE,
HIJO MAYOR DEL DIFUNTO WILLIAM KIRKPATRICK, EN ABRIL DE 1788[82].

---

77 Kirkpatrick, Richard Godman, *op. cit.*.
78 International Genealogical Index. Los registros de la Iglesia Inglés en Ostende se encuentran en la Biblioteca Guildhall y el Archivo Nacional en Londres.
79 Parton, James y otros, *Most Prominent Women of the Present Generation*, Hartford, CT. 1868
80 Pearson, James, "The Kirkpatricks of the Isle of Wight", *Chronicles of Clan Colquhoun*, Issue nº 15, Autumn 2007.
81 "Wigtown Pages Death Notices" de *Wigtownshire Free Press*. Transcrito por Diana Henry y Randy Chapple, febrero de 2006.
82 *Oxford Notes and Queries*, 4 Series VL, 3 September 1870, p. 187.

Aunque hay rumores sobre el origen irlandés de William, él fue claramente de origen escocés. Su tío abuelo, George Kirkpatrick, oficial con William de Orange, fue a Irlanda en 1719 y prosperó allí. Esto muestra un interesante pragmatismo político en la extendida familia de la época. Algunos miembros apoyaron al "Bonny Prince", otros a la nueva orden Protestante de Orange, insinuando una lealtad protestante. Pero William de Málaga no fue de esa línea irlandesa, aunque mantuvo contacto con sus parientes de Dublín. En 26 de octubre de 1814, él les envió cajas de pasas de moscatel españolas, algunas almendras y dos cajas de uvas al cuidado del Capitán Fox en el bergantín *Mary*. Él también escudriñó sus apoyos para su propio negocio. Él por sí mimos firmó "Your most affect. C.G. (primo alemán) William Kirkpatrick, Kirkpatrick & Grivegnée". (Véase en el apéndice el documento nº 5).

Su hermano menor, Thomas Kirkpatrick, habiendo llevado su aprendizaje en la oficina de los Kirkpatricks de Dunkirk, acabó convirtiéndose en un miembro prominente de la comunidad extranjera de Málaga. Fue nombrado cónsul General en Málaga para el pequeño ducado Alemán de Oldenburgo en octubre de 1807, cuya oficina mantuvo hasta al menos 1817. Alguna de su correspondencia sobrevive en el Oldenburgo State Archives[83]. Él fue más tarde cónsul de Málaga para el gran ducado de Hanóver, donde se registra que pasa los años comprendidos entre su salida de Escocia hasta su llegada a Málaga.

Thomas Kirkpatrick se casó con doña Juana en Málaga el 10 de octubre de 1810. Ella fue la hija de Isabella Nagel y Nicholas Plink. El señor Plink era originalmente de Hamburgo y fue cónsul de Hanóver en Gibraltar en 1812[84]. Los registros de la familia Kirkpatrick dicen que Thomas estuvo primero casado con Dorothea Kilbi de Dumfries[85].

Otra fuente dice que Thomas se casó con una "dama sueca de categoría" y se convirtió en cónsul sueco[86], si bien otra menciona que fue cónsul ruso. Algunos informes señalan que Thomas fue a Suecia, donde se cas con una señora sueca de padres británicos. Por entonces él se traslad a Málaga como cónsul sueco[87]. Pero los archivos del Reino de Hanóver confirman que Thomas Kirkpatrick fue su cónsul General en Málaga al menos desde 1818 hasta 1837.

---

83 Correspondencia con Mr. Axel Eilts Archivist, Staatsarchiv Oldenburg, Alemania el 20 de Octubre del 2008. Ref. *Best. 22 Nr. 6*.

84 http://list.genealogy.net/mailman/archiv/hannover-1/2002-01/2002-01f.html

85 Kirkpatrick Mendaro, Enrique, anotaciones inéditas. Véase también AHPM, Ref, (3.726/82).

86 Walford, Edward, *Tales of Our Great Families*, 1880, p. 179.

87 Philp, Robert Kemp, ed. *The Family Friend*, p. 171. Véase también Thompson Cooper, Ed. *The Register and Magazine of Biography*, 1869, p. 333.

En una carta escrita el 12 de febrero de 1808 desde Hamburgo él manifestaba que su hermano, William Kirkpatrick, cónsul americano, le había dicho que el uniforme que las autoridades de Oldenburgo enviaron para él había llegado, pero que no era respetado en un país donde es necesario caminar con "le Pomp". Solicitaba permiso a Su Alteza Serena el Duque para que William llevara las dos charreteras de oro.

La Carta es difícil de leer, pero demuestra que William actuaba temporalmente como cónsul para Oldenburgo hasta el regreso de su hermano a Málaga. Ésta aclaraba buena parte de la confusión sobre los hermanos y sus diversos puestos consulares. Esto también explica por qué, cuando William fue arrestado por la policía de París en 1808, registraron que él había sido nombrado cónsul en Hamburgo por el Gran Duque de Oldenburgo. Sin embargo, Thomas estuvo en París en mayo y en agosto de 1808, así creo pudo haber habido alguna confusión sobre los nombres extranjeros. Desde esta declaración él pudo suponer que William visitó Hamburgo para ver a su hermano, y obtener la aprobación oficial en su papel como sustituto de su hermano durante su ausencia. Así él fue designado en la ciudad de Hanóver, pero el consulado era por tanto de Málaga. Un bien informado, pero anónimo, diplomático, en una biografía de 1865 sobre Napoleón III, dice que el hermano de William, Thomas, "estaba íntimamente vinculado con Hamburgo, pues estuvo de negocios allí hasta 1815 y muchas personas todavía le recuerdan, así como la casa que ocupó en el nº 92 de Reichenstrasse"[88].

La larga influencia de Napoleón se había extendido hasta Hamburgo, que llegó a ser ocupado hasta en dos ocasiones por las fuerzas del emperador. En 1804, sus oficiales secuestraron al Ministro Británico Sir George Rumbold desde su misma casa situada en un pueblo a las afueras de la ciudad. La segunda ocupación entre 1811 y 1814 culminó en un largo asedio que acabó con la rendición del Mariscal Davout. Esto puso el punto y final a sus reglas represivas y severas, que habían dado como resultado la pérdida del comercio de Hamburgo y la de la mitad de la población. Estas desgracias bien pudieron haber apresurado la marcha de Thomas Kirkpatricks a Málaga, donde su hermano había restablecido sus negocios.

Hay también una carta firmada por Jo. Kirkpatrick Maxwell, escrita en Hamburgo en noviembre de 1807, dirigida a Krammas Rolf Mentz, Secretario de Estado. Ésta evidencia un vínculo más de Kirkpatrick con Hamburgo y es un indicativo interesante de la costumbre familiar de incluir 'Kirkpatrick' entre los apellidos de los miembros de otras familias con las que se emparentaron. Seguramente es un signo de la fuerza e

---

88 Anónimo, *Napoleón the III and his Court*, France 1865, pp. 243-4.

influencia del nombre Kirkpatrick en el comercio. Más conexiones pueden venir de William y Elizabeth Ann Kirkpatrick, que registraron los nacimientos de cuatro niños, todos bautizados por el capellán británico en Hamburgo entre 1820 y 1830[89].

Thomas es mencionado en el Manual Oficial de Hanóver como su cónsul General en Málaga desde 1818 a 1837. También se registra que fue cónsul General para Oldenburgo, el estado vecino, desde 1818 a 1823. Los registros Navieros para Málaga demuestran que la plaza consular de Oldenburgo apenas fue un puerto ocupado, pero la adición de la ciudad portuaria de Bremen y el comercio marítimo de Hamburgo mantendría ocupado en Málaga a un Cónsul de habla alemán. En una carta, que él escribía a su hermano William el 12 de febrero de 1818, aparece su firma como cónsul y agente comercial de Su Alteza Serena el duque de Erwick?, Holstein, Oldenburgo, Príncipe Regente de Lubeck, para la ciudad de Málaga y el Reino de Granada.

Cuando Thomas se trasladó a Málaga, él vivió en nº 2 de La Alameda, en la calle principal de la ciudad. Debió ser un magnífico inmueble poseído en propiedad, que llegó a ser valorado en 32.000 reales y gravado con 563 reales, una gran suma en comparación con otras propiedades registradas en los censos de los contribuyentes de 1818[90].

Evidentemente el equilibrio en los contactos consulares con oficiales del gobierno y la sociedad española local fue extremadamente importante para los intereses comerciales de la familia y, por tanto, ellos hicieron todo lo posible por mantener su estatus diplomático. En lo tocante a la preocupación sobre "le Pomp" de William, se revela un lacónico humor escocés combinado con un deseo de no ser visto entre el glamour de recepciones cívicas, plagadas de extravagantes uniformes militares y finos trajes oficiales de gala.

---

89 Registros de Nacimientos de los consulados británicos, sacados del Índice Genealógico Internacional.
90 AMM, Legajos números 176 y 49 (Censo año 1818).

7. Negocios Familiares

Cuando William Kirkpatrick y Wilson inició su largo camino a Málaga en busca de fama y fortuna, debió ser consciente que todo lo que poseía era su innato ingenio, su buena reputación y su familia para ayudarle en su pasaje. No habría herencia con riquezas, tierras o títulos. Él provenía de la clase terrateniente escocesa que obligaba a sus hijos marchar hacia adelante y buscar solos su propio destino y porvenir como mejor pudiesen. En Inglaterra, en lo referente a este período, los hijos menores, de incluso la clase acomodada menor del país, se introducían en el ejército, la iglesia, las leyes o el servicio civil; cualquier "profesión" en vez del comercio.

Pero Escocia era diferente. Los católicos romanos en particular no podían obtener puestos de Gobierno. Al norte de la frontera las familias prominentes encontraron socialmente aceptable que los hijos menores profundizaran en los negocios estableciendo casas mercantiles. La Honorable Compañía de las Indias Orientales fue la vía preferida para buscar fama y fortuna. Otros entraron en la Compañía Imperial Británica de África Oriental o en la Compañía Bay de Hudson.

Numerosos Kirkpatricks se distinguieron en la Compañía de las Indias Orientales (HEIC) y más tarde al servicio del Imperio Británico. Los que más destacaron fueron los hijos de James Kirkpatrick de Keston, cerca de Bromley, en Kent. Su historia, contada por el historiador William Dalrymple en los *White Mughals* es un cuento fascinante sobre el Raj antes de que las Memsahibs vinieran a la India[91].

Ha existido cierta confusión sobre la relación entre estos Kirkpatrick Keston y la familia Closeburn de Dumfries. Se pensaba que James Kirkpatrick era un hermano de Robert, Abraham y John Kirkpatrick de Dumfries. Recientemente todo ha quedado aclarado por James Pearson, editor de *The Chronicles of Clan Colquhoun* [92], que viene a demostrar que James Kirkpatrick, que había huido de la rebelión jacobita de 1715 y se estableci en Charleston, Carolina del Sur, era de Irlanda y no de Glenkiln o Closeburn, a pesar de que puede haber tenido anteriormente raíces familiares en Dumfriesshire.

---

91 Dalrymple, William, *White Mughals*.
92 Pearson, James, *The Chronicles of Clan Colquhoun*.

James Kirkpatrick, padre del apuesto coronel de la historia de Dalrymple, nació en Irlanda, tal vez en Carrickfergus en la década de 1690 y concurrió a la Universidad de Edimburgo entre 1708 y 1709 abandonando los estudios sin conseguir título alguno. Volvió a Carrickfergus, pero, en 1717, emigró a Charleston, en Carolina del Sur. Allí prosperó en el terreno de la medicina. Los registros americanos demuestran que en 1725 se casó con Elizabeth, hija de Thomas Hepworth, secretario de la colonia de Carolina del Sur, y tuvieron dos hijos[93]. James regres a Inglaterra con sus dos hijos y construy una mansión llamada Hollydale, en Keston Common, cerca de Bromley, Kent; si bien, no hay constancia del destino de Elizabeth.

No parece haber habido ningún vínculo o asociación entre las dos familias Kirkpatrick aunque el servicio en la India fue ocupación común en la vida de sus descendientes. El caso Aiskell, unos veinte años más tarde, muestra cómo la entrada al Servicio de la HEIC requería dinero y relaciones sociales que no estaban disponibles para William Kirkpatrick en 1780. Él tuvo que usar vínculos familiares para obtener un puesto dentro de la bastante establecida sociedad mercantil de Robert Kirkpatrick, John Kirkpatrick Escott, James Reed y Jeremiah Parkinson.

Podríamos imaginar a un joven y fuerte escocés bajando de la diligencia después del viaje de 36 horas desde Dumfries[94] y logrando llegar por medio de astucia al número 5 de Lime House Square, en el corazón de la ciudad de Londres. All conocería a su primo mayor John Kirkpatrick Escott[95], hijo de la hermana de Robert, Elizabeth Kirkpatrick. Jeremiah Parkinson también habría estado en la oficina del nó 5 de Lime House Square y seguramente otros miembros familiares le habrían visitado en el negocio. Probablemente William habría visitado la localidad de Woodford, en Essex, para ver a su viejo primo, cabeza de la casa, Robert Kirkpatrick y Capper de Málaga. Robert muri el 14 de abril de 1781. Aunque William no aparece en el testamento del anciano, sabemos que le había dejado a William un anillo de oro, que posteriormente William dej a su sobrino Tomas Kirkpatrick. Éste fue seguramente un anillo con un pequeño sello o escudo, y un síbolo de la transmisión de los intereses españoles para William.

En una nota, encontrada en una carta personal en los Archivos

---

93 *Transaction of the Huguenot Society of South Carolina*, Issue 87.
94 *The Carlyle Collected Letters*, Vol. 5, Jan. 1829 – Sept. 1831, Letter to Gustave D'Eichthal.
95 Testamento de Roberts Kirkpatrick, fechado en 1781   National Archives, Kew, PROB 11/1077 pp 75.

Nacionales Estadounidenses, claramente se asocia a William Kirkpatrick con la casa de comercio londinense de Robert Kirkpatrick y de los señores James Reed y J. Parkinson. Su "patrón" fue John Kirkpatrick Escott, principal heredero de Robert Kirkpatrick de Londres. Estos caballeros se encuentran enumerados como los Jefes de la Casa de Málaga referida en la carta de George Cabot al Presidente[96]. John Escott mantenía correspondencia desde Málaga con el segundo Barón Grantham en 1775 demostrando cómo la familia residía en Andalucía hasta ese momento[97].

Robert nació en 1717 y falleció en Woodford el 14 de abril de 1781. Blackwood le describe como un agente muy discreto en el comercio español[98]. Al parecer fue comerciante en España. Su testamento deja numerosos legados a su extensa familia, amigos y sirvientes, alcanzando la cantidad de 15,000 £. Una suma bastante elevada para aquellos días. Jeremiah Parkinson recibi 500 £. El resto de su fortuna se la dej a su "estimada hermana" Anne Kirkpatrick y a su sobrino John Kirkpatrick Escott que, junto con James Kirkpatrick de Bristol, nombr como sus albaceas. Los testigos fueron James Reed y también Sarah Reed y una tal Ann. Éste debe ser el señor J. Reed mencionado en la nota adjunta a la carta de George Cabot[99], y el James Reed que fue director del Banco de Inglaterra.

James Reed y Robert Kirkpatrick Escott decayeron en 1809, cuando ambos aparecen como demandante y demandado respectivamente, en un caso ante la Chancery Court en Londres[100].

Los directorios londinenses de comercio demuestran que Robert Kirkpatrick era comerciante en el nº 5 de Lime House Square desde 1765 hasta 1785 cuando el negocio era llamado Kirkpatrick, Escott y Reed, Merchants. Claramente la empresa continuó tras la muerte de Robert en 1781. No existe mención alguna a Kirkpatrick en el directorio de las oficinas de Correos de 1800. John Parkinson es mostrado en asociación con Reed en 1791 y según su testimonio, en 1792, todos estaban comerciando en el nº 5 de Lime House Square.

El testamento de Robert Kirkpatrick ofrece una clara perspectiva del alcance de su negocio y sus conexiones familiares. Allí estaban los Kirkpatricks en sus relaciones con Ostende, Hamburgo, Bruselas,

---

96 *Applications and Recommendations for Public Office, 1797 – 1901*, Administration of Madison, 1809 – 1817, RG 59, Box 6. NARA, US National Archives.
97 Correspondencia entre Thomas Robinson, segundo Baron Grantham (1738-1786), y John Kirkpatrick Escott - . L 30/14/212, Bedford County Council Record Office.
98 *Blackwood's Gentleman's Magazine*, 1781, pp. 195.
99 National Archives, Kew, PROB11/1077.
100 National Archives, Kew, C 13/107/35 Kirkpatrick v. Kirkpatrick Escott.

Bristol, Londres, Málaga, Adra, Tobago, así como Richmond, Virginia, y Charleston S.C., Wilmington, Carolina del Norte y Calcuta. Un Thomas Kirkpatrick fue cónsul americano en Nassau, Nueva Providencia, (Bahamas) hacia 1864 y otro en Honduras algunos años después.

Tanto Robert como John Kirkpatrick Escott habían vivido en Málaga durante treinta años, pero habían regresado a Inglaterra cuando proliferaron las hostilidades con España y Francia en el mes de junio de 1779 en lo que luego se convirtió en la Guerra de Independencia Americana. Dejaron su negocio español en manos de Henri de Grivegnée que actuó como su agente. No sabemos cuánto tiempo el joven William estuvo en Londres, pero ciertas noticias sugieren que pronto se abrió camino junto a su hermano John en Ostende, donde permaneció algunos años. Éste fue un período de instrucción y familiarización, y un tiempo para mejorar su francés. Pero también habría sido su primera exposición en un ambiente de mayoría católica. No podemos distinguir si ello desafió sus creencias escocesas, pero en cierto momento, comprendido entre aquellos días en Ostende y su matrimonio en Málaga, se convirtió a la fe católica.

Algunos protestantes fueron aceptados en la sociedad de Málaga y alcanzaron éxito en el comercio de exportación, según muestran los legados de John Kirkpatrick Escott, que era "inglés" y protestante. En una adición manuscrita a su testamento, otorgado en España en 1766, dejó diversos legados de 200 pesos a los religiosos Capuchinos y 600 pesos al arcipreste de la capilla del Sagrario de la Catedral de Málaga, para ser distribuidos entre las familias pobres. También dejó 500 pesos al Notario Público, como muestra de su amistad y afecto[101]. Si éste hombre es la misma persona que muri en Ongar Hill, en Essex en 1799, él habría tenido 38 años de edad en el momento de otorgar esta éstima voluntad. Quiz enferm de una de las frecuentes fiebres que infestaron la región y temi por su vida. No existen indicios de que la buena gente de Málaga se hubiera beneficiado de su testamento otorgado en Inglaterra. Su hijo, James Kirkpatrick Escott, fue el éstimo cabeza de su casa de comercio londinense, pero se vio implicado en una disputa legal con sus socios.

El Catastro del Marqués de la Ensenada del Archivo Municipal de Málaga demuestra que, en 1754, Robert Kirkpatrick, Juan Kirkpatrick y Juan Escott estaban comprendidos entre los residentes extranjeros de comerciantes en la ciudad. El hijo de William Escott, John Kirkpatrick Escott, añadió el apellido de su madre, Elizabeth Kirkpatrick, al estilo español, y lo siguió usando cuando regresó a Londres para mostrar su <u>vínculo con la C</u>asa Comercial de Kirkpatrick.

101 AHPM, Leg. 2628, fol. 582.

No obstante sabemos que los dos John Kirkpatrick Escotts fallecieron en Inglaterra en los años de 1790. Ambos dejaron testamentos y uno dejó un monumento conmemorativo. Ambos individuos, del mismo nombre y generación, estuvieron relacionados el uno al otro y conectados con los otros Kirkpatricks en el comercio de Málaga y los socios comerciales de Londres. Existen evidencias en sus últimas voluntades que sugieren que fueron primos, ambos con padres Escott y madres Kirkpatrick.

El testamento de John Kirkpatrick Escott, caballero de Bristol, está fechado en 1798 (el número 8 esta poco claro). Claramente forma parte de la extensa familia y quizá de la sociedad mercantil de Londres. Está vinculado con John Kirkpatrick Escott de Ongar Hill, que él menciona como su "amigo" y a quien le dejó 100 £. El remanente de su hacienda fue a parar a su devota madre Mary Escott y a su tía Sara. Asimismo le dejó 10 £ a su "amigo" Abraham Kirkpatrick Wilson de Londres. La unión de los apellidos Kirkpatrick y Wilson es debido a que la madre de Abraham Kirkpatrick fue también una Wilson. Ella fue la esposa de James Kirkpatrick, y luego la madre de Elizabeth, Robert de Málaga y Woodford, y también de John, que acaso pudo haber sido el Juan Kirkpatrick que se hallaba en Málaga y también por supuesto de Abraham. Esta Miss Wilson tiene poca probabilidad de ser la hermana de Mary Wilson, que fue la madre de William Kirkpatrick de Málaga, pues las generaciones son diferentes, pero bien pudo haber sido su tía. Tanto esta conexión, como la costumbre española de unir los apellidos Kirkpatrick y Wilson, sugiere que el segundo John Kirkpatrick Escott estaba también vinculado con el comercio español en el período de 1750 a 1779.

"(...) Sobre lo anterior hay un elegante memorial de mármol blanco, sobre suelo blanco, coronado por un sarcófago y una urna, para John Kirkpatrick Escott, esq., de Ongar-Hill en esta parroquia, que murió el 16 de febrero de 1799, con setenta y un (años de edad). En él también, está enterrada *Mary Jane*, su hija menor, que murió a la edad de veintiún años, el 12 de julio de 1817; y *Deborah*, su viuda, que murió el 22 de abril de 1818, a los sesenta y un años[102].

El testamento de John Kirkpatrick Escott de Ongar Hill es mucho más extenso y complejo de leer, pero demuestra que también estaba vinculado con la asociación londinense pues le deja 25 £ a Mary Parkinson. Asimismo le deja la ingente cantidad de 500 £ a su primo Francis Aiskell. Quizá él buscaba que el joven cadete de la Compañía

---

102 BRAYLEY, Edward Wedlake, F.S.A, *A Topographical History of Surrey*, Volume II, en *Monuments of Chertsey*, Godley Hundred, p. 200.

de las Indias Orientales se casaría con una de sus hijas. Esto también significa que estaba muy próximo a Francis Aiskell, cónsul Británico en Málaga en los años de 1730. El remanente de su hacienda fue a parar a su hijo Robert y a sus hijas: Elizabeth y Mary Jane Escott.

Otros comerciantes británicos e irlandeses, durante largo tiempo, fueron residentes en España, incluyendo Tomas Quilty, cuya hija se emparentó con la familia Cabarrús y Kirkpatrick, y los Lovelaces, y los Lorings. Guillermo Reille y Gabriel O'Reilly y Falon: se encuentran también enumerados en el Catastro con otros trescientos artesanos y comerciantes extranjeros en la Málaga de por aquel entonces[103].

Establecer la conexión de Robert Kirkpatrick y Capper con Málaga es importante, a juzgar porque éste es el mismo Robert Kirkpatrick que más tarde prosperó como comerciante en la ciudad de Londres y fue garante y defensor del nombramiento de William Kirkpatrick para el consulado estadounidense. Este Robert parece haber sido la fuerza oculta en pos del éxito y la prosperidad de la familia.

Claramente William fue adiestrado en las formas de su comercio y luego fue trasladado a Málaga para representar a la sociedad fundada por Robert y continuada por su segundo primo John Kirkpatrick Escott. En una época en la que los títulos cambiarios fueron la única manera de pago comercial, los comerciantes o negociantes confiaron en su buena reputación para aceptar sus letras a un interés razonable. Las conexiones familiares y las recomendaciones fueron esenciales.

En 1782, William se unió a su hermano mayor John en su empresa mercantil en Ostende. Desde la costa atlántica William fue a Barcelona, donde permaneció casi tres años para aprender el comercio de los socios de su hermano: Nicolas Reserson y William de Vic Tupper que se había establecido en Barcelona, posteriormente se trasladó a Málaga en 1788[104].

Hubo al menos otros cuatro Kirkpatrick y Wilson en la zona de Málaga cincuenta años más tarde, a principios del XIX. Harriet Kirkpatrick y Wilson, hermana de William, con quien vivió durante algún tiempo en Honfleur, probablemente con su hermano John, fallecida en Málaga. Encontramos también otra hermana, Janet Kirkpatrick y Wilson, muerta en España en 1817.

Su hermano menor Thomas fue muy dado a ganarse el respeto como cónsul de Hanóver en Málaga y a escribir determinantes cartas

---

103 AMM, Catastro de Ensenada, vol. 106. folio 10.213.
104 US National Archives, RG 59, General Records of the Department of State, Applications and Recommendations for Public Office, 1797-1901, Madison 1809-1817 Box 6 (film M438).

a la Embajada Británica en Madrid. Su actitud es mostrada por una misiva conservada en los Archivos Nacionales en Londres, fechada el 22 de junio de 1822, cuándo William Laird era cónsul británico. Revela las complejidades de la regla Hanoveriana en Inglaterra en ese período. Thomas recibía cartas procedentes de la Casa de la Aduana en Málaga como cónsul de Hanóver, y escribía al General Meade, cónsul General de Su Majestad en la embajada británica en Madrid. Thomas estuvo al mismo tiempo representando los intereses comerciales de la "Casa de Kirkpatrick" y los intereses navieros de los súbditos de Sus Majestades de Hanóver.

No obstante su carta explica la situación:

Estimado Señor: Málaga, a 22 de agosto de 1822.

A través del correo el jueves he recibido la carta que usted tuvo el favor de escribir, con fecha primero de este mes, y en respuesta a las dudas que usted expresa en lo que se refiere a ser autorizado para interferir (ilegible) en esto con respecto a los súbditos de Sus Majestades Hanoverianas, le informo de que, por mis instrucciones, estoy obligado a solicitarla al embajador británico en los casos donde no hay Ministro nombrado expresamente para el Reino de Hanóver; que el caso está ahora en el tribunal en Madrid. Estoy por consiguiente obligado para importunarle otra vez con el caso del capitán ¿Jacob Lietjen?, del hanoveriano Galid Elizabeth, que el barco está ahora retenido aquí por orden del administrador de la Casa de la Aduana. Los motivos van explicados en el memorial adjunto.

Ruego que sus bondadosos esfuerzos puedan ser vistos en favor de este asunto. Firmado Tomás Kirkpatrick.

Para Lionel Hervey Esq., H. B., Ministro plenipotenciario de Su Majestad, Madrid[105].

Hacia 1863 los cónsules de Hanóver y de Oldenburgo se encontraban todavía enumerados separadamente en el registro de cónsules y vicecónsules de la ciudad[106].

El sobrino de William, John Kirkpatrick, fue vicecónsul Honorario Británico en Adra (Almería) aproximadamente hacia 1834[107] y continu con este cargo al menos hasta 1857[108].

---

105 National Archives, London, FO 185/90, Málaga Consuls Correspondence.
106 Burgos Madroñero, Manuel, *Málaga, Siglos XVIII-XIX – Los Extranjeros.* procedente del Archivo Municipal de Málaga, Legajo 1979.
107 British Parliamentary Papers, Reports of the Committees, Session 19 Feb.-10 Sept. 1835 Vol. VI p. 127.
108 Oliver and Boyd's *Edinburgh Almanac and National Repository*, 1835, p. 207. y *The Mercantile Navy List and Annual Appendage to the Commercial Code of Signals for All Nations: 1856/57*, p. 170. Edited by J. H. Brown.

Este John estuvo involucrado en la administración de la hacienda de William Kirkpatrick. Su puesto Consular no estaba remunerado, aunque él habría ganado cierta retribución con respecto a la documentación naviera. Otro sobrino de William, Alexander Thomas Kirkpatrick, es mencionado en 1856/57 como cónsul Honorario Británico en Garrucha, el puerto de Vera, al oeste de la costa de Adra[109]. El largo vínculo de Kirkpatrick en España continúa aún al día de hoy, en concreto en un bufete de abogados denominado Trías, Kirkpatrick y de Grivegnée en Marbella. Los miembros de la familia Kirkpatrick todavía juegan un papel relevante en la administración de España.

El papel decisivo de William Kirkpatrick en Málaga fue el de cónsul de los Estados Unidos en la plaza. Estableció su lugar en la ciudad, y seleccionó sus vínculos afectivos y conexiones mercantiles. Los documentos oficiales que registran su nombramiento revelan importantes y amplias relaciones comerciales y arrojan luz sobre un sistema de negocios que hoy día es dominado por corporaciones globales.

Designado cónsul para los recién independizados y ferozmente republicanos Estados Unidos de América. Según lo que sabemos, nunca fue un ciudadano americano nacionalizado y como escocés permaneció siendo británico. Su registro Consular de los Estados Unidos muestra un espacio en blanco debajo de "la Lealtad". Los Estados Unidos fueron, en el mejor de los casos, neutrales durante las Guerras Napoleónicas, y el sentimiento revolucionario favoreció la causa francesa, aunque algunos viejos "conservadores" prefirieron antes a los ingleses que a los franceses. Algunos cónsules y diplomáticos americanos favorecieron a Napoleón y existen informes de que Kirkpatrick estaba entre ellos.

En 1791, el gran legislador americano George Cabot escribía:
Al Presidente George Washington
Beverley, enero de 1791.

"Señor, - El señor William Kirkpatrick, miembro de la casa de Messieurs Grivegnée y Co. de Málaga, desea tener el honor de servir a los Estados Unidos en calidad de cónsul para ese puerto. Si se piensa conveniente instalar tal oficina, podrá comprobar que el talento y disposición de Mr Kirkpatrick, particularmente le permitirá ocuparlo con decoro. Permítame, por consiguiente, señor, pedir que, cuando las aptitudes de los candidatos estén bajo su examen, las suyas también puedan ser consideradas.

Si cualquier disculpa fuera necesaria por esta libertad, espero que no sea estimada insuficiente que, habiendo estado guiada por mi profesión,

---

109 Marryat, Frederick, *Code universale de signaux à l'usage des navires du commerce de toutes les monde*, 1866.

por hacer frecuentes visitas a España, he forjado una con los jefes del establecimiento comercial al cual Mr. Kirkpatrick pertenece: que estos han deseado mi testimonio para esta ocasión, y que mi experiencia de su integridad y de su amistad con las personas de este país, me obliga a pensar bien de un caballero que ellos recomiendan, y a confiar en uno, por cuya fidelidad están dispuestos a ser responsables.

Con el respeto más profundo, señor, su más fiel y obediente servidor, George Cabot, Senador para Massachusetts"[110].

La recomendación de Cabot se llevó unos nueve años para hacerse efectiva formalmente y no llegó hasta el 1 de enero de 1800, cuando su nombramiento como sustituto de Michael Murphy fue puesto ante el Senado y aprobado por el presidente John Adams. Cabot estuvo a edad temprana activo como dueño de barcos y comerciante internacional antes de convertirse en legislador. Durante la Guerra de la Independencia protegió su capital usando los bancos en Bilbao. Él habría encontrado a Robert y Juan Kirkpatrick durante este período, y pudo haberles debido un favor o varios por proteger sus barcos y sus cargamentos de la confiscación decretada por la Marina de Guerra Británica.

UNA NOTA EN LOS ARCHIVOS NACIONALES DE WASHINGTON D.C.:
William Kirkpatrick 1814.

"William Kirkpatrick nació en Dumfries en Escocia en 1764, había tenido una educación liberal, y en 1782 estuvo en actividad mercantil en Ostende donde permaneció unos 3 años, de allí a Barcelona donde residió casi tres años más y luego a Málaga donde se queda; que sus patrones en Londres son Messrs. James Reed y J. Parkinson y su patrón es mi viejo amigo John Kirkpatrick Escott, que, con su difunto tío Rob. Kirkpatrick de Londres y otras principales casas londinenses, son los Jefes de la Casa de Málaga a la que se refería mi carta al Presidente"[111].

Era un puesto de trabajo activo y William Kirkpatrick, en calidad de cónsul para los Estados Unidos en Málaga, solicitó a Madrid la aprobación Real para el nombramiento de vicecónsules en Marbella, Estepona y Almería en 1801 y en Vélez-Málaga en 1807[112].

William debió haber solicitado el puesto consular algún tiempo antes de la carta de George Cabot, escrita en enero de 1791, pero en su lugar fue designado Michael Murphy el 2 de marzo de 1793. Parece haber existido

---

110 Ed. Edward A Crane, *The Memoirs of Dr Thomas W. Evans*, London, 1906, p. 621 (Apéndices).

111 *Appointment Records of the Department of State Applications and Recommendations for Public Office for the Administration of President Madison 1809 – 1817*, Ver año1814.

112 Ahn, Estado, 625, Exp.21 1801-03-12, Expedientes de la Junta de Dependencia de Extranjeros, Véase también Estado, 637, Exp.8 1807-03-07 y Estado, 625, Exp.19 1801-01-15.

verdadera competencia para estos puestos; y aunque William intentó por todos los medios conseguir aquella vacante, lo cierto es que perdió contra su rival[113]. Los registros del puesto consular de los Estados Unidos vienen a mostrar que William fue cónsul desde el 8 de enero de 1800 hasta el 11 de diciembre de 1817, cuándo fue reemplazado por George G. Barrill de Massachusetts, quien tom posesión del cargo en junio de 1818 y prest servicio hasta finales de 1837[114]. El 4 de septiembre de 1817, Oliver H. Perry escribi a James Madison recomendando que William Kirkpatrick fuera mantenido como cónsul en Málaga[115]. A decir verdad se mantuvo durante algunos meses más, pero tuvo la obligación de ceder el puesto al poco tiempo.

Las relaciones entre los cónsules británicos y americanos continuaron de forma amistosa y las cuentas Consulares de William Laird fueron revisadas y firmadas por el sustituto de William Kirkpatrick, es decir por George G. Barrill. Éste es un temprano ejemplo de la cooperación anglo-americana pese a las dificultades de la guerra de 1812 y los largos términos del bloqueo británicos sobre los puertos europeos, así como las tensiones propias del Acta de Embargo emitida por el Congreso de los Estados Unidos en 1807, que habían conducido al inicio de las hostilidades anglo-americanas.

---

113 Lists of U.S. Consular Officers by Post, Dept of State, NARS RG59, A-1 Entry 802, Vol. 13 of 23, U.S. National Archives.

114 Journal of the Executive Proceedings of the Senate of the United States of America, 1815 – 1829, Friday December 12, 1817. I hereby nominate to the Senate for its concurrence, the persons whose names are stated on the annexed paper. –"George G. Barrill of Massachusetts, to be Consul of the United States at Málaga, in Spain, in the place of William Kirkpatrick, removed". ["Por el presente, designar para el Senado, por acuerdo de las personas cuyos nombres se indican en el documento adjunto, a George G. Barrill, de Massachusetts, para cónsul de Los Estados Unidos en Málaga (España), en lugar de William Kirkpatrick, cesado"]

115 Preston, Daniel: *A Comprehensive Catalogue of the Correspondence of James Monroe*, Vol. III Greenwood Publishing, 2000, p. 703 (cita una carta autógrafa firmada, ALS, ICHi: Perry Papers).

8. Vida Consular

Los asuntos cotidianos de un Cónsul en un puerto ocupado fueron acertadamente, acaso imaginativamente, resumidos por la honorable señora Caroline Norton en una petición que escribe a la reina Victoria en 1855 buscando su apoyo para aumentar la legislación liberal sobre el divorcio.

"Cuando Mr Kirkpatrick, caballero escocés, cumplía con su deber como cónsul en Málaga: preocupado con los pequeños detalles de la posición de su consulado; choque frontalmente con los intereses mercantiles, las perplejidades del derecho internacional, los reclamos de marineros, los celos de los residentes, el sofocante calor del clima sureño, y las disputas acerca de nada, que están siempre, en todos los consulados, surgiendo como dos veces todos los meses, y son siempre dichas en el grado más inmanente para amenazar la bandera".

Aunque la señora Norton creyó que Mr Kirkpatrick era el representante británico, ella tuvo una visión muy clara de la vida de un cónsul, la cual es confirmada por las cartas enviadas a Mr Kirkpatrick por el entonces cónsul británico en Málaga transcritas en el apéndice[116]. Éstas traen una pintoresca instantánea del mundo cotidiano de Mrs Norton sobre un puerto consular de la época.

En lo tocante a la toma de posesión del puesto consular, sabemos que William compró el escudo de armas de los Estados Unidos y el sello de cónsul de la viuda de su antecesor Michael Murphy, que murió en el puesto. Eran símbolos importantes de su puesto, pero él tuvo dudas en cuanto a si el gobierno de los Estados Unidos recompensaría este gasto. También se procuró un retrato de George Washington que sobrevivió a los acontecimientos de los años venideros para acabar honrando su casa en Adra en sus últimos días.

Durante buena parte de su tiempo en Málaga, William tuvo que encontrar las formas de soslayar el bloqueo británico de los puertos españoles y su presión sobre el comercio español con sus ricas colonias en las Américas y los embargos franceses. España estaba en guerra con Gran Bretaña a finales de 1796 hasta la paz que siguió al Tratado de Amiens en marzo de 1802. Estas hostilidades, que principalmente se desarrollaron en

---

116 *A letter to the Queen on Lord Chancellor Cranworth's Marriage and Divorce Bill by the Hon. Mrs Norton*, London 1855.

el mar, le debieron poner en una posición difícil, y pueden haber apremiado su solicitud para el puesto consular. Su situación era complicada. William era súbdito británico y sus actividades comerciales quedaron constreñidas por las reglas impuestas por el gobierno británico con el fin de restringir el comercio con las naciones enemigas. Durante gran parte de este período, disfrutó de los privilegios de cónsul Estadounidense, pero esto tuvo que ser compatibilizado como actividad separada de sus asuntos comerciales. Si bien, esto le procuró influencia, negocios navieros y contactos sociales, pero no le otorgó a su propio comercio ninguna forma de inmunidad oficial.

Otra fuente de dificultad para Kirkpatrick fue la insistencia de la Royal Navy Británica en "presionar" o reclutar forzadamente para sus barcos a cualquier marinero "Inglés" que pudiera conseguir de las tripulaciones de buques mercantes americanos. Como la interpretación del término inglés de Marina era muy amplia en este contexto, ésta fue una fuente continua de fricción entre las dos grandes naciones angloparlantes, y debió ser una de las causas principales de la guerra entre ambas en 1812.

Una carta de Frederic H. Walloston, cónsul de los Estados Unidos en Génova, fechada el 8 de diciembre de 1800, viene a ser un temprano ejemplo de los efectos del bloqueo británico de los puertos continentales. Walloston comunica que, desde el puerto de Leghorn, en el norte de Italia, se había expedido una "Información" oficial por parte "de un oficial de la Marina Británica" manifestando que el puerto estaba bloqueado y que todos los barcos neutrales tenían que abandonar el lugar en un plazo de 8 días o no tendrían permiso para navegar o zarpar. Dos barcos americanos y dos barcos daneses ya habían sido rechazados por un buque de guerra Inglés. El puerto de Génova todavía permanecía abierto en ese momento.

La ruta de comercio que escogió William Kirkpatrick como cónsul para dos países y usó para sus asuntos comerciales, también se encontraba amenazada por corsarios e incursiones desde los estados de la costa de Berbería del sur del Mediterráneo, que nominalmente estaba todavía bajo soberanía turca. Mucha de su tarea consular se ocupó sobre dichos ataques de barcos desde estos puertos y, de manera persistente, urgía a James Munroe, secretario de Estado de los Estados Unidos, a enviar un escuadrón naval al Mediterráneo para defender los buques americanos. El 22 de abril de 1801, escribiéndole al secretario de Estado, James Madison (aunque él bien pudo tener idea de su nombramiento al momento de escribir), Kirkpatrick se atrevió a dar aviso, por informes del cónsul en Tripoli, que los Bashaws actuaban de una manera hostil contra los

Estados Unidos", pues había muchos barcos americanos entonces en el Mediterráneo y temía por su seguridad.

"Sinceramente espero que algunas fragatas estén ahora en camino para estos mares, una pequeña fuerza sería suficiente para bloquear a los Cruceros de Trípoli en sus puertos, y obligarles a admitir la medida conciliatoria, ciertamente siempre deberían encontrarse algunas en esta estación, para la protección de nuestra navegación, para la cual las reglas del Mediterráneo son muy amplias, y hasta entonces están constantemente expuestas al capricho de todas las potencias de Berbería. Nunca pensé que habrían permanecido tanto tiempo de buenas relaciones con EEUU pues apenas un año pasa sin que alguno u otro hayan hecho depredaciones sobre el comercio de Dinamarca y Suecia".

Corsario tunecino aborda al Mercury de Boston.

Él estuvo "particularmente atento" para asegurar que las copias sobre nuevas advertencias de Richard O'Brien, cónsul en Argel, fueran circulando entre los puertos de Francia inclusive Europa, Londres y Hamburgo "para que los capitanes americanos puedan estar en guardia y abstenerse de subir al Mediterráneo hasta que el asunto esté arreglado, pues los Tripolitanos, tengo entendido, son apenas cinco o seis cruceros de ninguna fuerza considerable, rara vez vienen de este lado de Alicante, y creo que nunca han pasado el Cabo de Gata[117]. Otras cartas dejan

---

117 *Naval Documents Related to the United States Wars with the Barbary Powers*, Vol. 1, Washington 1939, p. 438.

entrever que fue utilizado como punto de tránsito para la correspondencia del cónul de EEUU en Argel y otros puertos norte africanos, as pudo enviar despachos por tierra a Gibraltar vía "exprés". Allí tuvieron mejor probabilidad de encontrar un trasbordador para Europa o llevárselos al Secretario de Estado en Washington y distribuirlos entre los demás cónsules a través de los puertos libres del Atlántico.

En 21 de mayo de 1801 el secretario de Estado giró misiva a todos los cónsules estadounidenses del Mediterráneo notificándoles que un escuadrón de la marina estadounidense de tres fragatas y una corbeta, bajo el mando del Comodoro Dale, se disponía a navegar hacia Europa. El escuadrón navegaría por el Mediterráneo y se aventuraría hasta el Levante y Constantinopla, si el tiempo lo permitía, antes de regresar a casa. Ellos "mostrarán la bandera" y estarán en posición correcta si la guerra realmente estalla contra las Potencias de Berbería. También bloquearían los cruceros de Trípoli en sus puertos y los obligarían a admitir las medidas conciliatorias. La Secretaría manifiesta que debería siempre haber algunos buques en este puerto para la protección de nuestra Navegación. Él también denota que apenas un año había pasado de los ataques sobre el comercio de Dinamarca y Suecia. Y ello a pesar de las enormes cantidades que estos países pagaron y los acuerdos por entonces efectuados para la protección de su navegación.

"Estando los Estados Unidos también felizmente en paz con todos las Potencias de Europa, el momento es el más favorable (...)"[118].

Los americanos, que fueron muy agudos para incrementar su comercio mediterráneo, así como los franceses, ingleses británico, españoles y otras potencias europeas intentaron la negociación y el soborno. Los gobernantes de Argel, Túnez y Trípoli tuvieron la intención de desarrollar su autonomía de los otomanos en Estambul, ejerciendo su poder sobre la navegación europea y americana, y estimulando los "pagos de protección" desde los comerciantes del Oeste y los gobiernos. Hubo considerables y complejas sumas de dinero involucradas. Los corsarios se extendieron hacia el Golfo de Lyon y la navegación comercial fue algunas veces confinada a puertos tan lejanos al norte como Barcelona, a la espera de meses para la debida protección de convoyes escoltados.

En 28 de mayo de 1801 nuevamente Kirkpatrick estuvo escribiendo al secretario de Estado informándole que 26 barcos americanos estaban retenidos en Barcelona por miedo a los Cruceros Tripolitanos y esperando que algunas fragatas estuvieran ya en camino que impidieran las depredaciones y al mismo tiempo obligar al Bashaw a alcanzar una

118 Naval Documents, *Ibid*, p. 472.

solución amistosa. Al mismo momento que la secretaría americana de Marina instaba a sus capitanes con todos sus poderes para llegar a bordo de sus barcos e iniciar el embarque para el Mediterráneo con toda prisa.

Kirkpatrick entonces da aclaraciones sobre lo complejo del comercio con algunos marineros americanos que estuvieron involucrados en un motín a bordo de un barco inglés. Se lamentaba de ser incapaz de aliviar la rigurosa cuarentena que había sido impuesta sobre los barcos americanos y sus efectos sobre el comercio. También informó sobre el final exitoso de una disputa con el recaudador local de la Aduana. Refiriéndose a la útil intervención del ministro Americano en Madrid, con quien estaba en estrecho contacto sobre ésta y otras materias; él había podido conseguir unos 65,000 $ de reembolso con la obligación de devolver a las casas locales de comercio, que habían sido erróneamente cargados a la cuenta, debido a los atrasos en las importaciones del producto colonial español por los barcos americanos[119].

Comodoro Dale, marina estadounidense.

---

119 Naval Documents, *Ibid*, pp. 476-477.

Hacia principios de agosto de 1801 tuvo la "satisfacción" de saber del envío al Mediterráneo del comodoro Dale y tres fragatas, *The President*, *Essex* y *Philadelphia*, que él consideró un "plan muy meticuloso y bien concertado" y esperando que algunas fuerzas fuesen retenidas en la zona para influenciar a cualquiera de las Regencias (turcas). También tuvo mucho cuidado y reparó en que explicaría exactamente el propósito de las fuerzas y el deseo por el cual el Gobierno (de los Estados Unidos) continúa comprometido "en vivir en Paz y Amistad con todas las naciones"[120].

El martes 25 de agosto de 1801 Kirkpatrick tuvo la satisfacción de ir a bordo de uno de estos buques de guerra de los Estados Unidos, sobre los que había hecho tanta campaña a favor. El capitán Bainbridge había entrado en el puerto de Málaga, que describe así:

"At 1/2 past 8 came to in 25 fathom water, the large church bearing N N W. & the signal tower N E by N, distance about 3 miles from the Mole. The bay of Málaga is a pretty good one, on account of its gradual shoaling and good ground. It is exposed to the Sea Winds from S W to East, but I presume a vessel well found in ground tackle would ride any gale out, the mole is large, 7 fathom water at the entrance, & shoals on to 3 fathom sufficiency of water for any Frigate"[121].

[A las ocho y media fondeamos en aguas de una profundidad de 25 brazas, con la gran iglesia situada al N NO y la almenara al nordeste cuarta al norte, a una distancia de unas 3 millas del malecón. La bahía de Málaga es bastante buena, teniendo en cuenta su bajío gradual y su buen fondo para anclar. Está expuesta a los vientos marinos del SO al Este, pero intuyo que un buque de sólida construcción con buen anclaje capearía cualquier temporal, el malecón es grande, 7 brazas de agua a la entrada, y bajío de 3 brazas, lo suficientemente profundo para cualquier Fragata.]

En este punto Lt. Stephen Decatur fue enviado a tierra donde debió haber conocido a William Kirkpatrick pues él obtuvo el "pratick", para lo cual necesitaba la ayuda del cónsul. Stephen Decatur se convirtió en el héroe de las Guerras Berberiscas al entrar en el puerto de Trípoli por la noche para quemar al *USS Philadelphia*, que había sido capturado después de encallar en 1803. En la guerra anglo estadounidense de 1812, capitaneando al *USS United States*, consiguió más fama aún cuando capturó la fragata británica *HMS Macedonian* después de un duelo clásico fuera de las Azores. Más tarde cuando Decatur estuvo en la embajada en Madrid se dice que él había conocido a la emperatriz Eugenia y le había contado historias de sus viejas aventuras, así como de sus visitas a Málaga.

---

120 Naval Documents, *Ibid*, pp. 540-541.
121 Naval Documents, *Ibid*, pp. 559.

Pero los Cruceros de Trípoli también tuvieron tropiezos y John Galvin, cónsul estadounidense en Gibraltar, escribió a William Kirkpatrick en agosto de 1801 informando que dos corsarios habían sido arrastrados al nuevo muelle, ante la falta de tripulaciones adecuadas, que siempre acaban en deserciones. Cuatrocientos hombres de la tripulación habían huido a las costas de Berbería siguiendo un motín y el almirante del Corsario había ofrecido vender sus restantes barcos, pero eran inajenables[122]. Kirkpatrick también comunic este incidente y añadió que los dos barcos estaban bloqueados en Gibraltar por la fragata USS *Philadelphia* y que el Sultán de Marruecos proveía algunos suministros a la hambrienta tripulación. A esta hora el USS *Essex* había escoltado a 23 buques mercantes desde la costa de Cataluña y pretendi llevarlos en convoy a las entrañas del estrecho entre Gibraltar y Marruecos y as, sin daño alguno, conducirlos en su camino hasta América y el norte de Europa.

Claramente el escuadrón tuvo el efecto que Kirkpatrick había esperado y así las rutas de intercambio nuevamente se volvieron seguras. No obstante la colocación del suministro fue difícil y hacia septiembre de 1801 tuvo que decirle al capitán William Bainbridge que aunque se podía obtener pan y carne fresca, no había comestibles en salazón que pudieran ser comprados en Málaga.

La goleta estadounidense Enterprise captura al corsario tripolitano Tripoli el 1 de agosto de 1801.

En octubre, el ministro de EEUU en Madrid comunicó a William que un crucero de Trípoli había dejado el puerto de Mahon, en la Isla Balear, con una tripulación de Menorca bajo bandera inglesa. Añadió que

---

122 Naval Documents, *Ibid*, pp. 550-551.

dos Corsarios más estaban preparados para zarpar con documentación inglesa y que los tres barcos han debido planear evitar así la búsqueda de los Buques de Guerra Americanos; pese a cuánto "ilegal, extraordinaria o casi increíble" podría ser tal conducta (para los Corsarios)[123]. El capitán Richard Dale del *USS President* investigó rápidamente este informe.

Pero William Kirkpatrick también tuvo a sus informantes y pudo manifestar al capitán Dale que los tres barcos habían sido comprados por el agente de Mahon del Bey de Tripoli y que tenían que ser entregados a Tripoli por la persona que los vendió. Uno de los barcos disponía de 36 cañones, era un crucero capturado de los ingleses por los españoles. El capitán Dale temió más que el Bey introdujera "un número de renegados de naciones diversas a su servicio" que lo que pasó con los barcos.

William comenta que estas tripulaciones extranjeras permitirían a Tripoli mantener los cruceros en el mar durante el invierno, cuando es imposible mantener unido a un convoy de buques mercantes. También advirtió que, se necesitaría una fuerza más poderosa, si el Dey de Argelia, el Bey de Túnez y el emperador de Marruecos intentaban tomar causa común contra los Estados Unidos. Informa que se le había comunicado que Túnez estaba dispuesto a hacerlo, y esperaba averiguar más en su visita a Argelia[124]. Ésta es la única mención que existe sobre la visita de William Kirkpatrick a Argelia, por lo que probablemente no pudo haber ocurrido.

Sin embargo, cuando el capitán Dale del *USS Essex* visitó Mahon en diciembre de 1801 se encontró con que la información sobre los tres cruceros de Tripoli parecía infundada. Los tres barcos eran Xebecs y el gobernador aseguró al capitán que él no les dejaría zarpar del puerto sin garantías de que no estaban al servicio del Bey de Tripoli y fueran con dirección a Tripoli. En cualquier caso el piloto local de Mahon había dirigido el *USS Essex* hasta una roca, mal dañando su quilla y dejando fuera de acción al barco durante algún tiempo. Quizá Mahon se regía con reglas diferentes.

La amenaza de los Corsarios estuvo siempre presente aunque la batalla fue limitada a períodos en que los Estados Unidos enviaban poderosas unidades navales durante la Primera Guerra de Berbería entre mayo de 1801 y junio de 1805 y la Segunda Guerra de Berbería en 1815. Las Regencias Otomanas de Túnez, Tripoli y el Dey de Argelia tuvieron importantes flotas que continuaron persiguiendo barcos hasta que los franceses colonizaron Argelia en 1830. William Kirkpatrick estuvo en

123 Naval Documents, *Ibid*, p. 602.
124 Naval Documents *Ibid*, p. 615.

el puesto consular durante ambos conflictos, en los cuales la marina de los Estados Unidos desarrolló su nuevo papel haciendo demostración de fuerza. Mantuvo negociaciones personales con el comodoro Bainbridge, el comandante del escuadrón de poderosas fragatas americanas enviadas para ocuparse de las demandas de los Pachás y para hacer cualquier acuerdo con el fin de poner a salvo la navegación comercial americana y el vital comercio de exportación de la nueva nación. (Véase en el apéndice el documento nº 9 y 10 para conocer las proezas del comodoro Bainbridge).

Pero el Cónsul de los Estados Unidos estaba también profundamente involucrado en la intermitente guerra entre España e Inglaterra y los conflictos con la Francia revolucionaria y napoleónica. Las mayores hostilidades entre Francia y Gran Bretaña siguieron en 1803 y España otra vez le declaró la guerra a Gran Bretaña en diciembre de 1804. Esta vez la guerra fue multilateral, prolongada y desarrollada con numerosas acciones terrestres, y la paz no fue realmente restaurada hasta que los franceses fueron expulsados de España por los combinados esfuerzos de los españoles y el Duque de Wellington y su aliado portugués en junio de 1813.

Durante la guerra angloamericana que duró desde el 18 de junio de 1812 hasta el 23 de marzo de 1815, William Kirkpatrick, súbdito británico, fue cónsul de una potencia enemiga residente en España, parte de la cual estaba aliada con Gran Bretaña en su Guerra de la Independencia contra Napoleón. Hoy no está claro cómo reconcilió estas lealtades en conflicto.

Don Enrique Kirkpatrick Mendaro supone que fue el puesto americano de William el que le dio alguna protección en contra de los "Patriotas" españoles cuando las fuerzas francesas salieron en 1812 y que su hermano Thomas tomó el puesto de cónsul de Hanóver por la misma razón. Esto es evidenciado por cartas que le escribió a las autoridades de Málaga quejándose ferozmente sobre los términos de su detención cuando fue encerrado en las barracas militares durante estos afligidos tiempos.

Cartas consulares en los Archivos Nacionales de EEUU, en College Park, Maryland, incluyen un número significativo de despachos de William Kirkpatrick a las Secretarías de Estado del período, incluyendo la de James Monroe, más tarde Quinto Presidente de los Estados Unidos. Monroe fue Ministro de los Estados Unidos para Francia entre 1794 y 1796, por entonces manifestó fuertes simpatías por la causa francesa. Su actitud pudo haber influenciado la reacción inicial de Kirkpatrick con la ocupación francesa de Málaga.

La correspondencia de William cubre las normales tareas consulares, esencialmente con barcos, capitanes, tripulaciones y cargamentos. También envió regularmente documentación sobre llegadas y salidas de barcos americanos en Málaga, con detalles del cargamento, derechos de aduana y el total exportado. Estos fueron muy similares a los encontrados en los archivos Británicos referentes al puesto de William Laird como cónsul británico en Málaga algunos años más tarde. Ya en 25 de agosto de 1800 estaba en actividad certificando cartas de embarque. Las cartas, que él escribía en francés y que eran copiadas para Washington, tienen la apariencia de ser claras y fluidas, sugiriendo que tenía buen francés, acaso tuvo algún dependiente que las escribiera por él, o que su esposa Fanny le ayudara.

Señor, Habiendo comprado, como ciudadano americano, el bergantín *Active* ahora estacionado en este puerto (Málaga) me tomo la libertad de pedirle el nombramiento de dos capitanes de barcos para ir a bordo con el fin de tomar una medida exacta de su carga. Al mismo tiempo Señor, tenga el gusto de proveerme con todos los papeles necesarios para el bergantín; la escritura de venta que, en español, le envío en este momento para su Inspección y Legalización.

El Capitán y el compañero, así como también los marineros ahora a bordo son todos americanos y yo iré personalmente a Filadelfia en mi mencionado bergantín.

Firmada: Joseph Barvara

Copia autentica firmada: Willm. Kirkpatrick.

El capitán Bainbridge tributa al Dey.

Una carta fechada el 5 de enero confirma que el *Active* dejó Málaga el mes de septiembre con los papeles del barco, pues William pensó que los necesitaba para navegar a Filadelfia. Claramente esta segunda carta, con una copia fiel de la primera carta fechada en agosto, pretendía llegar a las autoridades competentes en Filadelfia, en caso de que los papeles del *Active* expedidos en Málaga incrementasen cualquier sospecha. Los barcos tenían que estar todos bien documentados; en caso de discrepancias se generarían serias dudas, que podían conducir a retrasos o multas, o incluso peor aún que un corsario o un buque de guerra capturase el barco como premio o recompensa, causando la pérdida total para los dueños. El *Active* habría sido un premio valioso pues tenía a bordo un buen cargamento de vinos y frutas.

Sin embargo los hombres de mar de nacionalidad americana tenían que ser contratados también. Algunas veces llegaron a puerto como prisioneros liberados, otras como corredores de barcos de guerra británicos. Estos determinaron coaccionar a los marineros americanos y obligarles a prestar servicios para la Marina Británica, que estaba desesperadamente necesitada de personal durante las guerras napoleónicas. La mayoría llegaban sólo con la ropa imprescindible, sin dinero y sin calzado, hasta encontrar una litera en un camarote de barco. El interés del cónsul era asegurar que ellos dieran algo de dinero en efectivo para poder salvaguardarlos. El cónsul luego podría reclamar el reembolso de los gastos desde Washington. Sus gastos totales del Fondo Público para 1801 fueron de 1,125.60 de dólares.

La mayoría de sus cartas detallan las regulaciones oficiales de cuarentena y, en algunos casos, la lista diaria con el número de muertes por Fiebre Amarilla y otros decesos por contagios. Ésta era información extremadamente importante para los navegantes pues la cuarentena podría atrasar los barcos en el puerto durante muchos meses. Él también da razón de sus gastos en el Servicio Público y repara en sus gastos, habiendo retirado dinero de los señores Head y Amory, comerciantes navieros de Boston con comercio regular en Málaga[125].

Los despachos de William Kirkpatrick también contienen noticias políticas y militares. Informaban sobre los decretos españoles, las actuaciones del Gobernador local, así como los movimientos, los éxitos y las derrotas de las fuerzas de Napoleón y el regreso del rey Fernando VII.

Hacia 1808 la amenaza proveniente de la costa norte africana fue sofocada por negociaciones diplomáticas americanas y abrumadores pagos.

---

125 Naval Documents, *Ibid,* p. 540.

Un extracto de la carta remitida por William Kirkpatrick, cónsul de los Estados Unidos en Málaga, al Secretario de Estado el 5 de enero 1808, dice así:

"En mi última carta de 15 de diciembre incluí copias de la información que había recibido desde Barcelona y Marsella sobre las hostilidades iniciadas a nuestro comercio por los cruceros del Dey de Argelia, y ahora me alegro de tenerla en mi poder para transmitir una copia de una carta que acabo de recibir del coronel Lear, con fecha 16 y 17 de diciembre (de 1807) con la agradable noticia de que él ha tenido éxito pactando extremos con el Dey, y que los barcos capturados habían sido puesto en libertad, lo cual me apresuré a comunicarte por un barco que partía para Salem".

El 18 de abril de 1809, encontrándose en Málaga, le escribió al Secretario de Estado:

"Ninguna oportunidad se ha ofrecido desde aquí para vuestro continente desde la fecha de mi última comunicación de 12 de enero por las *Leonides*; no he podido escribirle y transmitir los regreso de Llegadas en este puerto desde el 1 de julio hasta el final de mes (?). Usted ahora encontrará adjunta también una serie de nuestras publicaciones diarias, de la cual puede recoger alguna información sobre lo que está pasando en esta parte del país. Estamos informados desde Cataluña de que los franceses han invadido completamente todo el país a este lado de Tarragona, y se dice que el Marqués de la Romana se ha unido al Ejército Asturiano y que reúnen fuerzas. No tenemos noticias recientes de Portugal de naturaleza oficial. El control aduanero permanece estable en Sevilla".

Señor, respetuosamente, su más obediente y humilde servidor.

Willm. Kirkpatrick.

Estas cartas muestran a William como un hombre perteneciente al mundo de los negocios, informado acerca de los acontecimientos acaecidos a su alrededor, políticamente consciente y en contacto directo con los oficiales españoles locales y los acontecimientos en la corte. Durante algunos años, en el período que fue cónsul, dispuso de vicecónsules para ayudarle con las tareas más mundanas, especialmente inspecciones de barcos y de cargamentos, así como materias de aduanas y cuarentenas.

Dice así el extracto de una carta de Mr Kirkpatrick, cónsul de los Estados Unidos en Málaga, para Mr Smith, Secretario de Estado en Washington fechada el 25 de noviembre de 1809:

"Hace unos cuantos días el bergantín *Usforsight*, con Christian Boden de capitán, llegó aquí desde Poole, con un cargamento de fardos con víveres y pescado. Aunque sus documentos parecen estar en perfecto orden, algunas dudas existen en mi mente sobre su legalidad. He consultado con algunos ciudadanos de los Estados Unidos actualmente aquí y están de acuerdo conmigo en la opinión que las firmas del Presidente, de usted, del receptor de Nueva York y de Joseph Nourse están más que bien hechas. Que es imposible descubrir ninguna diferencia. Bajo de esta impronta, he determinado pasarle una nota de los papeles del buque, que si son falsos, usted puede considerar correcto tenerlo retenido por los cónsules de Europa donde el barco puede ser encontrado[126].

Nota – Los papeles del buque aludido se encuentra que están falsificados".

Hemos encontrado una carta significativa, enviada al secretario de Estado, ofreciendo cierta explicación de su situación y de su relación con los franceses.

Málaga, 24 de octubre de 1812.

Señor,

Desde mi última carta a su Departamento hace un año, de 23 de mayo, no he tenido desde entonces el honor de recibir ninguna comunicación de usted. A principios del último mes de junio fui arrestado por orden del general francés Maranzin a instancias del cónsul francés, a quién mi Casa de Comercio adeudaba una suma de dinero, y habiendo sido enviado al Castillo de Gibralfaro, he protestado por este trato violento que al mismo tiempo me privó de mi libertad y propiedad, como usted observará en la carta adjunta para el General Maranzin nº 1, de su respuesta nº 2, de la mía nº 3 y también de (la nuestra) nº 4 (...). Me dirigí a Su Excelencia el mariscal duque de Dalmacia, comandante en Jefe de los Ejércitos Franceses en las Andalucías, entonces en Sevilla. Su Excelencia después de recibirla ordenó ponerme en libertad. Soy feliz teniendo ésta en mi poder para informarle que (ilegible) en agosto el cónsul Francés fue pagado por la cantidad que reclamaba de mi Casa con los mismos fondos que ya le había ofrecido en pago, antes de su solicitud para que me arrestaran, como usted verá por la copia de la carta que él escribió al Presidente de nuestra Cámara de Comercio, nº 5."

La presente carta dirigida al presidente de la Casa de Comercio es firmada por Proharam, cónsul de Francia, y fechada en Málaga el 25 de agosto de 1812. Se refiere a una suma de 1,614,557 Rbs. de la Maison Grivegnée y Co. pero no menciona a Kirkpatrick.

La carta continúa:

"En el mismo día, 27 de agosto, todas las tropas francesas evacuaron este lugar bajo órdenes superiores, esto me previno de realizar mi solicitud para obtener la satisfacción a la que aspiré, después de que se retiraran por Antoguara (sic. por Antequera?) para Granada, desde donde marcharon el 17 de septiembre hacia el reino de Murcia, desde ese día no hemos tenido ninguna información de los movimientos del Mariscal.

Hacia el 28 de agosto algunas tropas españolas vinieron aquí y tomaron

---

126 *The Congressional Globe*, publicado por The United States Congress, edición Francis Preston Blair, John Cook Rives, Franklin Rives, George A. Bailey, p. 2.158.

posesión de la ciudad. Dos días después el coronel Alburquerque llegó como Gobernador. Desde entonces ha sido reemplazado por el Brigadier Traille, que permanece con el Comandante en Jefe.

El general Ballesteros entró en Granada después de la partida del ejército francés, y en los alrededores permaneció con el resto de su ejército. Ninguno de nuestros barcos ha llegado al puerto. El 4 de septiembre Lionhariat Keaney (?) de Georgetown y James Barnes de New Haven, angustiados marineros que se habían embarcado en un bote de la armada español en Hyencia (sic.) para Cádiz, llegaron aquí y habiéndome solicitado ayuda los proveí con 10 $ como pago con el cual marchar hacia Cádiz por tierra (con) la esperanza de tener la oportunidad de regresar a casa.

Esta región del país continúa disfrutando de buena salud, no aparece ningún síntoma de Fiebre Amarilla o alguna otra enfermedad contagiosa bajo el mal afecto en Cartagena. Y en algunos partes del reino de Murcia.

Señor, con la alta estima de su más obediente servidor.

Willm. Kirkpatrick".

William se volvió su atención a las noticias de política importante y comentarios sobre el posible retorno al orden constitucional.

" James Monroe Esq.
Secretario de Estado de los EEUU   Málaga 14 del Mayo de 1814
(...) la enfermedad que había brotado en Cádiz y Gibraltar puso fin al año, desde entonces todas las zonas de esta parte del Reino han permanecido perfectamente saludables; una rigurosa cuarentena ha sido impuesta sobre todos los barcos del Este a consecuencia de la plaga que prevalecía en Esmirna.

Usted puede que, probablemente, esté ya informado del regreso del rey Fernando a sus dominios, en lugar de ir a Madrid directamente; como esperábamos, ha hecho una prolongada estancia en Valencia, sólo viajó desde allí al quinto día. Pues él estaba acompañado por muchas tropas. Las mentes de la gente están materialmente agitadas, muchos son de la opinión que él no se conformará ni jurará la Constitución, lo cual seguramente ocasionará una disensión interna, probablemente incluso una Guerra (Civil). Algunos síntomas ya han estallado, pues en Sevilla tuvo lugar una insurrección que acaeció el sexto día, cuando las autoridades establecidas fueron despojadas de autoridad, y otros fueron reemplazados en sus puestos después de proclamar a Fernando con todos los poderes y facultades que poseía el año de 1808. La Constitución, por supuesto, en esa ciudad se ha suprimido, parece que en Jérez y Sanlúcar han ocurrido escenas de naturaleza similar. Es imposible expresar o hacerse una idea hasta qué punto se ha llevado a cabo. Este aspecto sin embargo debe ser pronto decidido, para el 11 de este mes, pues el Rey debió llegar a

Aranjuez, sólo a 7 leguas de Madrid. Allí la gran pregunta, si es que existe, será resuelta (...) Wm. Kirkpatrick.[127].

Tiempo después, hacia el 24 de junio de 1816, Kirkpatrick todavía escribía cierta crónica sobre el conflicto entre la marina de los EEUU y los estados norte africanos.

Señor,
"Con infinita satisfacción tengo el honor de anunciarle que tres barcos españoles han llegado desde la zona Este y, esta mañana, los capitanes trajeron una muy agradable información: anclados en San Pedro, un puerto pequeño al otro lado del Cabo de Gata, vieron, el día 22, que un escuadrón americano parecía venir con la captura de dos fragatas argelinas. He hablado con los capitanes personalmente, y no tengo duda de las circunstancias en las que ha tenido lugar. También mencionan que van sólo dos en compañía, mientras el tercero y otros más pequeños barcos han debido ser enviados para navegar en alguna otra dirección, y sinceramente espero que sean encontrados por el victorioso comandante. En el momento en el que tenga más noticias serán comunicadas (?) a usted, mientras tanto le pido que tenga la bondad de poner esta agradable noticia en conocimiento de Su Excelencia el Presidente".

Kirkpatrick retuvo sus contactos en el Reino Unido y es descrito habiendo visto a sus viejos amigos en Londres en 1812[128]. Después de trasladarse a Motril y más tarde a Adra, continu su amistad con el cónsul británico en Málaga asesorándole acerca de los nombramientos consulares locales y las dificultades con Mr John B. Roman. También mantuvo contacto con el Ministerio de Exteriores Británico e incluso solicit al cónsul británico que remitiera una carta a Lord Castlereagh, ministro de Exteriores Británico y gran diplomático europeo que muri en 1823.

Para William Kirkpatrick Esq., 28 de febrero 1821. Motril
"Estimado Tocayo, por la correspondencia de ayer tuve el placer de recibir su carta del día 22. Incluyendo una para Lord Castlereagh, que le remití a Su Señoría en este mismo día"[129].

Aunque pensemos que esta misiva podría haber tratado sobre grandes asuntos de estado, a juzgar por la correspondencia de Laird, lo más probable es que fuera un informe confidencial sobre Mr Román, vicecónsul Británico en el puerto. La presente no parece haber sobrevivido en los Archivos Nacionales en Londres.

---

127 US National Archives, College Park, Nara. Despachos procedentes de los cónsules norteamericanos en Málaga, España, 1793–1906 microfilm reel T217 (1)

128 Dodds, The Rev. James, *Personal Reminiscences and Biographical Sketches*, Edinburgh, 1888, p. 198.

129 National Archives London, FO 927/17. Correspondencia de Málaga, a 16 de febrero de 1821.

9. Empresas en Málaga

En el Archivo Municipal de Málaga se conserva una inspección en el puerto marítimo por las autoridades sanitarias de Málaga sobre Henri de Grivegnée, fechada en 1794 y mencionando una consignación de barriles para Filadelfia, que tuvieron que ser inspeccionados por los oficiales de sanidad para que, antes de embarcar, fueran correctamente desinfectados[130].

A su llegada a Málaga, William entró en diversas sociedades mercantiles, incluyendo a Grivegnée Et Cie, Kirkpatrick y Greignow (?) (Málaga, 1815) y Kirkpatrick y Grivegnee (Málaga 1816) y más tarde, Kirkpatrick y Parkinson. Su suegro Henri de Grivegnée, a menudo llamado "Barón", fue recompensado como miembro de la Orden de Carlos III, que acarreaba alto prestigio y una excelente pensión. Algunas veces, es también llamado cónsul, pero ello obedece a una mala traducción de su puesto como consiliario y miembro del Consulado General de Málaga.

William sacó ventaja de los vínculos familiares que mantuvo en tierra escocesa, para promover su posición en Málaga, y usó su posición como Hidalgo para fomentar sus intereses comerciales y sociales. Explotó su nuevo estatus para presentar a otros comerciantes extranjeros a las autoridades de la ciudad, permitiéndoles así obtener licencias para dirigir sus negocios. Debió haber conseguido abrumadores honorarios por este servicio, tanto más según fuera el trámite de complicado. Cada nueva solicitud necesitaba bastantes certificaciones sobre el estatus del solicitante en su lugar de origen y también de la traducción formal de todas estas mencionadas certificaciones. William reiteraba su capacitación como Hidalgo en cada solicitud y los traductores también tuvieron que proveer pruebas sobre sus aptitudes.

William Kirkpatrick y, antes que él, su primo John Kirkpatrick Escott fueron diligentes con los intereses de sus empresas mercantiles y solían enviar productos de la región para agasajar. Una nota conservada en la Bedfordshire County Record Office registra que, en 10 de octubre de 1775, el señor John Kirkpatrick Escott despachó dos quesos para Lord

---

130 AMM, ref. 99/194–195. Grevigne, Henrique, commerciate. See also catalogue by Aguilar Simón, Augustina, *Inventario de Documentos de la sección de propios, rentas, censos, arbitrios pósitos, contribuciones y repartos del Archivo Municipal de Málaga*, - 9655–32 –9.

Grantham, embajador británico en Madrid entre 1771 y 1779[131].

El 13 de septiembre de 1803 William escribía a "Su Excelencia, Thomas Jefferson Esq., presidente de los EE.UU de América". Es significativo que Kirkpatrick prefiera honrar al nuevo Presidente de este modo. Jefferson fue un poderoso defensor de la libertad y simpatizante de la causa revolucionaria en Francia. Si bien sólo le pudo haber enviado las cortesías acostumbradas al nuevo Presidente, también pudo haber declarado sus puntos de vista y creencias sobre la ilustración y el progreso republicano.

Señor, En Málaga, 23 Septiembre de 1803

Un barco viaja para Alejandría (Virginia) con la apertura de la primera temporada; por el momento, me he tomado la libertad de enviarle a bordo, unas muestras de lo que las viñas de mi familia producen, al cuidado de James Madison Esq. con el ruego de presentarlas ante Su Excelencia en mi nombre, así como también un cuarto de tonel y cajas de los mejores vinos de la vieja montaña o vinos de Málaga (siendo la vendimia de 1747) del que mis tiendas pueden jactarse.

Sinceramente espero que estos obsequios insignificantes puedan arribar a salvo y puedan ser entregados en buenas condiciones a Su Excelencia; de lo cual me siento halagado personalmente para que tenga el honor de admitirlos como una rareza, por no ser conocidos en América[132].

Jefferson eventualmente pudo haber prescrito este vino para los dolores estomacales de su hija Mary, pues era viejo y suave. James Madison pagó los cargos de envío el 21 de junio de 1804[133].

El 4 de febrero de 1805 nuevamente ofrecía regalos al Presidente Thomas Jefferson.

"Wm. Kirkpatrick solicita el favor del cónsul O'Brien para que se haga cargo de la caja que el mensajero llevó a bordo del Martha. Contiene seis figuras de barro hechas en este lugar.

Dos representando a una mujer cubierta con mantilla bailando el bolero a la música de la guitarra, la cuál es tocada por una tercera persona, un bandolero y su amante: todos las cinco con sus típicos atuendos españoles que, los mismos personajes que representan, llevan puestos los días de fiesta. Se ha añadido media docena de otras figuras comunes.

W.K. desea que Mr O'Brien tenga la bondad de presentarlas en su nombre a Su Excelencia Thomas Jefferson Esq. a su llegada a Washington. Son objetos de curiosidad que él (espera) felizmente merezcan la

---

131 Bedfordshire County Record Office. Correspondencia entre Thomas Robinson, segundo Barón Grantham (1738-1786) y John Kirkpatrick Escott ref. 30/14/212. FILE [sin título] - ref. L 30/14/212, fecha: 10 de octubre de 1775.
132 *Thomas Jefferson Papers*, Bixby Collection, Missouri Historical Society, Saint Louis. MO.
133 Hailman, John, *Thomas Jefferson on Wine*, Univ. Press of Mississippi, 2006, p. 266.

aprobación de Su Excelencia"[134].

En 1814 William escribió a su primo, Alexander Kirkpatrick de Dublín, enviando presentes de almendras y fruta y solicitando su apoyo para su "Casa", pidiéndole que recomendara su casa comercial a sus socios. (Veáse en el apéndice el documento nº 4).

En 1815 y 1816 la Casa de Kirkpatrick y Grivegnée mantenía correspondencia con Messrs. Robert Hooper e Hijos, de Marblehead, Massachusetts, que estaba en asociación comercial con John Bryant, William Sturgis y William Reed, incluyendo mercancías de vinos y diversos negocios navieros[135]. Estos americanos fueron figuras relevantes en la sociedad de Boston. Bryant intercambi madera, t, opio y azúcar y muchos otros bienes. Reed fue elegido para el 13 y 14 Congreso (1811 1815) y Sturgis form parte de la Cámara de Representantes de Massachusetts y fue Senador por dicho Estado. También comerciaron con John Venning, comerciante de maderas y famoso prisionero ruso reformado en San Petersburgo en 1815[136].

En Barcelona los comerciantes habían encontrado muy difícil restablecer el comercio con las Américas después del fin de la era belicosa de Napoleón[137]. Pero la Casa de Grivegnée parece haber podido efectuar ventas de cara a la exportación, al mismo tiempo que su posición financiera se deterioraba. En 1816, Henri de Grivegnée consign 500 toneles y 60 barriles de vino para Peter Kuhn en Filadelfia a bordo del bergantín *Eliza* proveniente de Málaga[138]. Hubo también veinticinco bolsas de suaves almendras peladas, cuatrocientos barriles y seiscientas cajas de pasas de sol y algunas alfombras. William Kirkpatrick consignó sólo cuatro barriles de la uva que envi al Dr. James Kerr[139]. Esto confirma que los Kirkpatricks en Málaga estaban en contacto con Filadelfia antes del nombramiento de Lesseps como cnul de esa ciudad.

Quizá el más asombroso logro comercial de la familia Kirkpatrick fue su contribución al comercio australiano de vinos. En 1831 James Busby, padre de la industria australiana del vino, viajó por Francia y

---

134 *Thomas Jefferson Collection*, 1743 – 1826, Bixbey Collection, A0770 Folder 58, Missouri History Museum, St Louis, MO.
135 Hooper-Sturgis papers, Massachusetts Historical Society.
136 *Blackwood's Gentleman's Magazine*, 1781, p. 195.
137 Ringrose, *ibid*, pp. 209–210.
138 *Passenger Arrivals at the Port of Philadelphia 1800 – 1819*. Baltimore Genealogical Pub. Co. 1986. 913p.
139 U.S. National Library of Medicine, 8600 Rockville Pike, Bethesda, MD 20894 Bound Manuscripts MS B 025 Kerr, James, *Observations on natural history by Dr. James Kerr*, corrected and improved by Mr. Christopher Holland, 1790.

España consiguiendo detallada información sobre el crecimiento de vides y la producción de vino. Pasó algún tiempo en Málaga como región principal en el crecimiento de vinos, y obtuvo información valiosa de Mr. Kirkpatrick. Le dejó también la tarea de recoger numerosos tallos de vid para enviarlos a Londres en el momento adecuado del año[140].

"Eventualmente Busby envió tallos de unas 678 variedades de vides europeas a Australia, donde 362 crecieron exitosamente en el Jardín Botánico de Sydney. Fueron estas las vides que debieron propagar las viñas en Australia"[141].

James Busby llama a este Kirkpatrick "el cónsul de Hanóver –escocés de nacimiento– que había residido 40 años en España, y cuyas bondades para los viajeros fueron proverbiales". Hacia 1831 William llevaba largo tiempo residiendo en Adra, así pues el señor Busby probablemente se refería a Thomas, cónsul de Hanóver. Pero hay confusión general sobre los puestos consulares mantenidos por parte de ambos hermanos, el cual tiene su origen en la histórica relación entre la corona del Reino Unido y la Casa Ducal de Hanóver y en parte por el papel que William jugó como cónsul actuante de Hanóver y cónsul para Oldenburgo, el ducado vecino. Así pues, mientras fueron cónsules para el ducado, pudo considerarse que también representaban a los ingleses. Ciertamente, dada la larga y estrecha amistad con el cónsul británico, bien pudieron haber actuado en su lugar durante sus ausencias, aumentando así, más si cabe, la confusión a los visitantes.

El señor Kirkpatrick hizo los preparativos para que Busby visitara las viñas locales, y le dio estadísticas detalladas de la exportación para el producto local, que había obtenido de las Autoridades Portuarias y copiado para el consulado. El señor Busby informa que Kirkpatrick tuvo a cien mujeres descascarando almendras "Jordán" en su patio al tiempo de su visita. "Las mujeres usan un yunque pequeño, golpeando las cáscaras con una barra de hierro. Las cáscaras son compradas para combustible, casi sufragando el coste de pelarlas".

En octubre de 1831 Mr. Kirkpatrick también facilitó a Busby los detalles de producción de los frutos secos y las exportaciones.

"Las siguientes cuentas de la exportación de frutas desde Málaga fueron tomadas de declaraciones detalladas que se habían copiado desde

---

140 Busby, James, *Journal of a Recent Visit to the Principal Vineyards of Spain and France – with Observations Relative to the Introduction of the Vine into New South Wales*. London, Smith, Elder and Co. Cornhill, 1834. Véase también: Morilla Critz, José, "La viticultura de Andalucía en 1831 vista por James Busby, padre de la viticultura Australiana", *Estudios Regionales* nº 49, Universidad de Alcalá, (1997), pp. 261-298.
141 http://www.wineonline.ie/library/australia.htm

los expedientes de la Casa de la Aduana, y fueron guardadas en la oficina de Mr. Kirkpatrick.

Las cajas son en parte de pasas de Flor o de Sol, pero principalmente de Moscatel. Los barriles y los serones (despachados rápidamente en canastas) son principalmente de Lexia.

En primavera, los embarques se hacen para el Báltico y las partidas pequeñas son enviadas, en todo momento, en cargamentos surtidos. En general, Mr. Kirkpatrick es de la opinión que del 20 al 25 por ciento, puede sumarse a los embarques de la fruta de temporada, para conformar toda la exportación de Málaga. Esto sumaría todo el peso de las pasas anualmente exportadas desde Málaga de 4.000 a 4.500 toneladas".

En este sentido, un escritor tardío, Malcolm Seeley, también dejaba constancia sobre la ayuda a Busby con el asunto de las vides, creyendo que fue William quien se la prestó. Dice así:

"Aquí Berry fue bien tratado en el viaje a Málaga (...), él fue presentado a un hombre con el nombre de Kirkpatrick, que se convirtió en el abuelo de la emperatriz francesa Eugenia. Este cónsul Hanoveriano del clan McPatrick ofreció a Berry mucha ayuda durante su breve estancia. Él fue también experto en vinos con sus propias viñas y debió ser de gran ayuda a James Busby cuando hizo una excursión por España y Francia en 1831"[142].

El señor Busby también mantuvo reuniones prácticas con las familias Rein y Domecq sobre sus métodos de producción de vinos, de vinos reforzados, almendras y frutos secos diversos. La naturaleza científica de sus anotaciones, así como el grado de detalle y análisis estadístico no deja ser sorprendente al observador contemporáneo.

---

142 Sealey, Malcolm, *The Coolangatta Estate*, Australia, Lulu, 2006, p. 21.

10. Churriana

Los años de 1790 a 1810 fueron productivos e intensos para Kirkpatrick y sus empresas. Se conservan diversos retazos de su vida durante este período. Para entonces, había nombrado vicecónsules en los puertos adyacentes, lo cual le liberó del muy gravoso trabajo de oficina mientras retenía el estatus y la participación en los asuntos de estado que llegaban al puesto consular. Podría centrarse en el aspecto político del consulado y en la financiación y aprovisionamiento de los barcos de la marina de los Estados Unidos, que utilizaban Málaga para proveerse durante sus incursiones contra los corsarios. La Casa de Kirkpatrick habría estado comprometida en encontrar formas para soslayar los bloqueos, los embargos y las dificultades en las rutas marítimas. A pesar de lo entretenido de una casa llena de hijas y sobrinas, además de todos sus amigos, Kirkpatrick encontró tiempo para marcar nuevos rumbos de desarrollo en el crecimiento y la producción del algodón, y su negocio se extendió a una fábrica de hilados y tejidos de algodón. En 1800 compró tierra y propiedad en Calle Llana, en Churriana, con la intención de plantar algodón, y hacia 1810 conocemos que también se encontraba procesando hilo de algodón.

El prestigioso observador de la tierra española, William Maclure, nació en Ayr en Escocia en 1763, aunque llegó a nacionalizarse como americano en 1796 y tuvo conexiones en Nueva York y Richmond (Virginia). Es improbable que los dos escoceses encontraran causa común. Ambos del suroeste del país y ambos con similares historiales, aunque Maclure era un antiguo socialista con puntos de vista utópicos sobre los derechos de los trabajadores, sacados de los escritos de Thomas Payne y otros antiguos reformadores sociales. Kirkpatrick fue de una raza más testaruda, práctica y pragmática, pero con sus propios ideales basados más en las anteriores políticas reformistas de Napoleón I.

Maclure viajó a Andalucía en 1808 y recogió anotaciones en su visita a la plantación de algodón de William Kirkpatrick situada en Churriana, al que tuvo como un hombre de gran iniciativa. Maclure también visitó la plantación de caña de azúcar de Henry Grivegnée y favorablemente comparó sus estándares con las mejores de las Indias Occidentales. Estas referencias a las plantaciones de azúcar y algodón son dignas de mención en el contexto de las conexiones familiares de Kirkpatrick en Tobago y los Estados Unidos Sureños a través de José Gallegos y sus relaciones con los Lesseps, cuyos primos en Nueva Orleans (Louisiana) eran propietarios de plantaciones. Tanto Kirkpatrick como Grivegnée debieron tener acceso a la experiencia americana si ello hubiera sido necesario.

Después de los desastres de la ocupación francesa y sus inmediatas secuelas, Cipriano Palafox y Portocarrero escribió numerosas cartas desde Churriana[143]. Indudablemente fue un lugar idílico y de retiro al calor de la ciudad, y un lugar de refugio y seguridad en tiempos en los que la fiebre amarilla y otras plagas causaban estragos en las calles de la vieja ciudad.

Maclure también dice que Kirkpatrick y Grivegnée con un tercer socio, (Novales apunta a Rersin), establecieron una fábrica textil en Málaga en 1810. Parece probable que su socio fuera Zacarías Gaspar Reissig Kuniko Osstin, cónsul Danés y progenitor de la familia que llegó a encabezar a los industrialistas en Málaga. El americano indicaba cómo éste era el inicio de la Revolución Industrial en España. Por entonces escribía lo siguiente:

"Pero en 1811 Málaga estaba ocupada por las fuerzas francesas. Kirkpatrick tuvo el error de estar entre sus partidarios. Ello marcó el fin de su empresa, pero él (Kirkpatrick) aún estaba en Granada en 1821 donde se dedicaba a la industria minera"[144].

Maclure se encontraba en el Sur de España en 1808 cuando escribía:

"Málaga, Jueves 12 de mayo. Fuimos legua y media a un pueblo llamado Churriana. Aquí el señor Kirkpatrick ha hecho un gran algodonal y ha probado toda clase de semillas. La planta es perenne y soporta el invierno aunque se poda bastante para sacar nuevos brotes cada primavera. Parece crecer mejor en tierra arenosa pero requiere agua en este clima, donde en general ninguna lluvia cae de mayo a octubre. Las llanuras son ricas, planas y bien irrigadas. Las colinas al oeste son calcáreas con mármol blanco y azul, y con primaveras largas y abundantes"[145].

Alberto Gil Novales bosqueja los papeles de Maclure en su *William Maclure, Socialismo Utópico en España*. Dando algo más de detalle[146]:

"En Marbella, al día siguiente, él visitó la plantación de caña de azúcar

---

143 *Ibid*, Demerson.
144 'The Spain That William Maclure Knew', Indiana Magazine of History, June 1998, pp. 100–101..
145 MacLure, Wm, *The European Journals of Wm. Maclure,* con nota par John S. Doskey, American Philosophical Society, Philadelphia 1988, Memoirs Series Vol. 171, p. 155.
146 Gil Noveles, Alberto, *William Maclure, Socialismo, Utópica en España (1808–1840)*, Autónoma de Barcelona, 1979, . 27 y nota nº 47.

de Mr. Grivegnée, que tiene aproximadamente 200 áreas, y produce entre 200 y 300 libras de azúcar de extraordinaria calidad y tan limpia como la de La Habana.

Mr. Grivegnée paga salarios de 35 sueldos diarios. Tiene también vacas, ovejas y cabras, que entre otras cosas producen fiemo para su cultivo principal.

El 18 de mayo, puede enviar Maclure una caja con minerales de mármol, alumbre, etc., que por medio de Mr. Smith, director de una mina alumbrera, envía a Mr. Grivegnée, para que él lo pueda enviar a Marsella, y por el sistema del canal del Ródano para París y para el agente de Maclure, William Gorman de Macdonald, Gorman".

Esta ruta de envío puede explicar cómo viajaban las familias más acaudaladas de Andalucía a París, un viaje aparentemente desmoralizante que a ellos les parecía acertado para emprender con una familia joven, incluyendo hijas y sobrinas. Los pasajeros eran transportados en *coches d'eau* impulsados por caballos y auxiliados por velas cuando los vientos eran favorables. Los servicios regulares de vapor comenzaron en 1829. Esta ruta interior evitaba los peligros de los Corsarios en el viaje de los ingleses y estaba conectada con los otros grandes ríos y canales del norte de Europa.

Sir John Carr, K.C. ofrece una instantánea de la empresa de Grivegnée en su entretenido libro sobre su viaje a través de España en 1808:

"En los alrededores (de Marbella) hay una extensa plantación de azúcar y próximo al pueblo hay un ingenio o molino perteneciente a monsieur Gravigne (sic), que es (un terrateniente) de las Indias Occidentales, manifestó ser superior a cualquiera de las especies de las Islas de las Indias Occidentales"[147].

"Apenas unas millas antes de que entráramos en Málaga, pasamos a través de Churriana, un lugar bello donde hay varias haciendas de campo pertenecientes a personas distinguidas residentes en Málaga". (Página 135).

"En el transcurrir, en medio de este paisaje bello y sublime, hay una granja de algodón perteneciente a Mr Kirkpatrick, pudimos comprobar la tremenda furia con la cuál el Guadalmedina agita sus aguas en las ruinas de un postrado puente y acueducto, que se había construido por mandato del Príncipe de la Paz (Godoy) para el beneficio y ornamento de la ciudad.

Si bien, protegidos por uno de los más toscos y pesados carruajes que quizá se hayan construido, nos topamos con el insoportable calor y fue alivio obtener refresco de melones, vino y pan, en una habitación fría de una granja donde vimos algunos campos de algodón, (monadelphia

---

147 Carr, Sir John, KC, *Descriptive Travelling in the Southern and Eastern Parts of Spain and the Baleric Islands in the year 1809*, London, 1811.

polyandria), que recientemente habían sido cultivados vía ensayo, aunque ya habían respondido a las expectativas de los propietarios".

El molino de azúcar de Henri Grivegnée estuvo en el conocido "trapiche de El Prado", descrito por Cristina Gonzáles en *El pasado azucarero de Marbella* y que a continuación parafraseamos[148]:

> "La fábrica cambió de dueño muchas veces a lo largo de los siglos, a veces muy rentable para sus dueños, pero el cambio más importante sucedió con la compra de la fábrica por un hombre de negocios belga llamado Enrique Grivegnée, quien empezó la construcción de un acueducto en 1808 para llevar agua a la fábrica desde el río. Otro importante dueño fue el banquero de París Juan Lesseps, (Jean Baptiste Charles Lesseps 1775 - 1857) quien más tarde estableció la fábrica de azúcar en Guadaiza."

De ello se deduce que Juan Lesseps compró o recibió en herencia la fábrica de su abuelo Henri de Grivegnée. El Dr. Traill da una clara perspectiva sobre las empresas de William Kirkpatrick cuando habla sobre la producción de caña de azúcar en España en los procedimientos de la Royal Edinburgh Society en 1842:

> "El comentario del autor sobre el cultivo español de la caña fue el resultado de sus observaciones personales durante una estancia de algunos meses en España en el año 1814 y de algunas informaciones estadísticas proporcionadas a él por el difunto Wm. Kirkpatrick de Málaga. Existían muchas pequeñas plantaciones de azúcar y un considerable número de molinos de azúcar movidos por agua o mulos".

El profesor Traill relata cómo muchos de los molinos de azúcar alrededor de Málaga fueron destruidos durante las guerras napoleónicas, aunque algunos estaban todavía en funcionamiento en 1814 cuando él hizo su visita.

> "La mejor y más perfecta plantación de azúcar, yo vi que pertenecía a Messrs. Grivegny y Kirkpatrick de Málaga. Él, por entonces, se involucró de lleno en los pormenores de los procesos agrícolas, administrativos y financieros destinados a la producción de azúcar. Él había extraído esta información de los libros (de contabilidad) de su "excelente amigo William Kirkpatrick de Málaga".

Su crónica revela una sofisticada industria operando a gran escala conforme a los principios científicos del momento. Esto es característico de los métodos de William. Asimismo el profesor Triall informa que William Kirkpatrick fue gerente de las plantaciones de azúcar en Marbella en 1806 y que ellos habían llegado a tener la propiedad de su suegro, M. Grevigny, por Capítulo Real en 1800[149].

148 SUR in English, 2 de diciembre y 8 de diciembre de 2005.
149 Edinburgh New Philosophical Journal, Exhibiting a view of the Progressive, p. 266. Editors Robert Jameson, Sir William Jardine, Henry D Rogers - Science , 1842.

"Entre Plaza Ancha y Plaza Altamirano se ubican varias refinadas y elegantes residencias, incluyendo las casas del acaudalado Enrique Grivegnée y Fernando de Lesseps"[150].

Otra vista de su posición social es ofrecida por William Rhind en su trabajo enciclopédico *La Historia del Reino Vegetal* de 1857. Aquí William Kirkpatrick surge otra vez como un partidario de los franceses, que prosperó bajo su ocupación, hasta el punto que desde París se sospechó y se preguntó cuánta cantidad de algodón estaba siendo exportada desde Granada.

"Al inicio del presente siglo el cultivo de la planta de algodón había sido introducido con éxito en las regiones del Sur de España por Mr. Kirkpatrick, mientras actuaba como cónsul para los Estados Unidos de Norte América en Málaga. Los alrededores del pueblo de Churriana, al pie de La Sierra de Mijas, en la cuál antes había un terreno baldío, fueron convertidos por él en un floreciente algodonal. El éxito en esta situación aparentemente poco prometedora, propició que el cultivo de la planta fuera rápidamente extendido desde Motril a Almería, a lo largo de la costa del mar Mediterráneo.

Las actividades se habían convertido nuevamente en un beneficioso empleo para la industria nativa, y una fuente importante de comercio exterior. Cuando los ejércitos franceses ocuparon la región del Sur de España, en 1810, la exportación de algodón fue tan considerable como para llevar al gobierno francés a sospechar que todo lo que estaba bajo denominación de algodón español no era producto de España. Por ello las autoridades militares recibieron órdenes, para indagar sobre los algodonales en Málaga y averiguar la cantidad que en realidad suministraban.

Restringido en la exportación de su producto, el infatigable Kirkpatrick volcó sus energías para la erección de las fábricas de hilado, y 3.000 trabajadores estuvieron pronto empleados en un pueblo, el cual sólo algunos años antes habían sido una mísera aldea. Pero la conmociones populares y la ocupación por las tropas hostiles, no fueron favorables para la creciente prosperidad de las 'artes pacíficas'. Y en cuanto las tropas francesas hubieron evacuado esta parte de España, la población perjudicada, fuera infundida por una furia ciega, o más probablemente incitada por los agentes de quienes criminalmente toleraron animadversiones políticas, no sólo destruyeron las fábricas, sino que incluso arrancaron las plantas de algodón, y así, con toda apariencia, secaron totalmente la fuente de prosperidad de un lugar que sólo había existido gracias a los beneficios de empleo provisto por este sector industrial.

A pesar de todo, y sin embargo de esta destrucción aparentemente total, el cultivo de algodón había resultado demasiado ventajoso como para

---

150 www.rosaverde.com, 16 de marzo de 2008.

abandonarse completamente por aquellas personas que anteriormente habían prosperado a través de sus medios. Tan pronto como la oportunidad surgió, ante el regreso de la tranquilidad, las plantaciones nuevamente florecieron en la costa de Granada, el algodón era ahora producido en abundancia y de excelente calidad en Motril y los alrededores[151].

Existe una referencia a William Kirkpatrick en la American Cyclopedia de 1858 bajo el título 'Almería':

"El algodón se cría hasta cierto punto a lo largo de la costa, su cultivo había sido introducido hace muchos años por Mr. Kirkpatrick, cónsul de los Estados Unidos en Málaga". Es también de resaltar que "las minas de plomo de la Sierra de Gádor produjeron en 45 años 11,000,000 quintales (unas 220,000 toneladas métricas) de ese metal"[152].

Si bien otra reseña sobre la situación del algodón de Málaga dice que "durante el reinado de Napoleón I, él propició que (el algodón) fuera introducido en Córcega, Italia y las regiones sureñas de Francia y Mr. Kirkpatrick lo cultivó cerca de Málaga, en España"[153].

William Kirkpatrick fue evidentemente el hombre de habla inglesa que todo visitante quiso conocer para aprender sobre la economía de la región. Es mostrado como un hombre ilustrado por la forma en la que abraza los métodos modernos. Sus ensayos con una amplia variedad de semilla y sus resultados cuidadosamente anotados demuestran que era un hombre de la nueva era, donde importaban las cifras y letras, y los postulados científicos eran acogidos con bastante seriedad.

Sus empresas e iniciativas actuaban en combinación con la reputación local del Barón de Grivegnée, lo que le permitió a ambos estar en la vanguardia de la revolución industrial, que estaba justo empezando a surgir en las principales ciudades de la península ibérica. Maclure utilizó su empresa como modelo para sus propios y pioneros ensayos sobre la utopía agrícola de estilo socialista cerca de Alicante, donde él compró una casa y dos fincas en 1822. A pesar de las diferencias en los puntos de vista políticos de ambos, los dos escoceses pudieron haber reconocido una común naturaleza pragmática y práctica para encajar las piezas cuando surgían acontecimientos trascendentales.

---

151 Rhind, William, *A History of the Vegetable Kingdom* (etc.) Blackie and Sons, Glasgow 1857, pp. 407–408.
152 Ripley, Geo., *The American Cyclopedia*, 1858, D. Appleton, New York, p. 400.
153 Story, Wm., *Essay upon the Agriculture of Victoria* (Australia), p. 135. The Victorian Government Prize Essays 1860, Melbourne 1861.

11. Vida Doméstica en Málaga

Don Enrique Kirkpatrick Mendaro, marqués de Placetas, repara en que William vivió primeramente en la plazuela de los Moros en Málaga. Sabemos que, en 1795, William y Fanny Kirkpatrick vivían en la calle de Santo Domingo, en el lado oeste del río[154]. Más tarde los registros tienen a la familia Kirkpatrick y Grivegnée viviendo en una alta casa de color amarillento, en la calle de San Juan, con estrechas ventanas y al abrigo de celosías[155].

Calle de San Juan, casa nº 36 con similares características

---

154 El expediente conservado en el Archivo Municipal de Málaga con su solicitud para conseguir el título de hidalguía muestra que su residencia se encuentra en la calle de Santo Domingo.
155 Malloy, Fitzgerald, *The Romance of Royalty*, New York, 1904, p. 293.

William y Francisca bautizaron a su primera hija Antonia María Ann y también a sus posteriores niños en la parroquia de San Juan, situada al final de la calle del mismo nombre. Esto demuestra que vivían en las proximidades. Esta calle se encuentra en la parroquia de San Juan, en una vieja zona de la ciudad, detrás del mercado. Los expedientes y partidas sacramentales de la iglesia demuestran que otros prominentes miembros de la ciudad también vivieron en el mismo distrito parroquial en este tiempo.

Existe hoy tal número de casas en calle San Juan tan ajustadas a esta descripción, que no da la apariencia de quedar ninguna memoria o registro de cuál pudo haber sido exactamente la de los Kirkpatricks. Ciertamente una de estas casas se prolonga unos dos metros más allá de la actual línea de edificación y bien puede haber pertenecido a un período previo cuando el trazado de la calle era más estrecho. Aunque la casa varía ahora mucho, lo cierto es que es demasiado reducida y poco profunda como para ajustarse a la descripción de una "casa lujosa", que además podría haber alojado una empresa comercial al por mayor. Otra casa de doble fachada situada en el número 19 de la calle San Juan, fechada hacia los años de 1790, se ajusta a esa descripción bastante mejor.

Otras fuentes dicen que él vivió en una "majestuosa" casa, en el nº 8 de la calle de San Juan de Dios, en lo que es ahora el centro neurálgico de Málaga, en concreto fuera del paseo principal, más cerca al puerto marítimo y a las oficinas principales de la administración.

El Barrio del Prevchel, Málaga

Destinaron más tarde la capilla de Sagrario de la Catedral para acontecimientos familiares, lo que sugiere que cambiaron de iglesia cuando se mudaron al número 8 de la calle San Juan de Dios. Cabe aquí advertir en este punto que los Kirkpatricks, como ya se ha dicho, también poseyeron extensas tierras y propiedades, así como una residencia de verano en Churriana.

Calle San Juan de Dios por la Puerta de Los Abades, en el marco de la Catedral – 1945.

Calle San Juan de Dios, hacia 1945, próxima al antiguo Hospital San Juan de Dios.

Es probable que William y su familia se trasladasen de la calle de Santo Domingo a la calle de San Juan y luego, durante su período de mayor prosperidad, disfrutasen de una lujosa casa en la calle San Juan de Dios próxima al antiguo Postigo de Los Abades y los Hospital de San Juan de Dios.

La prensa local lamentaba la pérdida de estos viejos edificios con un elegante artículo firmado por Narciso Díaz de Escovar, 1860-1935.

La piqueta demoledora, que, lentamente nuestra vieja población, arca de leyendas, va cambiando en ciudad moderna, con sus atractivos, comodidades y peligros, no hace mucho tiempo convirtió en montón de escombros un edificio que en pasados siglos escribió en sus muros valiosos recuerdos históricos.

Su ornamentación interior nos reveló a los que vivimos en el siglo XX, la riqueza y buen gusto de sus poseedores. Ese edificio existía en el Postigo de los Abades, frente a la Catedral, cuyo solar en parte lo ocupan hoy las flamantes oficinas del Teléfono Público.

En esa misma casa habitó una familia ilustre, que contó en su descendencia a una Emperatriz y a un príncipe heredero del trono de Napoleón I,

Allí vivió en el siglo XVII la familia de Kirpatrik y bajo aquellos muros, derribados por el afán modernista de reformas, se afirma nació la famosa doña María Manuela Kirpatrik de Closerburn, Condesa de Montijo.

Los Kirpatrik eran oriundos de su Escocia y dedicados a importantes negocios se establecieron en Málaga, donde siguieron residiendo muchos años. A mediados del siglo XIX, aun vivía en ella Don Tomás de Kiperpatrik, que desempeñaba el Consulado de Rusia[156.]

Viejas casas próximas a la Puerta de Los Abades.

---

[156] Díaz de Escovar, Cronista de la Provincia, Archivo Narciso Díaz de Escovar, Museo de Artes Populares, Málaga (cortesía de doña Trinidad Farcie Merron).

Otro edificio que ha sobrevivido se encuentra en las cercanías del Palacio Episcopal, ubicado en calle Fresca. Fue incorporado al obispado en 1819 y ahora contiene las oficinas de la Curia Eclesiástica y el Tribunal Eclesiástico de Málaga. Esta casa tan tradicional, con patio central de estilo italiano, perteneció a la familia Quilty a principios del siglo XVIII, sin embargo el inmueble data del siglo XVI.

El abuelo de la emperatriz Eugenia, William Kirkpatrick de Málaga, ha sido muchas veces descrito como un comerciante de vinos y frutas, comerciante de vinos al por mayor, exportador de sardina, *Sardinier*, e incluso dueño de una bodega. Se dijo que sus hijas entretenían a sus clientes en el salón trasero de sus instalaciones comerciales. Se acusó a María Manuela de seducir a Cipriano durante uno de aquellos entretenimientos. No obstante cabe advertir que estos relatos fueron escritos por aquellos que determinaron desprestigiar a Eugenia y Napoleón III.

William Kirkpatrick llegó a ser algo más que un hombre de fortuna, tal como revelan sus conciertos en Málaga. Recibió muchos tributos por las actuaciones musicales que acogía en su "salón" en el período de 1800 a 1814. Era bien conocido por su entusiasmo por la música y por los afamados conciertos que acogió tanto en su casa de la ciudad como en su hacienda en Churriana. En las que se escuchaba música tradicional española, dirigida por el renombrado compositor y guitarrista Fernando Sor, y también obras de autores de Centro Europa, probablemente Hayden y Mozart, y compositores italianos como Boccherrini, además de composiciones francesas populares de la época.

Fernando Sor. Litografía de M. N. Bates after Goubeau

El Archivo de la Catedral de Málaga conserva los originales de dos de las más conocidas obras religiosas compuestas por Sor. Una es la lamentación *del Jueves Santo* (1800) y la otra su destacado motete O

Salutaris Hostia (c. 1809). Ambas obras pertenecen a su juventud, antes de que llegara a ser famoso por su música secular. María de la Torre Molina comenta que los músicos de la Catedral de Málaga (en concreto Joaquín Tadeo de Murguía) conocieron a Sor en los conciertos que William Kirkpatrick organizaba en su domicilio y evidentemente ellos también habrían actuado en estos conciertos privados[157].

Sor, catalán y oficial del ejército, fue un renombrado compositor que se había beneficiado del patrocinio de la duquesa de Alba durante su período en Madrid. Fue nombrado oficial del gobierno de ocupación en Andalucía, aunque pasó mucho de su tiempo en Málaga entre 1804 y 1808 antes de la invasión francesa, y es detectado en la ciudad nuevamente en 1809.

Sobre el año 1802 o 1803 (sic) cuando Sor era oficial en el ejército y "hallándose de guarnición en Málaga, o muy cerca de esta ciudad, dio el cónsul de Austria (sic), Sr. Quipatri (sic), un gran concierto, en que reunió todo lo más elegante y notable que encerraba Málaga, en el cual tocó Sor un solo de contrabajo con variaciones que dejó admirados y sorprendidos a cuantos le oyeron, incluso a los músicos que estaban presentes, entre los que se hallaba don Vicente Ribera, maestro de trompa y músico mayor que había sido durante muchos años, y que, en aquella noche, tocaba el serpentón en la orquesta, siendo, dicho señor Ribera quien contó el asombro que había causado Sor, el que nos lo ha escrito a nosotros y cuyo documento conservamos". El director de ese concierto fue D. Francisco Ibarra, que era también director de la orquesta de la catedral de Málaga; el director de los segundos violines fue D. Jos Colocós, y el primer trompeta era D. Vincente Leza, músico principal, parece que del Regimiento Aragonés[158].

Como Brian Jeffery apunta en su traducción: existen errores en la información dada por Baltasar Saldoni sobre este concierto organizado por Kirkpatrick, pero su inmediatez le da un sabor auténtico a aquellos célebres acontecimientos[159]. Sor también fue un *afrancesado* que continu en el servicio francés como jefe de la comisaría de policía en Jerez, pero con el colapso del régimen ocupante, después de la batalla de Vitoria, fue obligado a dejar España en 1813 anticipando la feroz represión de Fernando contra Liberales y partidarios franceses. Estuvo en París entre 1813 y 1815 cuando Francesca Kirkpatrick y sus hijas estuvieron viviendo

---

157 Torre Molina, María José de la, *La Música en Málaga durante la era Napoleónica (1808-1814)*, Málaga, Servicio de Ediciones e Intercambio de la Universidad de Málaga, 2003, pp. 92–124.

158 Saldoni, Baltasar, *Diccionario biográfico-bibliográfico de efemérides de músicos españoles*, Madrid, 1868, p. 256. Traducido por Brian Jeffries, véase referencia ut infra.

159 Jeffery, Brian, *Fernando Sor, Composer and Guitarist*, Penderyn, Wales, primera edición Telca Editions 1977, p. 128.

con los Lesseps. Sería fascinante saber si él continuó su relación con la familia. Hacia 1822 sabemos que consigui reunir unas mil familias refugiadas españolas o algunas más en Somers Town en Londres[160].

Durante sus primeros días en Málaga, William bien pudo haber mantenido una bodega como base para sus negocios comerciales de vinos en la calle de Santo Domingo o en la planta baja de su alta casa amarillenta en calle San Juan. Pero esto sería seguramente más bien una sede social, donde el vino era saboreado y los precios negociados antes de la exportación en barril o tonel, que un lugar de entretenimiento. Las bodegas de vino de este tipo fueron "una de las inversiones más importantes hechas por los residentes británicos en España, y el mayor proveedor de vinos para el mercado británico a mediados del siglo XIX"[161].

Los Kirkpatricks continuaron el progreso económico de los mercaderes y comerciantes extranjeros: desde la zona más antigua de la ciudad a las zonas de mayor densidad situadas al oeste, hasta calle Nueva y calle San Juan, detrás de lo que hoy es el Mercado, y de ahí en adelante hasta la avenida arbolada de La Alameda, dónde residía Thomas. La calle de San Juan de Dios se encuentra muy cerca de allí.

Indudablemente mezcló negocios con placer durante sus veladas, las mismas que fueron revividas por Fanny y sus hijas a su regreso a Málaga en 1814[162]. Su educación francesa las habría preparado para actuar en los nocturnos conciertos domésticos. Las partituras de música y los instrumentos sabemos que fueron comprados en 1814 en Londres donde pasaron seis meses. Igualmente sabemos que María Manuela fue bien conocida por su destreza para el canto.

En realidad sus intereses locales e internacionales de comercio fueron bastante más sustanciales que cualquier bodega, puesto que sus asuntos mercantiles y sus relaciones sociales y culturales fueron dirigidos, tal como hoy diríamos, de la manera más profesional. Él estuvo completamente familiarizado con las cuentas y las estadísticas. Las detalladas ganancias de importación-exportación de los artículos que suministraba al gobierno estadounidense también guiaron sus actividades de negocio, y aportó valiosa información comercial que incluso ofreció a todos aquellos viajeros interesados.

160 *Camden New Journal*, 6 July, 2008, http://www.thecnj.co.uk/review/2008/042408/feature042408_01.html
161 Platt, Christopher, *Foreign Finance in Continental Europe and the United States, 1815-1870. Quantities, origins, functions and distribution*. London, George Allen & Unwin, 1984.
162 Bulloch, J. M., "The Curious Career of the Kirkpatricks and how they Begat Eugene", *San Francisco Weekly Bulletin*, 12 April 1898. (Also published as a pamphlet?).

12. Política y Reacción

Las cartas que William Kirkpatrick remite a Washington dejan ver las complicadas y tempestuosas aguas por las que tuvo que navegar. Cada vez más expuesto a los riesgos políticos y comerciales, debido fundamentalmente a su creciente prosperidad como comerciante y su papel como cónsul de una nación que aprendía a ejercer su poder naval sobre el Mediterráneo. Estos párrafos ilustran cómo sobrevivieron él, su familia y sus socios. Las estrategias que adoptaron en cada momento fueron guiadas por los acontecimientos y fueron influenciadas, en parte, por el principio moral y por el pragmatismo de mantener circulando el dinero.

En el período de 1779 a 1812, España quedó convulsionada por una guerra mundial, inestabilidad dinástica, guerras civiles y lucha por recobrar la independencia de la ocupación francesa y la ambición napoleónica. En 1820 la rebelión de Liberales o Constitucionalistas contra el gobierno en Madrid causó mayor brecha interna, así como una reacción en contra y otra invasión francesa, bajo la autoridad del Duque de Angoulême. Aun más rivalidad dinástica e inseguridad persistieron con las Guerras Carlistas. La historia al completo de este período seguramente será muy familiar a casi todos los malagueños, no obstante algunos detalles ayudarán a explicar las reacciones de Kirkpatrick a los desastres que hundieron a la Ciudad y a sus habitantes durante las ocupaciones francesas de la península.

La personalidad de William Kirkpatrick se revela en sus respuestas ante estos tumultuosos acontecimientos. Vivió con la intermitente guerra con Gran Bretaña, los consiguientes embargos comerciales y los discontinuos envíos mercantiles desde los estados norte africanos. Estas dificultades se convirtieron en los habituales asuntos de los despachos comerciales y consulares, así, tanto hizo su trabajo para la Marina de los Estados Unidos como intentó entorpecer a los Corsarios. William parece haberse enfrentado y ocupado de estas materias de una manera sencilla; mostrando a la vez flexibilidad e iniciativa. Existen evidencias, en la correspondencia consular desde Gibraltar, de que los cónsules americanos trabajaron codo con codo con sus homónimos británicos en cuanto a las dificultades norte africanas.

La casa comercial de Kirkpatrick procuró ser neutral para evitar restricciones comerciales. Tales tácticas también debieron haber ayudado a William a valorar sus propios negocios comerciales, así como su nacionalidad británica junto a su importante puesto consular americano y sus relaciones consulares con los estados alemanes del norte, mientras Europa estaba bajo la extensa ocupación francesa.

Hay un ejemplo detallado sobre los primeros intentos de la familia Kirkpatrick para mitigar los efectos adversos del embargo, aprovechándolo incluso para su beneficio usando el papel neutral de Grivegnée.

Informes de la Corte de Almirantazgo Británico demuestran que Henri de Grivegnée quedó para manejar el negocio de Kirkpatricks cuando el sobrino de Robert Kirkpatrick, John Kirkpatrick Escott, dejó Málaga antes de que estallara la guerra con Gran Bretaña en 1779. William fue enviado a Málaga para restablecer el control de la empresa de los Kirkpatricks. El señor Grivegnée, descrito como su representante, mantuvo sólo un papel de administrador para los importantes intereses del clan Kirkpatrick, si bien debemos aclarar que tuvo otros muy sustanciales intereses y estos eran suyos propios.

Una serie de pleitos en la Corte de Londres durante los años de 1780 demuestran la manera en que la familia y sus socios dirigieron los negocios y explica la posición de Henri de Grivegnée. También ilustra las complejidades del fugaz cambio en la situación política y legal.

El expediente del Caso Escott, conservado en los registros de la Corte del Almirantazgo Británico, recoge a Henri de Grivegnée como flamenco, inicialmente como un empleado o un miembro de la firma de Kirkpatrick and Company y más tarde como su agente en Málaga cuando las hostilidades estallaron entre Inglaterra y España en 1779. Este complicado asunto requirió el embarque de vinos y otras mercancías que habían pertenecido a John Kirkpatrick Escott mientras él estaba residiendo en Málaga. Algunos meses antes de estallar la guerra, regresó a Inglaterra, dejando sus bienes almacenados al cuidado del señor Grivegnée que se mantuvo neutral. Henri de Grivegnée tuvo instrucciones para enviar la mayoría de las pertenencias a Ostende tan pronto como un barco apropiado estuviera disponible. Debidamente despachó el cargamento en el barco neutral holandés *Louisa Margaretha* el 7 de abril de 1780, pero el *Louisa Marretha* tuvo que regresar a Málaga poco después de zarpar del puerto. En este punto el señor Grivegnée recibía nuevas instrucciones desde Londres, dando orden para reconsignar el cargamento directamente a Londres con la esperanza de que estuviese a salvo, conforme a lo dispuesto por la ley del Levante, que estaba entonces siendo considerada por el Parlamento. El señor Grivegnée iba a recibir el 14 % de comisión por sus problemas.

El *Louisa Margaretha* zarpó para Inglaterra pero fue capturado por un corsario británico en el Canal de la Mancha y adjudicado en recompensa como premio. John Kirkpatrick Escott perdió la demanda inicial y, aunque finalmente el barco fue liberado, el cargamento fue declarado recompensa legal. Posteriormente también perdió su recurso de apelación. Cabe resaltar que, curiosamente, este caso fue posteriormente citado como jurisprudencia en otros casos similares[163].

Para España y sus comerciantes, en términos generales, el siglo XVIII había sido un período de creciente prosperidad. Juan y Robert Kirkpatrick y Capper, y William Escott y su hijo John Kirkpatrick Escott disfrutaron de un período de relativa riqueza que permitió, al menos, a Robert y a su sobrino retirarse con comodidad a Inglaterra. En 1765 el rey Borbón Carlos III había abierto los principales puertos españoles al tráfico con las Indias Occidentales y en 1778 había permitido el comercio con todas las colonias españolas en América, excepto México que permaneció bajo monopolio de Cádiz hasta 1789. El negocio que se desarrolló también con los recién independizados Estados Unidos, proveyó un nuevo mercado para las exportaciones españolas, especialmente vinos y productos derivados del metal.

El 3 de septiembre de 1783 el conde de Aranda exitosamente negociaba los términos del acuerdo de Paz de París poniendo fin a la guerra de Gran Bretaña con España y Francia y con América. El final del conflicto abrió el camino para que William Kirkpatrick se trasladara a Barcelona en 1784 y luego a Málaga unos cuatro años más tarde. Su llegada a esta ciudad pudo estar motivada por el dramático cambio que se produjo en el comercio de exportación colonial desde Barcelona a Málaga.

En el período 1786 a 1788 el balance de exportación registrado en Barcelona cayó casi 7 millones de reales, mientras se producía la ascensión de Málaga a casi 6 millones de reales. La caída fue incluso mayor en el periodo de 1791 a 1793 cuando el balance de Barcelona cayó casi 20 millones de reales; y el de Málaga otra vez aumentó unos 5 millones de reales[164]. Estos datos estadísticos ilustran el éxito de las autoridades de Málaga por estimular la vida comercial de la ciudad con la creación del Alto Comercio Marítimo. Gran parte de este incremento fue debido a los cambios en las regulaciones que permitieron a los barcos zarpar desde Barcelona para recoger mercaderías a lo largo de las costas de Valencia

---

163 Bosanquet & Fuller Editors, *Report of Cases Argued and Determined in the Court of Common Pleas (etc.) Easter Term 1796 to Trinity Term 1799*, London, Butterworth, 1826, pp. 350-353.
164 Ringrose, David, *op.cit*, p. 115.

y Cataluña, cargamentos que eran luego registrados en Málaga antes de navegar para el Atlántico. Estos veleros estaban todavía mayormente financiados en Barcelona aunque los exportadores de Málaga se habrían beneficiado del aumento del tráfico portuario y de los despachos de Aduanas.

La paz con Gran Bretaña en 1783 trajo consigo diez o más años de creciente prosperidad bajo las normas reformadoras de Carlos III y sus ilustrados ministros, y tanto los Kirkpatricks como su socio Henri de Grivegnée fueron beneficiados como el resto de España. Durante este período Henri pudo proporcionar fondos a su cuñado, José Gallegos, para establecer la famosa Gallego Flourmills, en Richmond (Virginia). En el contexto de capital y producción, Málaga produjo suficiente capital excedente para que fuera cómodo exportar, al menos dentro del marco familiar y de las alianzas comerciales de las familias Gallegos, Grivegnée y Kirkpatrick[165]. Esto es valiosamente significativo y evidencia el éxito de las reformas del gobierno de Madrid durante esta época.

La vida intelectual floreció en Madrid. El salón de María Francisca de Sales Portocarrero y López de Zúñiga, séptima condesa de Montijo, se convirtió en centro influyente de pensamiento liberal, que llegaría a conformar el carácter de su segundo hijo, el joven Cipriano, conde de Teba. Pero estos avances no fueron suficientes para proteger al Antiguo Régimen de los Borbones de la tormenta de ideas revolucionarias que fluía desde París.

William Kirkpatrick llegó en Málaga durante el año de 1788, año en el cual Carlos IV sucedía como rey a su padre, Carlos III. Y llegó justo a tiempo para disfrutar de los últimos años de estabilidad. Aunque llegó a estar cada vez más preocupado por el panorama político de la siguiente década: cuando emprendió sus asuntos comerciales, se casó con su esposa y nacieron sus niños. Sus esfuerzos para obtener el puesto consular de los Estados Unidos se iniciaron en este tiempo y pudo ser estimulado por la imperante necesidad de encontrar seguridad en un estatus cuasi diplomático. Noticias sobre la creciente riqueza de William Kirkpatrick para el año de 1810, sugieren que él bien pudo encontrar la manera de navegar en estas turbulentas aguas.

Para evaluar cómo él y sus socios se adaptaron a los cambios que sucedieron, necesitamos echar un breve vistazo a los acontecimientos que agitaron al mundo y vieron el fin del *Antiguo Régimen* a lo largo y ancho de Europa.

165 Testamento de Joseph Gallego, 1818, Richmond City Hustings Court Will Book 2, pp. 273-294. The Library of Virginia, Richmond, VA, 23219 -8000.

Aunque Carlos IV mantuvo al principal ministro de su padre, el conde de Floridablanca, quien había incluso adoptado muchas ideas liberales y reformistas inglesas, el nuevo Rey fue incapaz de preservar los éxitos que tuvieron las normas ilustradas de su padre. Preocupado por la amenaza de las ideas revolucionarias francesas, Floridablanca prohibió las publicaciones francesas y censuró la prensa española. Pero la reacción, establecida con exceso revolucionario y sentimiento republicano en París, alarmó a los gobiernos de Europa. Liberalismo y Reforma en España se convirtieron en elementos desacreditados y conservadores, incluyendo aquí secciones del clero.

Luis XVI de Francia se apresuró para anunciar la aprobación de España de la nueva monarquía constitucional francesa. Floridablanca dimitió en 1792 y la Junta de Estado fue abolida. El veterano conde de Aranda fue nombrado Primer Ministro con la esperanza de poder ejercer cierta influencia moderada sobre los franceses.

Los terribles acontecimientos en París llenaron las páginas de la Historia. La monarquía fue abolida y Luis XVI fue separado del cargo en agosto de 1792 y ejecutado en enero de 1793. Pronto siguió la declaración de la República Francesa. Su reina, María Antonieta, le siguió en el patíbulo el 16 de octubre de 1793. Bastantes años después, este mismo acontecimiento debió rondar la cabeza de Eugenia, nieta de William, cuando caía el Segundo Imperio. Cuándo su marido Napoleón III fue derrotado y capturado en Sedán en 1870, Eugenia se vio forzada a abandonar el Palacio de las Tullerías en un hermoso cabriolé con la multitud frente a los portones.

Carlos IV respondió, ante el Terror Revolucionario y ante el brutal aguillotinamiento de la nobleza y alta burguesía en París, concediendo la dimisión al conde de Aranda y nombrando a Manuel Godoy como primer secretario. Los buenos tiempos habían acabado, y los acontecimientos de los siguientes 20 y más años 'regalaron' a España y a sus residentes extranjeros muchas dificultades. Estos complejos cambios entre la guerra y la paz están bien resumidos por Richard Herr[166]:

> El primer y principal reto de Godoy llegó desde Francia. La Convención Francesa, después de ejecutar a Luis XVI en enero de 1793, anticipó la respuesta de España y Gran Bretaña declarándoles la guerra. La guerra española fue combatida en ambos extremos de los Pirineos. Un avance español en 1793 fue seguido en 1794-5 por las invasiones francesas de Cataluña y las provincias vascas. Ambas regiones estructuraron su

---

166 Herr, Richard, "Flow and Ebb", en *Spain a History*, ed. Raymond Carr, Oxford University Press, 2000.

defensa, pero Godoy, sospechoso de su lealtad a Madrid, negoció la paz en 1795, cediendo a Francia la mitad de la isla española de Santo Domingo a cambio de la evacuación francesa del norte de España. Carlos IV recompensó a Godoy con el título de Príncipe de la Paz".

La Paz proveyó a España sólo un breve respiro. Gran Bretaña, todavía en guerra con Francia, sospechó de acuerdos franco-españoles, y su marina de guerra atacó los barcos españoles. España respondió firmando una alianza con la República Francesa en agosto de 1796 y pronto declaró la guerra a Gran Bretaña. El Pacto Familiar (Borbón) se había despertado, aunque las ramas francesas de la familia habían desaparecido. El Tratado de Amiens del mes de marzo de 1802 puso fin a la guerra de Gran Bretaña contra España y Francia, pero un año después Francia y Gran Bretaña reanudaron las hostilidades.

Carlos IV trató de permanecer neutral; sin embargo Bonaparte demandó el pago de un 'subsidio de neutralidad' y Gran Bretaña reanudó los ataques sobre los barcos españoles. España nuevamente declaró la guerra a Gran Bretaña en diciembre de 1804.

> "Rara vez hubo guerras (...) que hayan sido tan desastrosas para un país. La marina de guerra británica bloqueó la mayoría del comercio entre España y América. Hacia 1798 los comerciantes de Cádiz estaban en graves apuros. La industria de algodón de Cataluña era incapaz de obtener materia prima o alcanzar a sus mejores clientes, se trataba de una parada virtual, y los trabajadores volvieron a las 'líneas de sopa' provistas por el capitán general".

En 1800 a Henri de Grivegnée le había sido otorgada una gran propiedad cerca de Marbella bajo Capítulo Real, donde cultivó y procesó caña de azúcar bajo la dirección de Kirkpatrick. Esto parece una respuesta práctica a estos acontecimientos políticos. Aunque el Tratado de Amiens de 1802 le habría dado a su comercio internacional un breve respiro, era difícil que muchos cargamentos consiguieran abrirse paso antes de reanudarse las hostilidades con Gran Bretaña a finales de 1804, lo que significó la reimposición de los bloqueos y la mayor pérdida de comercio con América. Los barcos británicos habían atacado los convoyes de plata españoles en su camino a casa desde suramericana y se hicieron con grandes cantidades de oro en lingotes.

> "Carlos IV se indignó al escuchar la noticia de la pérdida de su plata y dio órdenes, fechadas el 14 de noviembre y el 23 de noviembre de 1804, que las propiedades de todos los súbditos ingleses en España serían secuestradas en represalia. Estas órdenes fueron rigurosamente ejecutadas y en la tarde del 21 de noviembre todos los barcos ingleses en el puerto y en la bahía de Málaga fueron arrestados. El contenido de los barcos fue

confiscado, sin excepción, como lo fueron las pertenencias de las casas y de los almacenes de las personas inglesas, las cuales habían quedado desocupadas a causa de la epidemia de fiebre amarilla"[167].

Cartas consulares de Kirkpatrick hacen frecuente mención a las normas de cuarentena impuestas para restringir la expansión de la fiebre amarilla, que primero había alcanzado a Cádiz en 1800 y se había propagado por Andalucía. No obstante, él no hace mención sobre ninguna represalia en contra de los comerciantes británicos en Málaga. Quizá le dio protección el ser "escocés" o "irlandés", así como el hecho de estar integrado en la comunidad local a través de su matrimonio y la iglesia. Para agrandar las aflicciones del país, las penosas cosechas de 1803 y 1804 acabaron arruinadas por la excesiva lluvia. En octubre de 1805, cuando Lord Nelson derrotó las flotas aliadas franco-españolas en Trafalgar, Carlos IV y su ministro Godoy fueron culpados del fin de la prosperidad y de los apuros del país. El Gobierno en Madrid y la Corte estaban empobrecidos por la pérdida de ingresos procedentes de las colonias americanas y de los derechos de aduana que habían contribuido a la mitad de los ingresos del Rey en 1792[168].

Creemos que la asociación mercantil de William con el neutral Henri de Grivegnée y su estatus consular también le pudo haber ayudado a evitar el secuestro de los bienes ingleses en Málaga. Pero mayores restricciones sobre el comercio exterior, le debieron llevar a buscar prometedoras empresas locales, y ambos empezaron a cultivar algodón en tierras de la localidad de Churriana, cerca de la desembocadura del río Guadalhorce.

La política de España estaba en efervescencia. La corte se dividió en dos facciones irreconciliables. Manuel Godoy, el poder en pos de la débil monarquía de Carlos IV, estuvo en el centro de los complots para asumir el control de la Corona con su amante, la reina María Luisa, a su lado. Napoleón observaba los acontecimientos en España con ojos bien despierto y movió pieza rápidamente para aprovecharse de estas intrigas palaciegas.

En 1806 Napoleón engañó a España persuadiendo a Godoy para aliarse con Francia en una guerra contra Portugal. Numerosas tropas francesas entraron por el norte de España rumbo a Portugal, la cual fue invadida hacia noviembre de 1807. Aunque para indignación de los españoles, los franceses nunca regresaron a casa e introdujeron más tropas en el país bajo la excusa de que iban a salvar al Infante Federico, de Godoy y sus conspiraciones. Antes de que España realmente se diera cuenta de lo sucedido, todo el norte y el oeste del país estaban bajo efectiva ocupación francesa.

---

167 Lovelace Browning, Michael, *Lovelace's Charity, Affairs in Spain, 1803 Onwards*.
168 Ringrose, *op.cit*, p. 113.

El punto álgido de crisis se alcanzó en marzo de 1808. Con la llegada de las fuerzas de Napoleón aproximándose a Madrid, los defensores de Fernando se alzaron contra Godoy, que se tuvo que refugiar. Carlos luego abdicó a favor de su hijo Fernando. En toda España hubo júbilo con la caída de Godoy y la llegada de Fernando *El Deseado*[169]. Eugenio, conde de Montijo y hermano mayor de Cipriano, estuvo profundamente involucrado en estos acontecimientos y jug un papel relevante en apoyar la causa de Fernando. A diferencia de su madre y su hermano menor, él fue de la facción reaccionaria e incluso tuvo que soportar en su juventud un plan de renovación aristocrática.

Carlos IV intentó revocar su abdicación reclamando que él había actuado bajo coacción, pero ya era demasiado tarde; el asunto se había escapado de sus manos. Napoleón luego efectivamente secuestró a ambos: el ex Rey Carlos IV y su recién instaurado hijo, el rey Fernando VII, al que tuvo retenido en la frontera de Bayona. Después forzó a Fernando a devolverle la Corona de España a su padre, y a su vez compelió a Carlos a transferirla al hermano mayor de Napoleón, llamado José. El disturbio inicial en Madrid, conocido como el alzamiento del Dos de Mayo, fue brutalmente pisoteado por las fuerzas francesas, tal como representó gráficamente Francisco de Goya, aunque también como Herr comenta por escrito:

"Apenas unos días más tarde el Consejo de Castilla publicó los textos del cambio de dinastía. Esta vez la gente, de repente, fue consciente de que habían sido despojados de sus jóvenes ídolos y no podían ser silenciados. A pesar de las advertencias de que Napoleón era invencible, el gentío en Valencia, Zaragoza, Oviedo y Sevilla forzó a los oficiales indecisos a proclamar la guerra en nombre de Fernando VII. Hacia junio toda la España no ocupada estaba movilizada para la guerra"[170].

La instalación de José Napoleón Bonaparte, como Rey en Madrid, vino a empeorar el asunto. España había llegado a estar dividida en dos áreas ocupadas por Francia, donde muchos españoles cooperaron con el gobierno de José. En las regiones no ocupadas las autoridades locales formaron Juntas Provinciales en nombre de Fernando VII. La Junta Suprema instalada en Sevilla movilizó la resistencia. Gran Bretaña suspendió las hostilidades con España el 4 de julio de 1809 y estructuró la ayuda militar al oeste de España a través de Portugal. Cuando los franceses invadieron Andalucía, la Junta huyó a Cádiz, convirtiéndose entonces en el centro de la histórica resistencia española.

---

169 Herr, Richard, *op. cit.*.
170 Herr, Richard, *op. cit.*

Kirkpatrick había descubierto los caminos para continuar su negocio haciendo frente a estas agitaciones. Al principio Málaga pudo verse afectada por los altercados en la corte y las intrigas en París.

Hay evidencias de que tanto Henri de Grivegnée como William Kirkpatrick tuvieron mucho cuidado en los acuerdos para arreglar sus negocios en este tiempo e hicieron provisiones para salvaguardar los intereses de sus esposas, hermanas y familia como respuesta ante la deteriorada situación política y la inseguridad, así como otorgaron testamentos. El 7 de enero 1808 Henri de Grivegnée y su hermano William, regidor Perpetuo de la ciudad de Marbella, junto a William Kirkpatrick y el francés José Gemigniany, fundaron la sociedad Gemigniany y Cía para la fabricación local de jabón[171]. El interés de William Kirkpatrick en esta fábrica no era otro que, probablemente, para ser vendida a Guillermo Enrique Huelin y Mandly, el hermano de Matías Huelin, en agosto de 1821 cuando Muñoz Martín registra que Huelin compr una fábrica de jabón en Alhaurín el Grande, al oeste de Málaga, que había sido fundada en 1808 por don Guillermo. La familia Gallegos, que se había emparentado con la familia Grivegnée, había estado durante largo tiempo establecida en este bello pueblo de la provincia malagueña[172].

Dos años más tarde él estuvo involucrado en la formación de una compañía química con Henri y con don Domingo Díaz. Mientras Henri de Grivegnée y sus empresas estuvieran funcionando bien, ello se habría visto como una inversión segura. Pero cuando la ocupación francesa y sus repercusiones destruyeron su compañía, la gran fortuna de la familia se fue a la larga también extinguiendo.

La inteligencia de Kirkpatrick en extender sus contactos revelaba que Andalucía no podría permanecer inmune a estos cambios transcendentales. Él tuvo que sopesar su posición personal como hombre de negocio con las políticas exteriores del gobierno de los Estados Unidos. Asimismo tuvo que considerar las diferencias en los cambios venideros de ministros en los Estados Unidos: algunos profranceses y solidarios con las ideas reformistas de Napoleón; otros, más conservadores en cuanto a los excesos de la Revolución y las nuevas políticas expansionistas del Emperador.

La posición político local de Kirkpatrick fue aclarada en 1807. Él estaba bien posicionado en una urbe que disfrutaba de reputación Liberal, donde sus simpatías francesas y "sus modernos" punto de vista eran los mismos que los de la colonia extranjera, generalmente pro francesa. Sus conciertos musicales cimentaron su posición social pero también revelan su carácter y su calidad humana.

171 AHPM, 3.949/730 y 3.873/13.
172 Muñoz Martín, Manuel, *Ibid.*, p. 187.

Como se dijo, Fernando Sor fue también un Liberal y, por supuesto, la proyección internacional de la casa Kirkpatrick debió agradar sus puntos de vista. A William le fue bastante bien bajo el reinado de Carlos IV, debió estar en sintonía con los elementos más progresistas del gobierno. España estaba en el camino a la modernización, aunque a un nivel modesto. Haciendo frente a los excesos Revolucionarios en Francia, sus gobernantes de posición moderada fueron del agrado de la comunidad extranjera, compuestas fundamentalmente por mercaderes de Málaga y Cádiz.

En medio de estos tiempos difíciles es toda una sorpresa encontrar a Kirkpatrick en París en 1808. Debía de necesitar respuesta a los cambios y hacer nuevos acuerdos comerciales allá donde fuera posible. ¿Dónde mejor que en el corazón de la nueva potencia de Europa? Parece haber podido viajar al interior de la Europa de Napoleón y trasladarse desde un país ocupado al fronterizo. Hoy es una incógnita si esto fue posible porque ostentó estatus diplomático o porque conoció la forma de llegar y las comunicaciones de la época. Seguramente habría viajado a Marsella y luego habría tomado el canal del Ródano en su ruta a París. Esto habría evitado el peligro de los corsarios del Atlántico. La gente con dinero, buenas conexiones y apropiadas cartas de paso y presentación, circularon más o menos libremente. Si bien existen noticias de que William fue arrestado en Francia por los policías de París en 1808, finalmente sabemos que fue puesto en libertad.

"(...) No menos importante es William Kirkpatrick, hijo de un barón escocés (Closeburn), que fue comerciante de vinos en Málaga y se había casado con Françoisse de Grévignée, hija de un valón, también asentado en Málaga. Kirkpatrick, que había sido nombrado cónsul en Hamburgo por el Gran Duque de Oldenburgo, estaba en París en 1808 y estaba ansioso por regresar a Málaga, pero los policías franceses sospecharon de él y de sus relaciones con Inglaterra y habían arrestado a su socio Turnbull, que era banquero o agente marítimo de Gibraltar. La hija de William, María Emanuele, nació en 1796, estaba destinada a ser la madre de la emperatriz Eugenia, mientras la hermana de su madre, esposa de Mathieu de Lesseps, estaba destinada para ser la madre de Fernando de Lesseps"[173].

Pero este asunto es enigmático. La duración de su detención no está clara. Ni tampoco lo está su exacta relación con el Duque de Oldenburgo. Los registros consulares en los Archivos del Ducado de Oldenburgo confirman que el hermano de William, Thomas, fue su cónsul General en Málaga de 1807 hasta al menos 1817. La correspondencia conservada

---

173 Goldsworth Alger, John: *Napoleon's British Visitors and Captives: 1801 – 1813*, New York, 1904, pp. 258, 250 y p. 238 sobre Mme. Kirkpatrick.

demuestra que William delegó a favor de su hermano como Cónsul de Oldenburgo en Málaga.

Estos acuerdos dieron a William protección diplomática o cuasi diplomática adicional. También habrían supuesto una modesta contribución a sus ingresos consulares y, por supuesto, pudo haber sacado ventajas comerciales. Pudo haber sido una manera de reservarle un puesto prestigioso a su hermano si llegara a ser necesario su traslado a Málaga. Quizá fuera una táctica para asegurar la sucesión de Kirkpatrick en sus sociedades mercantiles. Tal estrategia, con triples objetivos, habría merecido el riesgo del viaje a París con la amenaza de los corsarios, de la detención o incluso los peligros del camino. Indudablemente había negocios que hacer en Hamburgo y había títulos cambiarios para ser negociados o cobrados. El papel de cónsul de Oldenburgo también pudo haber sido un seguro político contra la pérdida de su puesto consular americano, básicamente porque él era nacional extranjero y no era natural de los Estados Unidos. En 1812 pasó a ser considerado también enemigo nacional. Él pudo por entonces ser conciente del esfuerzo de algunos residentes americanos para quitarle el puesto consular, simplemente bajo estos argumentos.

William estaba en París con un socio comercial llamado Turnbull cuándo ambos fueron detenidos por la policía. Turnbull, como tal súbdito británico residente en Gibraltar, fue arrestado y retenido. William no fue arrestado, pero fue retenido bajo sospecha de colaboración con los ingleses. Los franceses pudieron haber conocido que, a pesar de su posición consular, retenía además su nacionalidad británica. Sin embargo su domicilio español le dio inmunidad adicional.

> "Los ingleses residentes en el extranjero (...) no eran sujetos a detención, ello ciertamente era posible pero fue limitado a las personas entonces en suelo francés. El decreto de Berlín de 1807 ordenó la captura de todos los súbditos británicos (...) encontrados en territorios ocupados por las tropas francesas o aliadas; Pero esto no parece haber sido forzado. También los registros de la Policía muestran las visitas a París entre 1806 y 1813 de ingleses asentados en el Continente"[174].

Sabemos por sus cartas al Departamento de Estado que William estuvo de regreso en Málaga en enero de 1809. Escribiendo en 18 de abril, curiosamente, no explicó que había estado en París y Hamburgo durante un breve lapso de tiempo; aunque, significativamente, en estas circunstancias, también comunica que "la Junta Suprema de Control en Sevilla permanece estable".

Los acontecimientos políticos en España pronto trajeron a la violenta muchedumbre a las calles de Málaga. Andalucía estaba nominalmente

---
174 Alger, *Ibid*, p. 257.

bajo el control de las autoridades españolas en Sevilla, mientras los franceses estaban recluidos al norte de la línea de Sierra Morena. Habían invadido Cataluña y estaban presionando el sur de Barcelona y Tarragona, así pretendían obtener la ocupación del resto de país. Pero tuvieron que afrontar la creciente oposición y el creciente acoso de las bandas de guerrillas y otras formaciones militares españolas más organizadas.

Con el gobierno regional debilitado aumentó el desorden. Los disturbios en el campo desplomaron la producción agrícola, trayendo el colapso del comercio urbano y de los productos de exportación. La seguridad en las zonas más alejadas del país fue siempre frágil pero la pérdida de control del gobierno sobre las grandes y alejadas zonas rurales permitió a los bandoleros cobrar peaje e incluso cortar el paso a los viajeros[175]. Algunas veces estas bandas actuaron bajo el disfraz de ser patriotas españoles y guerrillas antifrancesas, pero más a menudo los motivos fueron enteramente materialistas.

El sentimiento anti-francés en las pequeñas poblaciones, reforzado por sacerdotes locales, debido al ateísmo de las fuerzas francesas, estaba en contraste bien definido con las actitudes pro francesas encontradas en las grandes ciudades. El estado generalmente revuelto del campo, agravado por un sentido de inseguridad e injusticia, trajo a la gente del campo a los pueblos y ciudades. Se amplió el abismo entre aquellos campesinos que nunca poseyeron tierras y los grandes terratenientes y habitantes de la ciudad; y por entonces las relaciones se polarizaron. Las bandas rurales, ya fueran conducidas por sus sacerdotes, por la recompensa del botín o el evidente resentimiento, actuaron en brotes de "pasión popular", que explotó violentamente en las principales ciudades, bien con venganza o teniendo presente el saqueo.

Este desorden general rebosó violencia y, en dos ocasiones durante el tiempo de William en la ciudad, los insurgentes rurales invadieron Málaga, sembrando venganza en la gente acaudalada de la ciudad y en los bien conocidos *afrancesados*. Sus fábricas fueron incendiadas y sus cosechas destruidas por las mismas personas que él había intentado sacar de la mísera pobreza rural. El deseo de la nación por la independencia y por ser dueña de su propio territorio, venció al deseo de orden civil y de oportunidades económicas que bien reflejaba el tolerante estado de ánimo de las grandes capitales de provincia.

---

175 Esdaile, Charles J., *op. cit.*.

13. Vida bajo Ocupación: 1808 – 1812

La astucia escocesa no salvó a William de los efectos de la Ocupación. Los comerciantes de la ciudad tuvieron que armarse de paciencia ante el colapso del gobierno español en Madrid y los reajustes de las reglas ineptas de la Junta Suprema en Sevilla, así como su fracaso en la resistencia a los franceses. Pero peor era lo que estaba por venir. Hacia noviembre de 1809 las autoridades provisionales en Sevilla se vieron forzadas a huir a Cádiz. En 1 de febrero 1810 el rey José marchó a Sevilla, a la cabeza de su guardia francesa, para ser acogido con aclamación por mucha población local deseosa de una nueva época de gobierno efectivo y reforma social.

Durante los dos turbulentos años previos a la ocupación de la ciudad, Málaga estaba dividida entre aquellos que abiertamente apoyaron a los franceses y aquellos que permanecieron hostiles a su ilegítimo gobierno. Aunque hubo algo de antagonismo entre estos grupos, hubo también un grado de mutua tolerancia. Mucha de las discusiones y debates fueron limitados a la clase burguesa, muchos de los cuales eran de origen extranjero, y quedaron focalizadas en los nuevos y respetables cafés que estaban surgiendo en La Alameda y en la zona Este de la vieja ciudad[176]. El historiador inglés Raymond Carr aclara el contexto cuando manifiesta que los partidarios de los franceses "fueron a menudo los elementos progresistas en la sociedad española, funcionarios públicos de mentalidad liberal, que vieron en la monarquía de Joseph la esperanza de una reforma en España.[177]

María de la Torre Molina comenta que el ánimo de la ciudad era tenso pero calmado y hubieron pocos brotes de desorden público. Pero la situación económica era horrenda y los impuestos estaban por las nubes. Durante la actual ocupación de los franceses ajusticiaron a unas 98 personas aunque la mayoría no eran de la ciudad. Igualmente comenta que, aunque los miembros de la elite económica ocuparon importante posiciones en la administración, su actitud no fue ni de colaboración ni de total sumisión[178]. Sugiere dos razones para esta falta aparente de conflicto. Quedó el miedo bien fundado que los franceses supieron

---

176 Pinto, Enrique del, *Historia General de Málaga*, Almuzara, 2008, capítulo 13.
177 Carr, Raymond, *New Cambridge Modern History*, vol. , CUP, 1965.
178 Torre Molina, María J. de la, *La Música en Málaga durante la Era Napoleónica (1808 – 1814)*.

imponer a las comunidades subordinadas, lo cual propici que seiscientas personas célebres rindieran homenaje al rey Bonaparte. Asimismo hubo tambiénamplia propaganda pro francesa en un Boletín Oficial publicado para difundir sus reglas de la mejor manera posible.

No obstante, también se pone de relieve un extremo significativo en relación a las posiciones políticas de los Kirkpatricks y Grivegnées y los demás residentes extranjeros en los años antes de la ocupación. Los residentes franceses en Málaga conformaron una colonia bien establecida, más que una pequeña minoría dentro de la comunidad. Desde 1798 folletos pro revolucionarios y libros prohibidos circularon por la Ciudad. Éstas mismas fueron las ideas que avivaron Los Amigos del País en sus reuniones y discursos. Las tertulias habían estado organizadas por los *afrancesados*, allí las ideas revolucionarias e indudablemente las últimas noticias eran discutidas por una audiencia complaciente. De esta manera, parece ser que los franceses habían preparado sus fundamentos y además habían conocido a una audiencia bien predispuesta entre un buen número de residentes.

Pero los sentimientos entre el español común y el campesino eran muy diferentes. Así fue cómo el comandante del cuerpo y general francés Sebastiani, nuevo duque de Dalmacia, se puso en camino para completar la conquista de Málaga y Granada; la gente del campo se amotinó en contra de la inercia de las autoridades andaluzas y su fracaso en la resistencia a los franceses. Antes de que el ejército de Joseph pudiese tomar el control de Málaga, el Gobernador de la Ciudad fue asesinado en las calles de Granada. En junio, Málaga fue asaltada por el "coronel" Aballo y sus bandoleros. Una crónica escrita sobre la confusa situación del primer período de la ocupación francesa de Andalucía ilustra las dos caras de la reacción española ante la presencia francesa. La aquiescencia o incluso las jubilosas bienvenidas de la gente de la ciudad y la furia de los campesinos del campo.

El Registro Anual [London] había sido fundado por el comentarista político conservador Edmund Burke. En un noticia coetánea de 1808 decía:

"Los acontecimientos de la primera parte de estos períodos, que fueron muy breves, mejor dicho meramente transitorios, fueron como era costumbre en casos similares, en mayor parte, los efectos de la pasión popular.

El gobernador de Cartagena fue asesinado. El General Trujillo, gobernador de Málaga, fue asesinado en Granada. Su cuerpo fue arrastrado a través de las calles, cortado en trozos y después quemado.

El cónsul francés en Málaga, Mornard, y algunos comerciantes franceses de la plaza estuvieron a salvo, el 14 de junio, de la furia de la gente, en el castillo árabe de Gibralfaro. Una gran cantidad de armas y municiones tomadas de un corsario inglés en 1800 habían sido ocultadas en un almacén de los suburbios para ser vendidas.

El 20 de junio un informe reveló que esta recámara había sido comprada por el cónsul francés para el uso del ejército francés. La gente de Málaga marchó al castillo, y a pesar de todas las repulsas del teniente del gobernador, y de la resistencia de la guardia, irrumpieron en el interior del castillo, acuchillaron a sus víctimas con mil dagas, y quemaron su cadáver en una hoguera hecha con el mobiliario y algunos desechos de la casa del cónsul. El depósito fue abierto a la fuerza, y lo demás que contenían fue destruido. Todo ello se hizo a pesar de los muchos esfuerzos del gobierno municipal de Málaga por impedirlo".[179]

Málaga se salvó de un mayor derramamiento de sangre por la presencia de mentes como la del Deán y el cabildo Catedral que organizaron una santa procesión para dar gracias por la liberación de los opresores. Los amotinadores se unieron a la procesión y se recuperó la calma.[180] Sebastiani y las fuerzas ocupantes francesas pronto llegaron. Aunque fueron bienvenidos con entusiasmo, su popularidad rápidamente declin. Hacia el 5 de febrero 1810 Málaga estaba en manos de los franceses bajo la inmediata autoridad del coronel Jean Baptiste Berton, que fue nombrado Gobernador en agosto de 1811. La *Edinburgh Annual Review* reseña que él resisti la oposición de la guerrilla española con gran energía y éxito.

"Los españoles le estimaron tanto como le temieron y le hicieron el honor de declarar que dej Málaga más pobre que cuándo entró.[181]

Un informe de la época ilustra las primeras reacciones de algunos prominentes "colaboradores" franceses en Málaga. Después que los franceses llegaran en 1810, un acaudalado terrateniente en Málaga organizó un banquete para un buen número de generales enemigos, y esto provocó que su hacienda fuera atacada y sus cultivos arruinados poco después. El terrateniente no es mencionado en el informe aunque bien puede referirse a Henri de Grivegnée. Sabemos que tenía una hacienda en Churriana, fue claro defensor de los franceses y sus cultivos fueron arrasados en una fase temprana de la ocupación. No está claro si fueron miembros de las fuerzas de Aballo los que destrozaron las plantaciones de algodón y las fábricas de hilanderías que él había establecido con William.

---

179 Burke, Edmund, *The Annual Register of World Events*, 1808, p. 185.
180 Johnson, T. B., *An Impartial History of Europe*, Vol. IV, London, 1813, p. 310.
181 *The Edinburgh Annual Review*, Editor Walter Scott, 1824, p. 299.

Algunos documentos dicen que fueron sus propios trabajadores quienes prendieron fuego a los cultivos y destruyeron las fábricas. Bastantes años más tarde, estos acontecimientos violentos todavía generaban la especulación de si ello fue "fobia anti francesa" o guerra de guerrillas o "guerra social" o simplemente puro bandidaje[182].

Si bien, lo más probable es que William no anduviera por Málaga cuando el ejército popular del coronel Aballo tomó su venganza sobre los *afrancesados* y sobre las fuerzas francesas que ocuparon la ciudad. Un documento hallado en los Archivos Nacionales Británicos en Kew, entre una polvorienta serie de cartas misceláneas, simplemente bajo el título de "Málaga", ilustra las dificultades de Kirkpatrick tras la llegada de los franceses y revela su auténtica nacionalidad.

El 30 de junio 1810, el Consejo Privado de Su Majestad instalado en el Council Chambers, en Whitehall, en Londres, concedió a William Kirkpatrick, súbdito británico, una orden permitiéndole residir en Málaga durante doce meses para asuntos comerciales. Este documento es muy relevante, pues confirma que William permaneció como súbdito británico incluso durante el periodo que actuó como cónsul de los Estados Unidos. El gabinete jurídico de William en Londres, Messrs. Scott Butler y Co., justificó el regreso de William a Málaga con los mismos motivos que tanto le habían preocupado en la ciudad con la entrada de los franceses y planteó que no podría abandonarla sin ocasionar "el sacrificio total"[183].

Dado que Kirkpatrick tuvo que solicitar al Consejo Privado Británico permiso para regresar a la ciudad en 1810, parece probable que él se uniera a aquellos que escaparon en los tres buques de guerra británicos que esperaban en el puerto, cuando los franceses llegaron a la ciudad, y luego se encontró con la desdicha de que la Marina Británica no le dejaba regresar. A pesar de los riesgos del largo retraso, él tuvo que solicitar permiso al Consejo Privado en Londres para volver a entrar en Málaga, en vez de solicitarlo a los comandantes militares británicos. El bloqueo naval británico de la Europa Napoleónica había sido declarado por una Orden en Concejo y sólo esa institución podría conceder una exención y podría permitir un pasaje seguro, pese al bloqueo de la Marina Británica.

Hacia febrero de 1811, con la ciudad bajo ocupación, Kirkpatrick parece haber cambiado sus planteamientos. El corsario francés *Sebastiani*, con la tripulación Genovesa todavía enardecida por el calor de su acción, "todavía con los cañones calientes y con la bandera francesa izada", trajeron cinco

---

182 Esdaile, Charles J., *op. cit*, p. 197.
183 National Archives Kew PC 1/3918, Documentos varios. Order in Council of 30 June 1810.

'premios' al puerto de Málaga. Los barcos capturados habían navegado desde los puertos libres "de Andalucía". Allí estaba el bergantín *Areñón*, la fragata *Palafox* y el barco inglés *Little Robert* que habían desplegado sus velas rumbo a La Habana. Sus cargamentos crearon mucha expectación cuándo se subastaron en el consulado Francés. Rubio anota que 112 pipas de vino a bordo del *Little Robert* "pertenecían a la fiesta de Guillermo Kikrcpatrik"[184].

Esto es un claro indicativo de las actividades de Kirkpatrick en este difícil período. Sus reacciones para sortear los acontecimientos demuestran que fue tan pragmático como emprendedor. Sus intentos para soslayar la restricción francesa y el bloqueo británico demuestran que Kirkpatrick estaba todavía intentando comerciar durante este difícil período. Este envío se consignó desde uno de los puertos libres, y ello sugiere que él ya no vivía en Málaga en 1811 o que bien había encontrado el camino para mantener su comercio con envíos de contrabando desde los puertos más pequeño a lo largo de la costa usando sus contactos en Adra y Motril. Tal como su hermano John en Ostende, sus escrúpulos no le impidieron desarrollar un poco de contrabando cuando la oportunidad surgió. Es ahora una incógnita, si éste es un ejemplo esporádico o meramente fue la única ocasión, aunque lo cierto es que fue descubierto en su actividad ilegal y perdió su contrabando. No obstante es una interesante reflexión sobre su personalidad y seguramente nos dice cómo él había perdido su respeto por los franceses y sus reglas draconianas. Acaso la necesidad financiera le llevó a intentar estas rápidas correrías para esquivar sus sanciones.

Su permiso británico fechado en junio de 1810 era aún válido incluso para el caso de que hubiera regresado a Málaga tan pronto como lo hubiera tenido en sus manos. Sabemos por su correspondencia consular con Washington que él escribía desde Málaga en 25 de noviembre de 1809, pero la siguiente carta conservada se escribe con fecha de octubre de 1812 y en ella se describe su arresto por las autoridades francesas ya al final de la ocupación. Seguramente debió conseguir este permiso como medida cautelar para asegurar que no iba a ser detenido e impedido de regresar a Málaga. No obstante cabe resaltar que no había noticia naviera que comunicar y tampoco había manera segura de conseguir que sus cartas a Washington pudieran atravesar el bloqueo.

Su creciente desesperación se manifiesta tras sus esfuerzos por recuperar el acceso a sus almacenes en Málaga. Su preciado negocio internacional quedó en ruinas. El valioso crédito de su nombre había rápidamente menguando; sus empresas en Málaga durante la ocupación fueron causa de afrenta envidiosa y nacionalista, y realmente estuvo en serios problemas.

184 Rubio Argüelles, Ángeles, *Ibid*, p. 188.

En un intento por frenar los gastos y la autoridad de su hermano, Napoleón no permitió a José vender la mercancía inglesa capturada en los puertos de Andalucía. William fue bien consciente de que sus existencias estaban en almacenes controlados por los franceses y en serio peligro de expropiación total. Evidentemente estaba ansioso por regresar a la ciudad y usar de cuanta influencia todavía retenía para asegurar su capital. Debió creer que si regresaba a Málaga, su posición local y simpatías pro francesa, le permitirían recobrar sus pertenencias o, al menos, obtener cierta compensación para el caso que las autoridades ya las hubieran liquidado.

La fecha de su solicitud al Consejo Privado sugiere que William tuvo temor de que su patrimonio fuera vendido al poco tiempo de la llegada de los franceses, previendo que ellos no tendrían escrúpulos en beneficiarse personalmente de su conquista. Y ciertamente en julio de 1811, Napoleón, exasperado con el criterio ineficaz de su hermano, dio al General Soult permiso para liquidar los bienes expropiados[185].

William estaba efectivamente en Málaga a finales de 1810. Existen pruebas en los archivos de la capital sobre su extensa colaboración con las autoridades de Ocupación. En lo referente a ese año, Kirkpatrick solicitó a don Mariano Luis de Urquijo, ministro para la Secretaria de Estado, una licencia para manufacturar ácidos y otros productos químicos en sociedad con don Domingo Díaz.

Doña Ángeles Rubio comenta que ésta fue una maniobra financiera "maquiavélica"[186]. Realmente fue una oportuna oferta por parte de Kirkpatrick para aprovecharse de los fondos que había salvaguardado por su estatus extranjero, y beneficiarse también del estado general de guerra que estaba afligiendo a la nación. La reacción de doña Ángeles Rubio es un interesante ejemplo de la opinión española de 1950 sobre cuál fue la respuesta de un extranjero frente a la Guerra de Liberación Española. También puede reflejar una aproximación de corte Nacionalista, comprensible por la naturaleza colonial de muchas de las empresas extranjeras de principios del siglo XIX en España. Esta iniciativa vincula a la empresa de manufactura de jabón y los importantes proyectos con el algodón y con la explotación y el refinamiento del plomo, justificando su reputación como pionero industrial español.

En esta situación el rey José Bonaparte otorgó licencias a los dos tempranos industrialistas: les eximió de ciertos derechos sobre la importación y les concedió el uso de tierras para la explotación de las

---

185 Glover, *op. cit.*, p. 174.
186 Rubio Argüelles, Ángeles, *op.cit*, p. 168.

minas de plomo, un importante elemento en el proyecto de ambos. Estos parecen ser los primeros pasos de Kirkpatrick dentro de la minería y el procesamiento del plomo.

En 1810 Francisco Bejarano repara en que "Grevignee, Kilpatrik y Rersin" accionaron una fábrica de hilados y tejidos de algodón[187]. William Maclure describe cómo Kirkpatrick tuvo valiosos contratos comerciales con las autoridades francesas de ocupación en Málaga, además de emplear a unas 3.000 personas del lugar en la producción y manufactura de algodón[188]. Esto es una clara evidencia de su estrecha cooperación con las autoridades locales y es respaldada por la noticia de Maclure de cómo las autoridades en París llegaron a estar alarmadas por la gran cantidad de algodón producido en Málaga. París sospech que el algodón era ilegalmente importado a España desde Egipto, y luego pasaba como producto local. Impusieron entonces restricciones a la producción de algodón producido en España que gravemente afectaron a su negocio. El propio Kirkpatrick manifiesta que queó arruinado por la invasión francesa. Pero Maclure expresa que él fue de sus "defensores, tanto fue as que prosper algún tiempo durante la Ocupación, hasta que sus negocios se colapsaron bajo los controles franceses y se desenredaron los complicados negocios de transacción llevados a cabo bajo su patrocinio.

La posición de Henri de Givegnée fue menos ambigua. Como nativo de la ciudad valona semi independiente de Lieja, su estatus quedaba claro. Lieja había estado bajo ocupación militar francesa de 1789 y por ello mismo habría sido reconocido como un firme *afrancesado*. Durante largos años, la empresa de comercio familiar de Kirkpatrick había estado mayormente dirigida hacia Francia y los Países Bajos, con exportaciones de productos españoles para John Kirkpatrick y sus predecesores en Ostende, las cuales fueron transportadas por el puerto marítimo hacia las ricas zonas agrícolas comunicadas por el canal Ostende-Brujas-Gante con dirección al próspero corazón de Flandes[189].

Los expedientes del Archivo Histórico Provincial de Málaga demuestran que Henri se convirtió en uno de los principales proveedores del Ejército de Ocupación, pero quedó con grandes deudas a la salida de los franceses. Si bien, muchos otros ciudadanos distinguidos siguieron el mismo camino. Sabemos que Diego Quilty se convirtió en uno de los cónsules de mayor actividad y presidente del Ayuntamiento Constitucional controlado por los franceses y que otros también siguieron su ejemplo.

187 Gil Novales, Alberto, *op. cit.*, p. 111, nota 47.
188 Krauel Heredia, Blanca, *Viajeros británicos en Málaga (1769-1855)*, ed. Universidad de Málaga.
189 Notas de Enrique Kirkpatrick Mendaro.

En este punto necesitamos confrontar el apoyo de William Kirkpatrick al régimen francés de José Bonaparte y tratar de explicar el historial de quien parece ser un colaborador antipatriota, un camino de actuación temerario o poco conveniente para aquel entonces. ¿Fue un auténtico defensor de la visión de Napoleón de una más grande Francia, conformada por numerosos y grandes estados nacionales europeos, regidos por varios miembros de la familia Bonaparte? Se sabe que hubo discordia dentro del ejército Francés entre aquellos con simpatías a la causa Republicana y los leales Bonapartistas, y algunos oportunistas como Soult. Parece improbable que él fuese tan romántico sobre la revolución, tal como piensan algunos de los poetas líricos ingleses como William Wordsworth, que le dio la bienvenida a la Revolución Francesa con estos versos:

Bliss was it in that dawn to be alive,
But to be young was very heaven! -- Oh! Times
[Que gustazo vivir todavía en esa madrugada
Pero ser joven fue una maravilla. ¡Ah los tiempos!]

Como comenta Dr. Brian Jeffrey:

"Después de todo, los franceses no fueron meros conquistadores extranjeros, sino que también algunos eran importantes representantes de los ideales de la revolución francesa. En estos ideales quizás yacen los fundamentos de una España reformada. Muchos, considerando su gobierno inepto y corrupto, eligieron aceptar la ocupación. Llegaron a ser conocidos como *afrancesados*, porque anteponen los ideales liberales al ciego patriotismo y porque, ante el incidente, resultaron haber escogido el lado perdedor, en el que, a menudo, fueron atacados años más tarde. Fernando Sor fue uno de ellos. En 1974, más de una centuria y media después, un archivero en España incluso puso obstáculos en mi camino porque Sor había sido un *afrancesado*. En general, no obstante, la Justicia hoy está hecha para sus ideas liberales y progresistas y es reconocido que no fueron colaboradores, en el odioso sentido que las palabras habían adquirido desde la Segunda Guerra Mundial, sino en realidad patriotas de una clase más sensata que los defensores de Fernando, de quién es el gobierno que resultó más tarde ser el peor destino que España podría sufrir"[190].

Andalucía y José Bonaparte

La entusiasta bienvenida que le dieron los liberales de España a José Bonaparte da una clara perspectiva sobre la posición francófila de William. Málaga tenía cierta reputación de ciudad liberal, aunque esta postura

---

190 Jeffrey, Brian, *Fernando Sor, Composer and Guitarist*, edición Telca Editions, 1977, p. 128 y segunda edición 1994.

política y social fue más intensa en la numerosa comunidad extranjera que entre los mismos ciudadanos. El nuevo "Rey no convidado" fue un hombre de disposición acomodada que acaso, en otras circunstancias, podría haber tenido éxito como monarca constitucional liberal. Esa fue ciertamente la parte que él intentó jugar. Se vio así como un bienvenido sucesor e incluso legítimo, y como una mejora para la desprestigiada línea de Borbones que, durante demasiado tiempo, habían regido España.

Los progresistas se inclinaron por ver la regla de José como algo benigno y aquellos españoles que lo conocieron le encontraron afectuoso y con buenas intenciones hacia su país. Pero fue esta amabilidad y su resistencia a explotar su posición para beneficio de Francia lo que trajo su caída. En contraste, la Junta Suprema en Sevilla se había ganado gran impopularidad presionando a Andalucía con toda la renta pública que pudiera recaudar, para así sufragar la resistencia española. Pero por supuesto ello se vio deshonesto y militarmente incompetente. Mientras el resto de España rechazó los intentos de José por ganar popularidad, la recepción de José en la Andalucía progresista fue triunfal.

José concibió la invasión de Andalucía como una gran gesta con la que demostrar a su hermano que él también era un gran general. Bajo la autoridad del mariscal Soult, experimentado militar de Napoleón, la invasión fue perfecta y las tropas francesas, algunas veces en conjunción con las fuerzas españolas de *afrancesados*, fueron bienvenidas con aclamación en muchas ciudades. Sevilla pronto cayó y a finales de enero de 1810 el restos de la Junta Suprema huyó a Cádiz dejando la ciudad a los juramentados o los que voluntariamente tomaron el juramento de fidelidad hacia el rey José Bonaparte.

Desde Sevilla "su avance se extendió a la zona Este de Andalucía y en todas partes la historia era la misma. En cada ciudad y villa los alcaldes y el sacerdote respondía a la llamada para presentar su lealtad, las chicas esparcían flores delante de sus caballos y la gente gritaba ¡"Viva el Rey"! De su entrada en Málaga, el conde Miot registró que él fue recibido con una bienvenida que excedía en extremo cualquier otra que pudiera haberse esperado de un populacho leal y sumiso. Las calles fueron recubiertas con flores y adornadas con tapices; en las ventanas las señoras elegantemente vestidas agitaban sus pañuelos. Los gritos de alegría, los gritos de "Viva el Rey", fueron escuchados por doquier. Un baile y una corrida de toros fueron dados en su honor. Si acaso alguna vez José Napoleón pudo verse a sí como auténtico Rey de España, fue en este momento"[191].

---

191 Glover, Michael, *Legacy of Glory, The Bonaparte Kingdom of Spain*, London, 1970. p. 162. Citando las Memorias del conde Miot de Melito, 1881.

En Granada su recepción fue también eufórica. Glover comenta lo siguiente:

"No cupo la menor duda que en ambas ciudades fue considerado como un salvador, pero mientras en Sevilla y Córdoba había sido aclamado como una liberación de los excesos de la Junta Suprema; en el Este de Andalucía fue respetado por ser un baluarte contra la opresión francesa. Habiendo encontrado su avance obstruido por algunas bandas medio armadas de campesinos, el General Sebastiani había aprovechado esta oportunidad para imponer una contribución de cinco millones de reales en Granada y doce millones en Málaga. Para completar esto, Sebastiani y sus comandantes subordinados se embarcaron en un pillaje sistemático para su propio beneficio. Mediante confiscación y extorsión, el dinero y las obras de arte fueron saqueadas durante todo el tiempo y enviadas a Francia con la carga"[192].

Podemos ver cómo William Kirkpatrick, con su esposa y sus hijas en París, y con los franceses frente a los portones, estuvo dispuesto a tomar su patrocinio y hacer cual negocio pudiera. Su ciudad, con sus relevantes ciudadanos, su suegro y sus socios mercantiles y comerciales, todos comprometieron sus alianzas por el concepto de soberanía española. Sustentado por lo que quedó de sus románticos puntos de vista republicanos, todos ellos se convirtieron en *afrancesados* en un grado u otro.

Pero Napoleón no estuvo dispuesto dejar a su hermano disfrutar de su momento de gloria. El erario público francés estaba desesperado de fondos y no estaba dispuesto a pagar las extravagancias de José o, concretamente, más de dos millones de francos mensuales para la indispensable paga del ejército en España. José estuvo bajo continua presión como para sacar más generosidad del reino que había estado dispuesto a regir.

Napoleón creyó que su hermano estaba ansioso por acallar a la opinión pública española. Por tanto, él trabajó a espaldas de su hermano por recobrar el control personal de los acontecimientos en Madrid y más allá. Nombró a sus propios generales para regir una España subdividida, con poderes ejecutivos que excedieron aquellos de los del nombrado Rey. Sus oficiales recibieron órdenes para implementar un riguroso régimen impositivo que acabó arruinando al país[193]. El pillaje sin escrúpulos de aquellos generales acarre el paulatino desencanto de aquellos que inicialmente habían apoyado el concepto que los franceses parecían representar. Los juramentos de fidelidad fueron forzados al pueblo con imposición de sutiles penas financieras y otras penalidades en quienes lo rehusaran.

192 Glover, Michael, *ibid*, p. 162.
193 Glover, Michael, *ibid*, pp. 150–170.

El Major General Lord Andrew Blayney tuvo la desgracia de ser capturado por los franceses y hecho prisionero en las cercanías de Málaga. Él había asumido la comandancia de una expedición británica para liberar la ciudad que había fallado estrepitosamente. Su descripción de Málaga dibuja un miserable cuadro de la ocupación francesa.

"Sin embargo (Málaga) todavía retiene cierta apariencia externa de su anterior prosperidad, es sólo la sombra insustancial de la realidad. La cesación total del comercio y las pérdidas consiguientes de la guerra han producido innumerables bancarrotas y un desasosiego universal. El puerto marítimo ha perdido toda apariencia de vida comercial, algunos barcos pesqueros se vieron a solas en movimiento, mientras algunas feluccas y otros barcos pequeños están fuera de servicio pudriéndose. Qué contraste con el anterior comercio floreciente de esta ciudad, cuyas exportaciones anuales fueron valoradas en medio millón de esterlinas. Tales han sido los desoladores efectos de la invasión injustificada y no provocada de los franceses"[194].

Después de una larga marcha a través de las montañas desde su refugio en Gibraltar, el general español Francisco López Ballesteros asaltaba la Málaga ocupada en la primavera de 1812, cogiendo a la guarnición francesa por sorpresa. Las Fuerzas ocupantes se retiraron en desbandada al Castillo de Gibralfaro. Pero con el poderoso ejército francés persiguiendo sus talones, Ballesteros sólo permaneció lo suficiente para saquear la ciudad del resto de sus recursos antes de retornar a Gibraltar: en concreto fueron provisiones, metálico y reclutas. El general Ballesteros finalmente liberó a Málaga en agosto de 1812. Se calcula que hacia 1817, los comerciantes franceses de la ciudad habían perdido un 40 % de la riqueza que habían declarado en 1765[195].

Aunque Grivegnée & Company prosperó durante la ocupación francesa con la firma de contratos para la provisión de suministros a sus ejércitos[196], su identificación con las autoridades ocupantes y, en particular, con su Cónsul, condujo a su eventual caída. Esta claro que los franceses dejaron sin pagar sus deudas aunque su Cónsul parece haber podido transferir sus propios fondos a París. Sus dificultades son también confirmadas por otros comentarios sobre los apuros de las familias Gallegos y Lesseps.

Incluso los *afrancesados* que les habían auxiliado, recibieron rudo tratamiento de las legiones napoleónicas en su salida. José Gallegos

---

194 Esdaile, Charles E., *Ibid*, procedente de Blayney, Lord, *Narrative of a Forced Journey Through Spain*, 1.
195 Villar García, M. Begoña, *Los Extranjeros en Málaga en el Siglo XVIII*. Córdoba 1982.
196 Muñoz Martín, Manuel, *Ibid*, p. 139.

describe los apuros de la familia de Grivegnée y Gallegos en Málaga. Él había previsto dejar todo el patrimonio hereditario de su muy considerable fortuna a sus amigos en Richmond, Virginia, pero "la situación angustiosa por la cual mis relaciones en España últimamente parecen haber caído" le impidió ser tan generoso con sus allegados como a él le habría gustado. José también dispuso por testamento que sus albaceas y herederos deberían asegurar que los pagos de los intereses de las hipotecas que él reconoció a Henri deberían ser pagados a su hermana Antonia y a su familia en Málaga, en lugar de a él, para así librarse de los acreedores de Henri[197].

Dada sus conexiones republicanas en América y su amistad con el liberal Cipriano, conde de Teba, y lo que podemos saber de la posición de Henri de Grivegnée, es probable que William originalmente favoreciese a los franceses, que prometían un fin al legendario Antiguo Régimen de Europa, además de ser la mejor esperanza para la victoria republicana en España. Aunque a decir verdad él también estaba en graves dificultades cuando los franceses abandonaron la ciudad de Málaga. El 23 de junio de 1812, el cónsul de los Estados Unidos en Alicante escribía, desde Gibraltar, al secretario de Estado James Munroe:

"He quedado preocupado al escuchar que Mr Kirkpatrick, cónsul en Málaga, había tomado parte activa a favor de los franceses desde la ocupación de ese puerto y les había dado acomodo con todos los efectivos que su casa pudiera disponer; han traído un largo informe contra él, y (...) y han puesto a él y a todos sus socios en prisión, donde han permanecido hasta los últimos informes desde Málaga; cómo el cónsul de una nación puede aceptar ninguna encomienda de otro; dudo que así sea, aunque si él ha sido tan imprudente, ciertamente le costará caro".

Sabemos que James Munroe, además de secretario de Estado de los Estados Unidos, fue un enérgico partidario de los ideales de la Revolución Francesa aunque, como ministro de los Estados Unidos en París entre 1794 y 1796, tuvo que mantener la posición neutral de George Washington hacia los franceses durante su guerra con los ingleses.

Hacia otoño de 1812, las simpatías francesas de William se debieron volver amargas. El 24 de octubre logró conseguir un despacho dirigido a James Monroe, secretario de Estado de los Estados Unidos.

La presente da cuenta de su arresto por el General Marazin en los últimos días de la ocupación francesa de Málaga, y su protesta al Mariscal Soult, duque de Dalmacia, comandante en jefe francés en Sevilla, el cual ordenó su liberación. Informaba que él estuvo arrestado a instancias de

---

197 Testamento de Joseph Gallegos de 1818 *Ibid*.

M. Proharam, cónsul francés en Málaga, por una deuda que le era debida por la casa comercial de Kirkpatrick.

William adjunto a la presente una carta en francés, que demostraba que esta deuda fue pagada por Grivegnée y Compañía a través de una complicada operación financiera de adeudos entre el consulado francés y Grivegnée y Compañía con fondos eventualmente sacados del Ministerio de Exteriores Francés en París para satisfacer las deudas personales que tenía pendiente el cónsul desde Kirkpatrick.

Grivegnée y Compañía había estado proveyendo bienes a las autoridades francesas, pero estos no fueron pagados.

Kirkpatrick pagó a los franceses y reclamó contra ellos, y entonces fue compensado por el Consulado Francés gracias a las deudas que los franceses le debían a su suegro Henri. La cuenta de Kirkpatrick fue pagada y Grivegnée transfirió su crédito con la partida del cónsul francés a beneficio de su yerno. Pero ello no parecía haber pagado más que una pequeña parte de la cantidad que a Henri le debieron los franceses. Sin embargo la operación aseguró la liberación de William de Gibralfaro.

Esta complicada operación de compensación revela algo sobre la situación política en Málaga en este momento y sobre el comercio de Kirkpatrick durante la Ocupación. También muestra las vías de cómo las letras de cambio fueron pagadas a través de importantes intercambios de activos y pasivos involucrando numerosas partidas. Ello es también evidenciado por algunos intercambios y compensaciones que, Kirkpatrick, William Laird y otros, trataron sobre pequeñas sumas involucradas en el modesto comercio de productos locales.

Los títulos cambiarios actuaron como divisa, predominando la complejidad de estos intercambios, lo que evidenciaba la importancia del capital de trabajo para las empresas mercantiles ante la falta de liquidez en la reserva monetaria del Banco Central, y los sofisticados acuerdos bancarios.

Entretanto doña Francisca Kirkpatrick, su hija y sobrinas, llegaron a ser retenidas por la policía de Napoleón y no pudieron obtener permisos para abandonar Francia.

"Mrs. Story y sus cuatro niños pequeños, también capturados por un corsario, fueron liberados en diciembre de 1813, como asimismo 'Madame Kirkpatrick' con sus cuatro niños y dos sobrinas, que habían estado residiendo en París"[198].

De la lectura parece como si Madame Kirkpatrick hubiera sido

---

198 Goldsworth Alger, John, *Napoleon's British Visitors and Captives; 1801–1815*, New York, 1904, pp. 266-270.

capturada por un corsario pero se sabe que ella y las chicas habían estado en París hospedadas con su hermana Catherine de Lesseps; más bien parece que se refiere a su liberación, no a aventuras con corsarios, lo cual parece haber sido el destino de Mrs Story. Madame Kirkpatrick eventualmente cruzó el Canal de la Mancha a Londres a finales de 1813, donde permaneció hasta la primavera de 1814. Ésta habría sido una buena ocasión para que las chicas perfeccionaran su inglés y para conocer a sus primos Kirkpatrick y Escott, así como disfrutar de las relativas libertades de Londres después de las restricciones de vivir como extranjeros en el París de Napoleón. Sus gastos, y los de sus hijas y sobrinas, se encuentran contabilizados en las detalladas cuentas de Juan de Lesseps presentadas a William Kirkpatrick unos veinte años más tarde. Los Kirkpatricks y sus primos los Neumans parecen haber sido incapaces o reacios a pagar estas considerables deudas, debidas a un miembro prominente de su propia y extensa familia, lo que sugiere que el dinero escaseaba.

William estaba en Málaga en el mes mayo de 1814, por entonces escribió una crónica sobre los acontecimientos locales a James Munroe, secretario de Estado de los Estados Unidos; todavía permanecía aquí en octubre, cuando escribió a sus primos en Dublín, a quienes envió ciertas muestras de productos locales y les pidió ayuda para promover su negocio.

Se sabe que Kirkpatrick fue considerado un activo defensor de los franceses durante la Ocupación, no obstante es una incógnita si fue por convicción, por pragmatismo comercial o por los principales intereses de Washington. Colaboró durante este tiempo en solicitar licencias para manufacturar productos químicos y concesiones mineras y proveyó bienes a las Fuerzas Ocupantes. Se le acusó de poner a disposición de los franceses los recursos de su casa comercial. Pero sus intentos por evitar los controles franceses en Málaga, para así continuar su comercio de exportación de vinos a través de los puertos libres, claramente sugieren que el negocio era lo primero. Debió estar al tanto sobre las actividades de contrabando de su hermano en las Islas Anglonormandas e incluso más allá, y debió estar lo suficientemente desilusionado con los franceses para intentar soslayar sus restricciones. Con la salida de los franceses y el restablecimiento del gobierno español hubo un delicado período de reajuste. Su comprometida postura política pudo haber sido mitigada bajos los ojos de los españoles por el mal trato que había recibido de los franceses antes de que partieran. Al menos, parece haber evitado lo peor de la bancarrota de Grivegnée Et Cie. que arruinó a su suegro.

14. Años de Tribulación

William Kirkpatrick debió haber mirado por sus desamparados fondos para salvaguardar los últimos años de su vida. Los parientes en Ostende estaban en similar circunstancias y sus socios londinenses estaban incursos en pleitos judiciales. Este fue probablemente el momento en el que empeñó la plata familiar que había escapado de las manos de los franceses. Málaga estaba en un estado lastimoso después de los estragos de la ocupación francesa, de las anteriores expropiaciones del general Ballesteros, y del pillaje de las bandas de guerrillas. Los franceses habían vaciado los cofres de la ciudad, habían limpiado las iglesias de todos sus tesoros y habían extraído todo lo que pudieron exprimir de los ciudadanos. La comida escaseó, pues el campo fue despojado de hombres y las huertas quedaron en barbecho. En los dos años que trascurrieron entre 1812 y 1814 el Concejo Municipal fue reestablecido bajo una nueva constitución, que reflejó puntos de vista más liberales e inició la recuperación de la ciudad.

Las instituciones tuvieron que ser renovadas y las clases sociales reconciliadas. Parte de ese proceso fue la elaboración de un cuidadoso listado de ciudadanos que colaboraron con las fuerzas ocupantes francesas. Ángeles Rubio enumera centenares de residentes en Málaga que tomaron juramento de fidelidad a José Bonaparte. Este se extiende a altos funcionarios en la administración de la ciudad, clérigos y militares locales, y desde generales a sargentos. William Kirkpatrick, como cónsul y extranjero no está mencionado en la lista, ni tampoco Henri de Grivegnée está entre estos número, aunque figura el 11 de abril de 1811 como uno de los dos "cónsules" dentro del personal del Consejo Real patrocinado por los franceses. El respetado don Francisco Gallegos, tío de Fanny y clérigo en la catedral de Málaga, es mostrado como uno de aquellos que tomaron juramento de fidelidad a José y ahora, como tantos otros, se arrepentía[199].

El Archivo Municipal de Málaga contiene una serie de denuncias contra aquellos que se pusieron del lado o ayudaron al poder ocupante, aunque William no es mencionado. No obstante parece haber sido molestado y perturbado por los oficiales españoles de la "Regencia del Reino" hacia finales de noviembre y principios de diciembre de 1812.

---
199 Rubio Argüelles, Ángeles, *op. cit*, p. 287.

El Archivo Municipal de Málaga conserva cierta documentación sobre su "comportamiento con la Nación y el vecindario". En uno de ellos el excelentísimo Señor don Pedro Labrador expone cómo "don Guillermo Kirkpatrick, cónsul de los Estados Unidos en ese puerto, ha representado a la Regencia del Reino, que casi todos los días se ve molestado con alojamientos de los cuales se queja".

La ciudad acordó "se conteste al señor Gobernador manifestando la conducta que ha observado el citado cónsul de América durante el gobierno intruso, llevando a sus casas voluntariamente los Jefes Franceses y otros empleados, con escándalo del vecindario en las repetidas comidas que les daba en esta ciudad y su hacienda".

Tuvieron pocas simpatías con las objeciones de William, pues era incierto que él fuera molestado diariamente y, en cualquier caso, "por estar casado con española, ser un verdadero negociante, por no estar a sueldo de su nación, le constituye en la clase de tener que sufrir alojamientos de tropas, siendo falso de que se le incomode diariamente con esta carga, cuando resulta que desde la salida de los franceses sólo ha sufrido uno, que reclamó a Vuestra Señoría".

Esto sitúa la escena para los acontecimientos que luego se desarrollaron y sacudieron a William apresurando indudablemente su traslado a Motril. Incluso pudiera ser que la muerte accidental de su esposa Fanny no fue lo que parecía. Ella debió estar demasiado apesadumbrada por la pérdida de su posición social y su seguridad financiera y, cómo no, por los desastres que recayeron sobre su padre, Henri de Grivegée, y sobre sus hermanas y sobrinas.

Sus simpatías francesas le habrían causado muchos problemas con los "patriotas", aun poseyendo su propio estatus diplomático y el de su hermano Thomas. No obstante, De la Torre Molina tiene la impresión de que la indagación de los *Afrancesados*, durante el proceso de purificación después de la evacuación francesa, no fue dolorosa, y se tomó una actitud positiva hacia la conducta política incluso de aquellos que habían mantenido importantes posiciones en su administración. De esta lectura se hizo eco Del Pinto al afirmar que "la sangre no llegó al río".

> Durante unas semanas se sucedieron situaciones de delicado reajuste político, que la gente llamó 'purificaciones', cuyo objeto fue propiciar que cada cual pudiera hacer patente su condición de sujeto afecto al régimen. En general esta vez la sangre no llegó al río, ni siquiera de los individuos pertenecientes a la colonia francesa.
> (Pinto, Enrique del, Historia General de Málaga, Almuzara, 2008, capítulo 13.)

La actitud de las nuevas Autoridades Liberales hacia los franceses fue la de que los colaboradores habían actuado bajo coacción y en general su política fue "benevolente". Ella repara en que incluso aquellos como William Kirkpatrick, que habían mantenido estrecha relación con los franceses y sus líderes, no fueron "amonestados" durante este período inicial de conciliación liberal.

Si bien, pronto las manos más vengativas estuvieron nuevamente trabajando en Málaga. Henri de Grivegnée acabó sufriendo una serie de acciones judiciales que declararon en quiebra a su familia y a su compañía y también a la familia Gallego, asimismo también perjudicó notablemente el negocio de Kirkpatrick.

Tal y como Kirkpatrick comenta a sus primos en Dublín, las acciones de los franceses habían arruinado sus esperanzas de independencia financiera. Su plan para establecer su propia Casa, libre de la asociación con su anciano suegro, había dejado de existir ante su habilidad para adaptar su negocio internacional a las nuevas condiciones mercantiles en una Europa liberada.

Las batallas políticas se endurecieron entre los Liberales y aquellos que apoyaron los ideales conservadores de una monarquía absoluta. Fernando VII, nuevamente instalado en Madrid, fue completamente incapaz de restaurar con relativa facilidad los años de Carlos IV, a causa de una economía estancada y una tesorería vacía, todo exacerbado por la pérdida de los mercados protegidos en las recién independizadas colonias sudamericanas. En abril de 1814 Fernando derogó la Constitución de 1812 y pronto siguió un período de reacción y represión. Los liberales fueron maltratados y encarcelados y muchos se vieron obligados a exiliarse en el extranjero.

En esta ambiente reaccionario se llevó Kirkpatrick algunos años para reconstruir su negocio mientras su familia permanecía en su refugio de París, donde sus hijas completaron su educación. Su comercio de exportación pudo ser obstaculizado por la pérdida de su reputación personal; incluso pudo haber tenido letras de cambio impagadas acechando en un buen número de casas comerciales europeas. Su hermano Tomás había abandonado Hanóver, una ciudad también hecha miseria por los excesos de Napoleón, y había tomado posesión de su puesto consular en Málaga para esa gran ciudad-estado alemana.

Un botón de muestra de las consecuencias financieras de su sistema de inversión interfamiliar se encuentra en sus relaciones con la familia Plunkett. William Kirkpatrick, a título de curador, había invertido 307.844 reales de vellón en Grivegnée Et Cie. en nombre de doña

Isabel Plunkett y Cortada, cantidad que realmente ella había recibido en herencia a la muerte de su padre Guillermo Plunkett.

Doña Isabel exigió el reintegro de este dinero, que la compañía fue incapaz de pagar en efectivo, y el 15 de noviembre de 1815 fue compensada con la cesión del Lagar de La Tercia, en Jaboneros, propiedad que Henri de Grivegnée compró en 1792.

Una serie de protocolos notariales, en el archivo del escribano don Juan Sierra, revelan que Henri de Grivegnée poseyó un gran número de propiedades alrededor de la ciudad y en Churriana. Estas fueron utilizadas para garantizar las operaciones de sus diversos negocios en común. Durante los años 1814 a 1816 aún no habían sido vendidas ni retenidas por sus liquidadores para pagar sus deudas.

Mientras la anterior política oficial fue de reconciliación con aquellos que se habían puesto del lado de los franceses, también debemos sospechar que los elementos en el gobierno tras la Ocupación no estaban demasiado preocupados en la caída de distinguidos *afrancesados*. Éste fue, sin embargo, un periodo de actitud absolutista o conservadora, por la cual los primeros defensores franceses y aquellos de conocidos puntos de vista liberales quedaron en desaprobación.

Manuel Muñoz Martín manifiesta que la casa de Grivegnée Et Cíe. fue responsable de proveer y alimentar al ejército francés al tiempo de la Invasión Francesa, resaltando que ostentaron los principales contratos con los militares franceses. Éste fue claramente un asunto importante en la serie de acontecimientos que derrocaron a Henri de Grivegnée. Él se convirtió en el blanco cuando regresaron los elementos conservadores. El fracaso de los franceses por pagar sus deudas debilitó su posición prominente, siendo sumamente vulnerable a las acciones judiciales.

Lo siguiente es un buen ejemplo. El 14 de agosto de 1814 don Gregorio Casadeball, denunció formalmente a Grivegnée y Cía. a las nuevas autoridades de Málaga. Alegó que había comprado 999.5 cajas de azúcar de La Habana con pago aplazado a la Compañía. Estas cajas habían llegado a Málaga en 1810 en la fragata *El Rosario* y otros barcos. Los envíos se guardaron inicialmente en el almacén de la compañía, pero fueron embargados por las fuerzas ocupantes, que afirmaron que Grivegnée y Cía no había pagado las tasas coloniales de importación[200].

Don Gregorio solicitó ante el juzgado el pagó por el valor de 999.5 de cajas de azúcar de los fondos y existencias de Grivegnée, así como los

---

200 Kirkpatrick Mendaro, Enrique, *Kirkpatrick Wilson, William (1764 – 1837)* procedente de papeles familiares, pp. 98- 99, extracto procedente de los papeles sobre la quiebra de la familia Grivegnée en el Archivo Histórico Provincial de Málaga.

daños que le había causado y la imposición de una pena a los directores de Grivegnée y Cía. que correspondía a las pérdidas reales ocasionadas.

Grivegnée y Cía. alegó en su defensa que las cajas de azúcar fueron confiscadas por el gobierno ocupante en legal forma y habían sido devueltas a Grivegnée y Cíe. por los franceses, después de su secuestro inicial, como pago por los artículos que los franceses habían comprado durante su tiempo en Málaga.

La Junta Real para el Reintegro de Bienes Confiscados por el gobierno invasor, que se estableció en Granada, resolvió, en 9 de diciembre de 1815, que condenaba a Grivegnée y Cíe y a su liquidador al reembolsó a don Gregorio Casadeball de 340, 5 cajas de azúcar o, en su defecto, su legítimo valor al momento que la recibieron por el Gobierno ocupante para Grivegnée y Cíe y todo ello con las costas procesales causadas en el juicio. Y que la Casa de Grivegnée adicionalmente pagase una multa de 100 ducados. Como consecuencia, Grivegnée y Cíe. fue declarada en bancarrota y los liquidadores recibieron órdenes para pagar una indemnización de 321.465 reales de vellón a don Gregorio Casadeball.

En un intento por cancelar las deudas mayores, los liquidadores de la sociedad mercantil: don Enrique Grivegnée Gallegos, William Kirkpatrick y don Diego Gaztambide Rivera iniciaron un pleito judicial contra el Convento Hospital de San Juan de Dios para la restitución de la Casa Maternal que había pertenecido a Grivegnée antes de que las tropas francesas lo hubieran incautado y lo hubieran entregado al Hospital del Convento. Este caso se abandonó por desistimiento de William Kirkpatrick el 13 de marzo de 1816 para evitar los "gastos y disgustos que traen los pleitos".

El 10 de agosto 1816 los hermanos Kirkpatrick estaban en asociación con William Parkinson. Su empresa conjunta era una Sociedad de Negocios, llamada Kirkpatrick, Parkinson Et Cíe., dedicada a comisiones dentro y fuera del Reino. Aunque Parkinson es reseñado ser de Málaga, creo que era hijo o sobrino de su dependiente londinense y socio mercantil de Jeremías Parkinson. La hija de Jeremías, Eliza Anne Parkinson, se casó con William Escott Kirkpatrick de Bruselas, hijo de John Kirkpatrick de Ostende. Robert Stothart Kirkpatrick y su esposa Caroline Van Baerle de Bruselas pusieron a su hijo el nombre de William Parkinson Kirkpatrick, y así se afianzaba el vínculo familiar con los Parkinsons.

De la oportunidad del momento, debemos intuir que esa fue la forma de Kirkpatrick de soslayar las dificultades que habían sorprendido a la casa de Grivegnée Et Cie., y un mecanismo para continuar comerciando, usando su propio nombre y sus relaciones y socios londinenses.

Tras los sucesos de Waterloo, su meta deseaba alcanzar lo que prometía ser una edad renovada de prosperidad en Europa, así como también restablecer vínculos con la ciudad de Londres, y sus relaciones y socios mercantiles de los días de preguerra. Los estatutos de la sociedad prohibieron a los miembros participar en otras compañías o especular a escondidas de los demás socios y fueron claramente diseñados para proteger su aventura comercial contra el desastre de Henri de Grivegnée, y en parte de William Kirkpatrick, de quién eran las varias y persistentes deudas que resultaban ser difíciles de liberar. Kirkpatrick, Parkinson Et Cíe fue clausurada el 30 de octubre de 1819[201].

En 1813 doña Francisca y su familia regresaron de Londres a París, donde nuevamente se hospedaron con su hermana Catherine de Lesseps. Fue en este momento cuando hizo su entrada don Cipriano Palafox y Portocarrero, más conocido como el coronel Portocarrero. Después de la evacuación francesa de Sevilla, Cipriano había recibido órdenes para dejar su puesto como comandante del Arsenal y retirarse a Francia con las fuerzas francesas. Las circunstancias que le obligaron a tomar este camino permanecen ambiguas. Es probable que siguiera órdenes, y siguiera el ejemplo de sus oficiales superiores españoles en el Real Cuerpo de Artillería Española, y que, con la confusión política del momento, no hubiera clara alternativa a la autoridad militar legítima.

Cipriano estuvo en París como oficial español prestando servicio con las fuerzas francesas y luego como semi-prisionero de guerra. Él se convirtió en un visitante habitual en la casa de los Lesseps. Fue allí donde primero conoció a María Manuela Kirkpatrick y Grivegnée y a su madre doña Francisca[202].

Paula de Demerson ha encontrado una carta fechada a principios de 1813 de doña Francisca a Eugenio que demuestra cómo ella intentó intervenir para intentar una reconciliación entre Eugenio y Cipriano. La presente significa que la amistad entre Cipriano y el viejo de los Kirkpatricks había sido formada unos tres años antes de se volvieran a encontrar nuevamente en Málaga. Esto dice demasiado sobre los puntos de vistas políticos de William Kirkpatrick. Cipriano fue un distinguido liberal y probablemente sostuvo la opinión anticlerical que iba con sus

---

201 AHPM, Sig. 3.946/771 y 3.943/407, procedente de la obra de Manuel Muñoz Martín.
202 Kurtz, Harold, *The Empress Eugénie*, London, 1964, pp. 8-10. ofrece un análisis de la situación de Cipriano cuando llegó el colapso del régimen de Napoleón y los Borbones fueron restaurados en el gobierno debido a las victorias aliadas.

avanzadas teorías políticas[203]. En 1813 el porvenir de Cipriano era muy incierto. Incapacitado para regresar a España, rehus sus propios ingresos procedentes de sus haciendas y renunci a sus títulos, él fue meramente otro oficial español en apuros con pocas posibilidades más que la de existir con la media paga mientras la situación política se deterioraba. Pero los Kirkpatricks le habían ofrecido amistad y ayuda en tierra extranjera cuando su situación era también incierta.

La amistad entre los Kirkpatricks y el idealista coronel español, lejos de casa, herido y desfigurado, debió tener lugar durante este tiempo. El coronel parece haber estado en una situación muy delicada, al igual que su lealtad con las ideas libertadoras del nuevo orden de Napoleón estaban ahora en conflicto con sus lealtades a España. Estaba también enfrentado a su hermano Eugenio, conde de Montijo, quien rechazó enviarle sus rentas desde las haciendas de Teba. Para la joven María Manuela y sus hermanas seguramente fue una figura romántica. Si acudimos a su retrato, evidentemente era un hombre apuesto de aspecto ágil y militar, pero atemperado por un parche negro en el ojo y sus extremidades dañadas.

Don Cipriano se convirtió en un visitante habitual de la casa de Kirkpatrick en Málaga después de su regreso de Francia. Cartas en el Archivo de la Casa de Alba muestran cómo el coronel Portocarrero permanecía en Churriana en abril de 1816. En gran desaprobación con Madrid, era más conocido como un liberal y un *afrancesado* que había luchado por Napoleón y estaba bajo licencia especial del Rey, que le había dado permiso para visitar España con el fin de arreglar sus asuntos con su hermano el conde de Montijo. Estaba en mala salud, además padecía de sus viejas heridas y corría el peligro de prolongar en demasía su permiso.

Que Kirkpatrick se relacionara y simpatizara, en su propia casa de Málaga, con un marginado liberal con fuertes puntos de vista napoleónicos es un indicador firme de las propias simpatías de nuestro personaje[204]. Los dos hombres debieron compartir sus problemas afectuosamente y debieron departir sobre sus comunes puntos de vista políticos. William Kirkpatrick se pas casi toda la vida en el continente europeo y claramente había adquirido el más amplio punto de vista intelectual de un hombre "moderno" de Europa. Un hombre que en 1817 había hecho muchos progresos desde el regionalismo de su niñez en las fronteras escocesas de Dumfries.

En el archivo de la Casa de Alba se conserva una breve carta familiar de William a Cipriano, fechada el 30 de marzo de 1816, que revela mucho

---

203 Seward, Desmond, *Eugénie, The Empress and Her Empire*, Sutton Publishing, Stroud, UK.2004, pp. 2-4.
204 Demerson, Paula de, *op. cit.*, p. 191.

acerca de la amistad entre ambos. El contenido de la misma se refiere a asuntos mundanos de negocio, restricciones de cuarentena y retrasos en la correspondencia de Bernard Henry, cónsul americano en Gibraltar. Si bien el tono de la carta es bastante interesante. Evidentemente tienen lugar en términos muy familiares. Sabemos que William usa palabras que deben ser bien conocidas para ambos. Afectuosamente le desea la mejor salud y le llama "Sr. y amigo"[205].

María Manuela se casó con el elegante coronel en Málaga el 15 de diciembre de 1817. En un tiempo en el que las alianzas de matrimonio tendieron a ser tantos aspiraciones sociales como planificación financiera. Y es que esta boda fue mucho más que una unión matrimonial por amor. No era sólo una declaración sobre la posición financiera de Kirkpatrick, que estaba todavía presente en este período tras Waterloo, sino que también marcaba su lugar en la sociedad y sus puntos de vistas políticos. Pero nuestro coronel "sin dinero" no fue aprobado por William Kirkpatrick como marido de su hija mayor. William se resistió al matrimonio de ambos y no asistió a la boda. No obstante resultó ser una desafortunada alianza que cambió la fama y fortuna de todo el clan Kirkpatrick.

No obstante, desde principios de 1818, sabemos que William llegó a estar preocupado por el inmediato cambio de rumbo de su vida. Durante las negociaciones con los Montijos sobre los acuerdos matrimoniales de su hija, William se enteró de que debía ser reemplazado como cónsul americano. Acaso las importunas noticias pudieron proceder de amigos en Washington o quizá posiblemente de ciudadanos de Estados Unidos residentes en Málaga, pues William llegó a acusar a un americano en Málaga de conspirar contra él, utilizando la bancarrota de la casa de Grivegnée, para quitarle el puesto consular estadounidense.

Debió de ser éste un período duro para Mr. Kirkpatrick. Sus actos y despachos consulares durante este tiempo revelan mucho sobre su carácter y sobre su calidad humana. Convocó a su escribano don Juan de la Sierra y a todos sus amigos españoles y colegas diplomáticos para su defensa; y, cómo no, también escribió a sus contactos en la Marina Estadounidense en busca de apoyos.

La razón oficial de su despido permanece oscura. El recién designado secretario de Estado, John Quincy Adams le destituyó del puesto y nombró en su lugar a George G. Barrell. Este Adams fue el segundo hijo del anterior presidente John Adams, que había sido instrumento en el nombramiento inicial de William.

Adams llega a admitir que el grupo de presión de Barrell, o su

---

205 Archivo de la Casa de Alba, C.51-8.

constante persistencia para conseguir el puesto le irritó y que por ello llegó a reprender duramente a Barrell. No obstante, Barrel había llegado al Departamento de Estado con la recomendación de John Adams, y el joven muchacho parece haber tenido muchas ganas de contradecir a su padre el anterior Presidente. Si bien James Monroe, recién elegido Presidente, que había entrado en funciones el 4 de marzo de 1817, también quiso el nombramiento del señor Barrell. Éste fue el Presidente que más tarde dio nombre a la 'Doctrina Monroe' y obtuvo la compra de Florida de la Corona Española.

Cuando Monroe fue secretario de Estado tuvo bastante trato con William. Esto puede haber influenciado su actitud y su decisión final. Pero sus escritos contienen al menos una carta respaldando la retención de William en el puesto consular. Oliver M. Perry le escribió a Monroe el 5 de septiembre "para recomendar que Mr. Kirkpatrick fuera mantenido como cónsul en Málaga"[206].

Pero parece que finalmente hizo mella el informe de Robert Montgomery de 1812 quejándose del pobre juicio de William y de los envíos partidistas que hizo hacia los franceses.

Escribiéndole a su padre en 21 de diciembre de 1817, John Quincy Adams hace ciertos comentarios que dan especial mordacidad a los acontecimientos en torno a la remoción de William. Será éste el momento en el que el mundo construido celosamente por William parecía desmoronarse estrepitosamente. El nombramiento de Barrell parece casi casual; la destitución, una desconcertante molestia[207]:

> Sus cartas de 25 y 26 noviembre, y del 8 han sido recibidas. De Mr. Mason, el portador de la primera, he visto mucho menos de lo que pude haber deseado; Y de Mr. Barrell, que trajo la segunda, poco más; viniendo no sólo con su recomendación sino con un libro con otras más, todas altamente respetables; él empujó su impertinencia al punto que perdí mi temperamento, de lo cuál él era en realidad más culpable que yo. Él obtendrá el puesto que solicita, aunque hay al menos otros tres candidatos tan respetables, y dos de ellos casi tan importunos como él mismo. Recuerdo reír a carcajadas en la descripción de uno de los discursos de Quincy, sobre robustos mendigos deseando la oficina aquí en Washington, y algunas veces estoy fuertemente tentado de hacer una copia en forma de hoja de almanaque y colgarla sobre la repisa de mi despacho en el Departamento, para el entretenimiento de esos caballeros,

---

206 *A Comprehensive Catalogue of the Correspondence of James Munroe* - Oliver M. Perry to James Munroe. ALS. ICHi; Perry Papers p. 703.
207 *The Writing of John Quincy Adams 1767 – 1848*, Editado por Ford, Chauncey Worthington, Nueva York, 1913, Volumen 6. páginas 274 -5.

mientras me siento con amarga civilidad y leo los papeles comprobantes y los testimonios, y los patéticos relatos que respaldan sus reclamaciones a la oficina, por la cuál no van a conseguir más que se convierta en sí en una nueva máquina para quejarse, lamentarse y reclamar implorando por más.

De la completa tribu (...) con quien yo aún he tenido que tratar Mr. Barrell era, pienso, el más intrépido y pertinaz, hasta que me encontré, en defensa propia, obligado a darle una dura reprimenda. La cuál él aceptó para disculparse ante mí, por estar poco familiarizado con el protocolo, y comenzó a embadurnarme de alabanzas, lo que me trajo realmente al borde de mi paciencia. Creo que él ha sido inconsciente con el protocolo tanto con el Presidente como conmigo, pues cuando mencioné su nombre y mostré sus escritos, el Presidente sonrió y me llevó a tomar la designación de él inmediatamente, que no quería escuchar más sobre el asunto. Siendo esto una pieza secreta de historia, yo le debo pedir a usted que la reciba como confidencial; no obstante, todo ello, me atrevo a decir que Mr. Barrell era enteramente digno de su recomendación y será un buen oficial.

Quizá James Monroe presintió que por fin ya había llegado el momento de una cara nueva acaso un hombre joven. Las nuevas administraciones americanas hicieron rápidos cambios de oficiales sobre un amplio rango de puestos. Quizá ante la mirada de los americanos, William había estado muy próximo a los británicos o acaso a la jerarquía política española, aunque ello más bien parecía interesante para un puerto Consular. Su preocupación pudo haber estado en los fracasos de la casa de Grivegnée, que habían manchado su reputación y que afectaría a la dignidad del Consulado y al decoro de la República. Pero algunos miembros de la comunidad americana local habían cambiado su actitud contra él o justamente vieron la oportunidad de asumir el control de un puesto prestigioso y provechoso, que pensaron debería estar ostentado por un ciudadano de nacionalidad americana.

El tono de los diversos testimonios que Kirkpatrick, y su escribano Juan de Sierra, obtiene en su defensa sugiere que William ciertamente pensó que ellos podrían hacer frente a los comentarios superficiales acerca de su carácter. Sin embargo, los americanos son muy prácticos en estos asuntos y el Departamento de Estado en Washington pudo haber temido que William no podría hacer frente a facturas impagadas y ya no podría financiar ni el Consulado ni las demandas de la marina de los Estados Unidos. Esta opinión es contrastada por una carta que William escribió a su viejo amigo el comodoro Bainbridge, pidiendo su ayuda, quien le reconforta manifestando que sus amigos siempre encontrarían los fondos que necesitara para el puesto Consular y el apoyo financiero para la compra de suministros Navales.

El cónsul local de los Estados Unidos estaba obligado a aprovisionar los barcos de la US Navy o al menos conseguir el crédito necesario para la compra de suministros. Normalmente él hacía esto cambiando en efectivo o con un pagaré de los capitanes de los barcos. Si el crédito de William Kirkpatrick estaba arruinado por el fracaso de sus empresas mercantiles, por entonces su firma quedó sin ningún valor y su reputación como cónsul gozó de menor importancia. Tanto fue así que llegó a manifestar que el solvente crédito de sus amigos vendría en su ayuda, y refrendarían sus facturas expedidas en nombre de la Marina de Guerra Americana o las cobraría en efectivo con los fondos necesarios para resuministrar la flota.

El registro incluye un extracto de la presente al comodoro Bainbridge, de la marina de los Estados Unidos.

"Tengo ahora el favor de preguntarle, brevemente esto: me han asegurado que las desgracias de mi casa están destinadas a convertirse en una manija del empeño para removerme del cargo; las solicitudes para el consulado han sido o están dirigidas por un americano aquí, y aunque tengo mucha confianza de que el gobierno es demasiado justo para pensar en reemplazar a un viejo servidor, que tiene siempre respaldado su puesto con dignidad, y que no se ha interesado en el cumplimiento de sus deberes adjuntos a su oficina porque sus circunstancias son reducidas, pero lo haré infinitamente obligado para su investigación sobre el asunto y, con el uso de su influencia, para impedir cualquier cambio que se lleve a cabo. La marina siempre ha estado presta y bien servida, lo mismo ocurrirá por tanto en adelante, pues tengo amigos que ofrecerán cualquier suma que pueda ser requerida para sus suministros"[208].

E 25 de marzo de 1818 William escribió a John Quincy Adams:

"La adjunta está duplicada de mi último despacho para su departamento, que desde entonces he sido honrado con su despacho de 12 de enero, en el cual usted tiene el gusto de mencionar que había sido aprobado Mr. G. G. Barrell, habiendo sido nombrado para el consulado en Málaga. Ésta, sin embargo, es la primera información oficial que me ha llegado, por consiguiente muy ansiosamente espero sus (...) consejos sobre la materia, como yo sin duda aprenderé del Cónsul, de mi remoción de una oficina que ahora he mantenido durante dieciocho años, en los cuales he dedicado todo el esfuerzo posible a favor de los ciudadanos de los Estados Unidos, sobre cada ocasión, apoyando mi puesto con dignidad, nunca (?) he estado esperando para el cumplimiento de mis deberes, como usted señor puede confirmar por referencia a mi correspondencia con sus predecesores en el Departamento de Estado o por los diversos comandantes de la Marina que han visitado este Puerto. Si el cambio

---

208 RG 59, General Records of the Department of State, *Applications and Recommendations for Public Office, 1797-1901*, Madison 1809-1817, Box 6 (film M438) US National Archives.

ha sido efectuado a causa de falsas declaraciones de personas insidiosas, confío en que la Justicia, tan característica en el gobierno americano, me permitirá tener la oportunidad de aclarar mi carácter, y hacer que los detractores salgan a la luz. El señor Barrell aún no ha llegado aquí (...)".

William hizo los esfuerzos más extenuantes para evitar esta pérdida de estatus e ingresos. Recuperó suficientes energías y la voluntad necesaria para pasar a la contra y, en la búsqueda de apoyos, recibió la solidaridad de sus más prestigiosos contactos. De su notario, Juan de la Sierra, obtuvo una larga serie de elogios y cartas de recomendación a partir de las figuras más relevantes de la ciudad de Málaga. Esto incluía a personajes de ambos poderes, civil y militar, así como a otros cónsules. En las propias palabras de William, obviamente traducidas del español para el Secretario de Estado, pretendió probar y

"ratificar su identidad, el grado de estimación que disfrutaba en la plaza, su conducta, actitud y comportamiento. Suplicando a Su Excelencia que pudieran pasar como testigos, para ser examinados, quienes pudieran declarar al respecto: "librándome el despacho original, todo lo cual pido en justicia y razón".

Los archivos Americanos del Departamento de Estado contienen cartas de apoyo no sólo del hermano de William, Thomas, en calidad de cónsul y agente comercial para los ducados germánicos de Holstein y Lunenburg, sino también de su amigo, William Laird, cónsul británico, así como de los cónsules franceses, austriacos, prusianos, y también de Emil Schotte, cónsul danés, Guillermo Rein, cónsul General para los estados Hanseáticos, y el cónsul del Reino de Sicilia.

Estos testimonios muestran el alto grado que había alcanzado William, por sus propios medios, tras los desastres de la Ocupación Francesa y sus secuelas. "Don Rafael Trujillo y Molina, caballero, Gran Cruz de la Real y Militar orden de San Hermenegildo, Mariscal de Campo de los Reales Ejércitos, Gobernador Militar y Político de esta plaza (Málaga), intendente subdelegado de rentas de la misma y su provincia marítima y juez conservador de Extranjeros", tuvo el cuidado de declarar competente su firma manifestando que él firmaba en calidad de Auditor del Tribunal de Guerra.

"Habiendo visto este expediente, Su Excelencia por ante mí el escribano dijo; debía de aprobar y aprobaba cuanto ha lugar en derecho la antecedente justificación, como contraídos a la conducta de don Guillermo Kirkpatrick en el ejercicio del consulado de los Estados Unidos de América que ha desempeñado y desempeña, pues fuera de los acontecimientos desgraciados de las quiebras de las Casas de Comercio a que ha correspondido, cuyo conocimiento es del Real Tribunal Mercantil, en el particular de su carácter de cónsul se ha manejado con exactitud política y buena correspondencia con las Autoridades Españolas, de modo que no se ha dado ninguna queja contra el referido la cual penda en el Juzgado de Extranjeros, ni Su Excelencia ha tenido que notarlo en su comportamiento lo más mínimo, por lo cual se entregue este expediente original al don Guillermo para los fines de su derecho, habilitándosele por su exhibición las copias o testimonios que solicita."

Otros dignatarios locales incluidos: don Fernando Chacón Manrique de Lara, conde de Molina y Toribio y Brigada General de los Real Armada que certificó que

"desde tiempos pasados por amistad, interacción y comunicación, William Kirkpatrick es una persona de una conducta decente, buena vida y costumbres, preciso en el descargo de sus obligaciones y adornado con las mejores aptitudes, por lo cual merece una distinguida estimación en esta ciudad, lo cual es, en honor a la verdad, de todo lo que tengo conocimiento y puedo exponer, y para que pueda surtir efecto en derecho, lo firmo en Málaga".

Otros signatarios fueron: don Joseph Argumosa, coronel de los Reales Ejércitos y teniente del Rey en esta plaza, el Dr Don Joseph Fermín de Tautequi, fiscal General del Tribunal de Guerra, y don Carlos Engracia Carrasco, también coronel militar y alcalde de Málaga.

Don Joseph Mariano de Llanos, director independiente y primer fundador de la Real Compañía Marítima,

"con su mano derecha en el pecho juró decir la verdad sobre cuanto podría saber y podría ser preguntado y, estando sobre los términos de la petición en la cual este asunto tomo su origen, contestó que él conocía a Wm. Kirkpatrick, cónsul de los Estados Unidos de Norte América en el Reino de Granada, residente en esta plaza, siendo una persona de probidad y bien fundado crédito, buenas costumbres, mejor conducta y justa administración. Que merecía la mejor recomendación en esta ciudad, asociándose con personas de primera clase y disfrutando con ellos de toda la consideración a que tenía derecho por su buena conducta, lo cual es todo lo que él sabe y puede decir sobre el asunto."

Todos tomaron juramento y varios le describen como un hombre correcto y digno de cumplir su cargo con honor.

Estas cartas de recomendación fueron enviadas a Washington para ser puestas ante el secretario de Estado. Pero ya era muy tarde, las mentes resolvieron, y sus ilustres testimonios no le hicieron ningún bien. Barrell navegó desde Bostón a mediados de abril de 1818 para tomar posesión del consulado.

A su llegada a Málaga el 3 de junio, George Barrell entregó su carta de nombramiento a William, suponiendo que él ya había escuchado sobre su destitución del secretario de Estado, esta claro que William, mientras bien aguardaba la llegada inminente de Barrells, no había recibido explicación oficial, ni dio apariencia de haber recibido alguna. William manifestó que tendría las cuentas del consulado preparadas en pocos días. Aunque había luchado duro para retener el puesto, tanto él como Barrel parece se comportaron con dignidad ante la situación. William también pidió algún tiempo más para aclarar los asuntos pendientes, en particular el de Mr. Richardson.

En 10 de junio de 1818, Barrell escribió a John Quincy Adams manifestando que había atrasado la entrega del negocio consular por algunos días porque William Kirkpatrick quería terminar un asunto entonces en sus manos, concerniente al estado de Mr. Richardson, que se suicidó y era ciudadano americano. Como la conclusión de este negocio tendría lugar en pocos días, y daría muy probablemente a Mr. K. una comisión de aproximadamente quinientos dólares, yo "placenteramente accedí y deseo que tome su tiempo".

Al mes siguiente, el 1 de julio 1818, William escribió al Secretario de Estado en tono ofendido.

"Sobre la llegada de Mr. Barrell aquí hace tres semanas tuve el honor con su carta del pasado 24, en la cual observé con pesar que no contenía la más mínima referencia sobre los motivos que habían inducido a la presente remoción mía desde el despacho, tal como me había imaginado a mí mismo, yo había reclamado y consecuentemente me tomé la libertad nuevamente de requerir su amable atención para lo cual le escribí sobre este asunto el 26 de marzo (...)".

"Sobre el día 26 entregué a Mr Barrell, de conformidad a vuestros deseos, los sellos de la oficina, el escudo de los Estados Unidos, los Libros de Protestos y otros vinculados al consulado, con los papeles sobre la Nueva Navegación, el único negocio consular inacabado, que (permanece?) bajo mi dirección".

"Usted encontrará adjunta una nota de gastos desembolsados por mí a cuenta del gobierno desde comienzo de 1818 por la suma en centavos de 18.95 $, de los cuales 11 $ por los meses de sueldos adelantados de Hubbert del pasado octubre, por la descarga de su bergantín Zephyr, perteneciente a Charles Colbuson, los otros dos meses yo pagué (?) reciente al momento de enviarle a bordo del barco americano Constelación, en el cual fue admitido como pasajero por el comodoro Shaw, por el pequeño balance que me sigue siendo debido de 7.95 centavos de dólares, de los que he tomado la libertad de plasmar a su vista, a la orden de Wm. Wilson.

Una nota a pie de página final sobre la pérdida de su puesto consular yace en los registros en los Archivos en Washington.

"KIRKPATRICK, WILLIAM. En 18 de Julio de 1818. Málaga, acusaciones contra George G. Barrell, cónsul de los Estados Unidos". Circular ofreciendo los servicios de Kirkpatrick y Co. para tramitar cualquier negocio que el Gobierno pueda requerir en esa plaza[209].

Aunque William pudo haber creído que él perdió el consulado por la bancarrota del negocio de su suegro y la confabulación de los americanos locales, más bien parece ser que fue simplemente la persistencia de Barrell la que ganó la batalla.

No está claro si la pérdida del consulado y del estatus social fue el origen de la apresurada partida de William de Málaga, pero sí sabemos que retuvo a sus viejos amigos y contactos según muestra su correspondencia con William Laird, a quién envía vinos y jamones. Su conocimiento del gobierno le había ayudado en sus batallas contra el oficialismo español por sus empresas de plomo. Las autoridades en Granada mostraron un grado de proteccionismo comprensible, que puso obstáculos a sus esfuerzos para exportar el mineral de plomo desde las minas situadas en las montañas de Adra y Motril.

Así a finales de 1817 y principios de 1818 tenemos una situación contradictoria. Por un lado William debe dejar el consulado debido a las implicaciones financieras, su conexión con la quiebra de Grivegnée y por otra parte tenemos los informes de su opulencia. Ampliamente reportado por haber sido un suegro muy acaudalado al tiempo del matrimonio de su hija con Cipriano a finales de 1817 quien, en contraste, es llamado usualmente empobrecido, aunque su condición fuera aliviada por los ingresos de las haciendas de Teba, que goteaban a regañadientes a través de su hermano.

De las pruebas que tenemos al alcance, debemos suponer que William pudo restablecer su negocio actuando en combinación con su hermano Thomas y William Parkinson, y que su previa reputación le ayudó durante algunos años. El período de 1820, aunque cargado con dificultades políticas y comerciales, fue lo suficientemente confortable. No obstante es significativo que comenzara a desviar sus intereses de comercio en Málaga para extraer recursos naturales en una zona alejada. Visto los desastres que además hundieron a su suegro, su aventura minera fue eventualmente un éxito y dice mucho sobre su visión sagaz y previsora, tan típicamente escocesa. Había sentido el viento en su espalda y decidió que era hora de seguir avanzando.

---

[209] *Calendar of Miscellaneous Letters Received by the Department of State from the Organization of Government to 1820.* U.S. G.P.O. 1897.

15. Últimos Días en Málaga

Don Enrique Kirkpatrick, descendiente de William Kirkpatrick, comenta que los "patriotas" encarcelaron a William en algún momento después de la salida de los franceses y que esto fue probablemente la razón subyacente para el colapso de sus plantaciones en 1821. Así, parece ser que estas empresas de algodón fueron el soporte principal de su relativa prosperidad durante el período entre 1812 y 1821. Su nombre comercial quedó comprometido por las deudas atrasadas dejadas por los franceses unos 18 años antes y su estatus financiero nunca se recuperó completamente.

La reacción violenta contra el Liberalismo y las represiones del rey Fernando del periodo entre 1814 y 1820 causaron un arrebato de cólera popular que llevó a la insurrección del coronel Riego en Cádiz en 1820. Esta ola de represión se sintió también en Málaga y es probablemente la razón subyacente para la marcha de Kirkpatrick a Motril y el cambio de su negocio hacia la minería, aunque la decisión estuvo claramente basada en los efectos de una serie de complicados acontecimientos.

Un diplomático anónimo escribiendo sobre Napoleón III en 1865 comenta:

"Pero tan grande había sido lo respetable de su nombre (de William Kirkpatrick), tan considerable, que la reputación de su casa privada por mucho tiempo sobrevivió a la caída de la firma. El salón de Kirkpatrick, animado por las tres hijas, mantuvo su gloria y poder de atracción (...) como para ser considerado – desde tiempos antiguos - una distinción envidiable.

Kirkpatrick sin embargo, en el transcurso del tiempo, llegó a ser poco afortunado en su negocio, que cuanto más crecía, más fuertemente se vio afectado por las convulsiones cosmopolitas, que estremecieron las relaciones comerciales por mucho tiempo después de la restauración del viejo sistema en Europa.

Él cerró o vendió sus almacenes en Málaga y "nunca los abrió otra vez. (...) cuando de nuevo se adentró en los negocios, cruzó hacia América (sic. por Almería), donde hizo algo de dinero trabajando en la minas de plomo y donde murió"[210].

Seguramente es un simple error de transliteración con Almería, provincia situada al este de Málaga, donde él se trasladó cuando abandonó

---

210 Anónimo, *Napoleon the Third and His Court*, Ibid, pp. 243-244.

la capital malagueña hacia 1821. Aunque ello ha conducido a muchos a afirmar que falleció en América.

La bancarrota de la casa de Grivegnée y Cíe., durante el período después que los franceses evacuaran Málaga, desató una cascada de desastres financieros en las familias Grivegnée, Gallegos y Kirkpatrick. Manuel Muñoz Martín en Los promotores de la economía malagueña del siglo XIX ha catalogado una larga serie de testamentos y escrituras notariales referentes a este incidente y los acontecimientos que siguieron. Estas finanzas indeterminadas, propias de William Kirkpatrick, llevó a toda la familia a tomar medidas legales para proteger sus activos.

Vecina en la Alameda de Thomas Kirkpatricks, la familia Larios tuvo que sufrir un destino similar cuando Manuel Domingo Larios Llera murió en Málaga, con la circunstancia de que su compañía mercantil la sociedad Manuel Domingo Larios y Hermano estuvo en liquidación en 1831. La familia entonces regeneró una nueva empresa, Larios Hermanos y Cía., con nuevo capital de otros miembros familiares[211].

Paula Demerson bosqueja unas cartas de Cipriano, que registran que María Manuela quedó sumamente afligida por la muerte súbita de su madre y que su testamento dejó activos que sumaban 51.243 reales y 17 maravedíes para su hija mayor, para ser administrados en confianza por Cipriano hasta su propia muerte. Cipriano está tan preocupado por la pérdida de peso de su esposa que la lleva a Granada como distracción. Comenta que languidecerá si ella no pone pronto remedio. Si bien esto puede ser parte de la continua batalla de Cipriano con su hermano Eugenio por los ingresos de sus haciendas, ello demuestra que el conde estaba en Málaga en este período y tuvo libertad de movimiento por Andalucía. Estas cartas también demuestran que ambos, él y su esposa, tuvieron acceso a Churriana y su propiedad en Ardales.

Enriqueta Kirkpatrick, hermana de William, no fue insensible a estos problemas. En su testamento, otorgado el 29 de agosto de 1816[212], refiere cómo en 1808, sin duda durante su visita a Francia, ella había dado a su hermano William la sustancial suma de 1.700 libras esterlinas. Martín publica parte de este documento, en el que se indica que esta cantidad era equivalente a 148.923 reales de vellón, de cuyo importe sólo tenía la propiedad de 500 libras, siendo el resto propiedad de sus hermanas Ana y Jacoba, vecinas de Dumfries.

En este documento testamentario, otorgado el 29 de agosto, ella manifiesta que cuando la Casa de Grivegnée fue declarada insolvente el

---

211 Manuel Muñoz Martín, *Ibid*.
212 AHPM, ref. 3.944/415, y Manuel Muñoz Martín, p. 144.

Tribunal del Consulado intervino todos los bienes y no percibió nada. Dispuso que una vez esta suma fuera cobrada, la mitad de ello iría para sus sobrinas, las tres hijas de William, y la otra mitad a su ahijado Carlos Chequero, que se encontraba en Francia.

La muerte de su esposa en 1822 y las repercusiones consiguientes con la dispersión de sus activos provocó el retiro final de William de Málaga. Ello fue un tanto precipitado por la costumbre de usar las dotes de las esposas e hijas para capitalizar empresas comerciales. Las jóvenes hermanas, las tías y los socios depositaban su capital excedente en empresas familiares antes que en los fondos del tesoro del gobierno. La consecuencia era que una combinación de muerte y adversidad comercial en la familia podría acarrear el desastre.

La consiguiente descapitalización de sus empresas mercantiles parece haber sido la mayor contribución para su defunción comercial. Está claro que las hijas de Kirkpatrick estuvieron ansiosas por asegurar el legado de su madre, sin estudiar acciones contra su padre, pero sí velando por su herencia frente a los acreedores de su padre. Esto obligó a William a cobrar en efectivo o liquidar sus bienes de tal manera que parecieran ser legítima propiedad de su esposa y así pasar directamente a sus hijas.

Pero existen fuertes indicios de que Kirkpatrick hubo obtenido otros activos lejos de los ojos de los oficiales de Málaga. Había iniciado sus aventuras mineras en Motril algunos años antes. Teniendo la ventaja de estar alejadas de la curiosidad de los oficiales municipales en Málaga, y quizá más importante aún, estaban distantes, fuera de la vista de sus recelosos acreedores. Pero fueron también deseos de independencia frente a gobiernos extranjeros y autonomía con respecto al crédito comercial extranjero. Las minas podrían ser administradas con capital local que podría ser encontrado dentro de España. Su hija Henrietta estuvo casada con un Cabarrús que todavía debía tener contactos bancarios en Madrid y los Reins y Lorings habrían tenido capital de reserva para invertir.

Un estudio de estos documentos testimoniales demuestra que mientras William retuvo la custodia de la dote de su esposa para un reparto eventual entre sus hijas, él también había usado estos fondos para comprar propiedades y capitalizar sus diversas empresas comerciales.

Además había emprendido un gran número de obligaciones interfamiliares en forma de garantías y fideicomisos por las dotes y otras garantías, que él invirtió en la Compañía de Henry de Grivegnée Et Cíe y en más sociedades mercantiles y acuerdos comerciales.

Cuando doña Francisca murió repentina y trágicamente el 14 de febrero de 1822, sus asuntos fueron tratados bajo las disposiciones que habían sido otorgadas en marzo de 1808 para proteger su dote y poner a salvo la herencia de sus hijas durante los tiempos convulsos que se acercaban a Málaga. Sus albaceas fueron: su padre don Enrique Gallegos, su tío Francisco, y su hermano Enrique, así como su cuñado Michael Narciso Power, y también su cuñado Thomas Kirkpatrick. Ella dejó todo su patrimonio a sus tres hijas.

Mientras esta disposición, tal vez, pudo haber sido idónea durante la ocupación francesa y sus secuelas, cumpliendo con sus condiciones, en gran medida, contribuyó a la caída de la casa de Kirkpatrick. La necesidad de encontrar sumas sustanciales para pagar a sus hijas y para liquidar activos como la casa en Churriana y otros bienes hereditarios, extrajo capital desde los negocios y acarreó calamidades. Según un documento fechado en 1822 parece que William también había comenzado a sufrir mala salud[213].

En documentación escrita el 28 de junio de 1822, el mismo William culpó a la pasada guerra con Francia, y a otros episodios, de las grandes pérdidas en su comercio que habían reducido al mínimo su fortuna, manifestando que los "bienes que él tiene hoy son plenamente propiedad de mi difunta esposa, que tenían que ser divididos entre mis hijas". Kirkpatrick hubo cedido su cortijo El Veedor, situado en Churriana, a sus hijas, quienes, en 17 de mayo de 1823, lo vendieron a Francisco Javier Abadía[214].

William fue incapaz de ocuparse de estos acuerdos personalmente y delegó la tarea en William Rein, el cuál cumplió en 20 de julio de 1822. Estos bienes estaban inventariados con el cortijo El Veedor, cerca de Churriana, y comprendieron las ropas de su esposa, joyas, la cristalería de toda la casa y una yunta de bueyes.

Esta vez William fue incapaz de buscar ayuda de su suegro: la familia Grivegnée estaba virtualmente en la miseria hacia 1818. Una serie de acciones legales forzaron su bancarrota y le habían despojado de sus activos, dejando su casa desnuda de muebles, la cual ya había abandonado. Quedó rescatado sólo por un regalo de 17.000 reales de vellón y más tarde otro de 20.000 reales de vellón que llegó por carta para José Gallegos en Virginia y fueron declarados como pagos adicionales de la dote, para impedir que también fueran retenidos por la Corte. Estos problemas en gran medida afectaron su salud, sufriendo además de perlesía o pleuresía que le impedía atender su negocio. Henri falleció en febrero de 1822, su funeral costó a sus parientes 3.902 reales de vellón[215]. William tuvo su independencia, pero en circunstancias tan inquietantes que nadie las habría predicho durante la década anterior.

---

213 AHPM 3,949, f. 730, y Muñoz Martín, Manuel, *op.cit*, p. 137.
214 AHPM 3.950, f. 209.
215 Muñoz Martín, Manuel, *op. cit.* 143 y AHPM 3,631, f. 312.

16. El Trienio Liberal y Sus Secuelas, 1820 – 1823

Plaza de la Constitución, Málaga en el siglo XIX

Años después de su matrimonio, Cipriano, conde de Teba, había comenzado a jugar un papel notable en la sociedad de Málaga. Quizá pudo haber estado motivado por su ambiciosa mujer, quien habría sido también consciente de la oportunidades sociales que estaban empezando abrirse para ella, como condesa de Teba y miembro de la familia que poseía el ducado de Granada. Aunque sus ingresos fueron modestos, su rango dentro de la sociedad andaluza, más que en la comunidad extranjera de Málaga, estaba muy por encima del de sus padres y su círculo de amigos. No obstante, la infamia que recayó sobre Cipriano debió haber puesto a prueba a María Manuela y debió hacer mella en sus ambiciones.

Los dramáticos acontecimientos en torno a la efímera figura de Cipriano resaltan la situación en Málaga a finales de este breve período de control Liberal. Este drama familiar pudo haber contribuido a los motivos de William para abandonar la ciudad.

Fallaron los intentos por restablecer un Constitucionalismo o un régimen Liberal en Madrid durante los años que siguieron a 1814 y los

Liberales españoles tuvieron que aguantar un régimen paulatinamente incompetente y reaccionario en la capital del país. Pero a principios de 1820 todo eso cambió drásticamente. En enero, el coronel Rafael del Riego y Núñez encabezó una rebelión militar en Cádiz y se dispuso a marchar sobre Madrid para proclamar nuevamente la constitución Liberal de 1812[216].

"Influido probablemente, además, por su propio espíritu atrevido y aventurero, (el Coronel Riego) determinó marchar sobre Málaga, y se esforzó en alentar un alzamiento en esa ciudad. La columna avanzó hacia Málaga por caminos penosos, entre las montañas y el mar, siendo su retaguardia continuamente acosada por la caballería bajo el mando de O'Donnell. (...) sin embargo, se quitó de encima la columna que le perseguía y avanzó hacia Málaga. El gobernador había reunido algunas tropas y había tomado posición frente a la ciudad; pero al primer fuego se retiró y cayó sobre Vélez Málaga. Las tropas de Riego entraron en Málaga, la cual exhibía un aspecto singular y ambiguo. La ciudad estaba iluminada y las aclamaciones se escuchaban desde las ventanas; sin embargo todas las puertas estaban cerradas y nadie determinó comprometerse en una causa, de la cual malos agüeros ya se habían formado. En los doce días siguientes, las columnas de O'Donnell fueron vistas acercándose. El ataque estaba a punto de iniciarse y un obstinado conflicto tuvo lugar en las calles de la ciudad. Los constitucionalistas tuvieron éxito en repeler a O'Donnell, que tomó sus cuarteles por la noche a media legua de Málaga. A pesar de este éxito, Riego, al mirar a su alrededor, no podía ver ninguna esperanza de mantenerse en su posición. Ningún movimiento fue realizado por los habitantes. Y sus números eran muy insuficientes para poder hacer progresos contra los repetidos asaltos de un enemigo superior"[217].

Aunque la rebelión inicial se gestó en Sierra Morena, la chispa de la revolución había dado una llamarada para iluminar a todo el país y numerosas insurrecciones estallaron. Una fuerza militar que estaba planteada para reprimir a los defensores de la Constitución de 1812, desertó para unirse al lado de los rebeldes. Las noticias excitaron a los elementos progresistas en Madrid que se alzaron en apoyo. Después de los violentos episodios, Fernando VII se vio forzado a jurar la Constitución Liberal de 1812 que él había acordado restaurar en su accesión en 1814 y no había cumplido.

---

216 A pesar de los argumentos sobre Eugenio, conde de Montijo, y su hermano Cipriano, resulta curioso que ambos pertenecieran a la primera logia masónica establecida en Madrid y que un conde de Montijo, según las fuentes, acabara casado con la viuda del duque de Wharton, caballero inglés que instó la fundación de esta logia. El Coronel Reitz que dirigió la revolución de 1820 fue también miembro, así que tampoco es sorprendente que el conde de Teba figure a su lado.

217 *The Edinburgh Annual Register 1808 – 1826*, p. 272. Editor Walter Scott.

Cipriano corrió a defender a Riego y el resurgimiento Liberal. En abril de 1820 los liberales en la ciudad establecieron la Confederación Patriótica de Málaga con el Conde de Teba al frente. Esto debió ser considerado como una gran toma de poder de los militares para la Confederación, ya que, por esta fecha, Cipriano se había convertido en el heredero forzoso de su hermano para el ducado de Granada y como tal se había convertido en un grande local por derecho propio.

El vicepresidente de la Confederación fue el arcipreste del Sagrario de la Catedral de Málaga Francisco López[218]. La presencia de un clérigo prominente dentro de la causa Liberal no era inusual y otros clérigos desafiaron a sus compañeros más conservadores y proteccionistas, apoyando elementos progresistas. Los Kirkpatricks en Málaga parecían estar próximos al tío de Fanny, Francisco Gallegos, perteneciente al clero de la Catedral, y que a menudo oficiaba sus ceremonias religiosas. Sería significativo, pero no sorprendente, que también él fuera más bien del ala ilustrada del clero, y un buen indicador de los más relevantes puntos de vistas políticos de la familia.

Los nuevos gobiernos en Madrid y las capitales de provincia se movilizaron para restablecer nuevamente las reformas del periodo de 1812 – 1813 pero Fernando declinó actuar como un monarca constitucional o ayudar a construir un nuevo sistema de gobierno. La reacción se estableció otra vez, revueltas antiliberales estallaron y un ejército francés bajo el mando del duque de Angoulême invadió el país desde el norte para reafirmar la autoridad de los Borbones. Medidas atroces fueron nuevamente tomadas en contra de los Liberales. Riego fue capturado en Jaén, cerca de Granada, y ejecutado en Madrid el 7 de noviembre de 1823.

Estos acontecimientos estuvieron próximos a la casa de los Kirkpatricks y ellos debieron temer por Cipriano, que finalmente quedó a salvo por la intervención vigorosa de María Manuela, la cual imploró por su vida haciendo frente a una multitud enojada. Tuvo suerte de escapar con vida[219]. Los defensores de la causa absolutista mataron a muchos de sus compañeros en una brutal orgía de venganza. El Rey tuvo a Cipriano arrestado en el sombrío cuartel general de la Inquisición en Santiago de Compostela. Se le permiti más tarde vivir bajo arresto domiciliario en Granada donde María Manuela ya había tomado residencia.

La "reacción de 1823 excedió mucho más en grado y ferocidad a la de 1814. Durante los siguientes dos años, miles de liberales fueron

---

218 Garcí Montoro, Cristóbal: *Historia de Málaga*. Universidad de Málaga, p. 31.
219 Sobre estos eventos es interesante consultar la obra bajo el título *Revolutionary Spain* de Karl Marx, en el *New York Herald Tribune*, agosto – noviembre de 1854.

conducidos al exilio, considerables propiedades confiscadas, varios centenares arrestados y miles de ejecuciones llevadas a efecto"[220].

William tenía 54 años en 1820, quizá pudo haberse cansado del bullicio de Málaga. De las peligrosas intrigas políticas y de los altercados entre cónsules. Su suegro estaba arruinado y en mala salud. Sus hijas estaban casadas, y la lucha por mantener en orden sus finanzas pasaba factura. El anterior régimen, algo liberal, le había permitido recobrar algo de su antigua posición. Pero los días de renovada prosperidad y tranquila recuperación en Málaga se habían acabado. En 1818 William había sido destituido de su puesto consular de los Estados Unidos. Habría perdido entonces lo que quedó de su posición social y política en Málaga y también sus inmunidades diplomáticas. Desde hacía mucho tiempo hubo renunciado a sus funciones como cónsul General de Hanóver y cónsul de Oldenburgo a favor de su hermano Thomas, quien estuvo establecido en el nº 2 de La Alameda, en el corazón de Málaga. Su asociación con William Parkinson también feneció por esta época.

El brote de fiebre amarilla de 1821 habría acelerado su partida. La apurada escapada del conde de Teba refleja su expuesta posición política en Málaga, y confirma cuánto acierto tuvo en mudarse a las más tranquilas aguas políticas de la pequeña población de Motril.

Del Pinto dice que las dos décadas siguientes fueron terribles para España y que los absolutistas conservadores tomaron venganza contra aquellos que se habían beneficiado del régimen francés y que hubieran mostrado tendencias Liberales. Kirkpatrick continuó su comercio de vinos y productos locales desde sus instalaciones en Adra y desarrolló su interés por las minas de plomo de las Sierras. Realmente él y su familia vieron demasiado cerca los problemas políticos que asediaron a España durante tantos años seguidos.

Sólo podemos imaginar la opinión de William Kirkpatrick sobre la meteórica ascensión de su hija mayor, la brillante y dispuesta María Manuela. Durante algunos años después de su matrimonio la pareja vivió en Málaga y el conde de Teba disfrutó de los pocos años de administración Liberal. Cipriano debió quedar arrestado poco después de los espantosos acontecimientos en torno al colapso del gobierno de la Constitución de 1812. La familia Cabarrús tampoco permaneció insensible. Su fortuna familiar fue sucesivamente confiscada y recuperada, tal como los regímenes cambiaban, y sus fortunas políticas pulidas y debilitadas. En medio de estos acontecimientos alarmantes, William habría encontrado el disfrute

220 Payne, Stanley G. *A History of Spain and Portugal, Vol.2.*

en el más seguro matrimonio de Carlota con su sobrino Thomas y el creciente número de nietos que acabaron entre sus manos.

Calle de Gracia, Granada

Algunas noticias afirman que María Manuela estaba con Cipriano cuando él estuvo en Santiago de Compostela; otros dan a entender que ella estaba en Biarritz, quizá formando parte de un grupo de refugiados españoles. Se dijo que ella disfrutaba de libertad debido a las ausencias de su más puritano y antisocial marido, que le dejó disfrutar de la sociedad más sofisticada de Granada. María Manuela efectivamente se mudó a la casa de su marido en el número 12 de la calle de Gracia en Granada y disfrutó del prestigio de su posición social como condesa de Teba y del gran ambiente cultural de una capital de provincia.

María Manuela se había introducido en un mundo muy diferente al de la colonia comercial extranjera en Málaga. Ella tuvo una educación francesa exquisita y estuvo expuesta a un mundo político y social mucho más amplio mientras estuvo viviendo con su tía Catherine de Lesseps en París. Pero ahora ella formaba parte del círculo político y cortesano de los Montijos y las importantes familias Portocarrero Palafox y Guzmán.

El hermano mayor de Cipriano, Eugenio, conde de Montijo, había sido poco afortunado en mujeres. Estuvo casado, pero no tuvo herederos. Exasperada por sus excesos, su esposa Ignacia había obtenido una forma legal de separación matrimonial que había escandalizado a España. Para su desazón ella estuvo luego recluida en un convento, donde murió lamentando su desdicha.

"El 16 de febrero de 1800, Eulalio Guzmán Palafox, conde de Teba, Montijo y su legítima esposa, María Ignacia Idiáquez y Carvajal, decidieron plasmar por escrito su decisión de separarse y vivir cada cual en la casa y lugar que gustasen, con independencia personal plena... Convencidos de que su unión no podía continuar, porque no podían convenir en ninguna cosa, y porque nada podían esperar de este matrimonio, salvo desagrado, discordia y resentimiento.

La familia y, de igual modo, el gobierno llegaron a estar alarmados, y obviaron la ruptura entre las partes implicadas –a pesar de su mutuo acuerdo– ejercieron tanta presión (...) que, al mes siguiente, habían conseguido con éxito enclaustrar a María Ignacia en un convento de Málaga. En una carta de 29 de marzo, ella se quejaba amargamente de haberle dado libertad a su marido "que tuvo el derecho de exigir realmente una solución diferente mientras (ella) tuvo que sufrir el penoso castigo de ver su juventud desvanecerse en la austeridad y la desolación de un convento, insufrible para muchos temperamentos, que pondrá fin a mi vida con angustia y desesperación"[221].

Algunos de los yernos de Eugenio se dieron cuenta de que su muerte le daba la oportunidad a Eugenio de volverse a casar. Les daba la esperanza de un sucesor aparentemente legítimo, que privaría a Cipriano y María Manuela de la herencia Montijo. De este modo planificaron el control sobre la ganancia de las haciendas de los Montijo durante la infancia de su recién hallado "heredero". Este segundo matrimonio asombró a aquellos que lo

---

221 AHN, sig. 3.158/8., extractado de Martín Gaite, Carmen, *Love Customs in Eighteenth Century Spain*, Berkeley, California University Press, 1991.

conocieron. Él era viejo e incapaz, sujeto a terribles furias que evidenciaban los signos clásicos de un grave quebrantamiento en su salud y lucidez. Los subsiguientes acontecimientos sugieren que sus cuñados le manipularon. Estaban desesperados por ver cómo la fortuna Montijo se mantenía dentro de la familia y fuera de las manos de Cipriano y su "extranjera" esposa.

El duque de Parcent, que estuvo casado con María Ramona Montijo, hermana mayor de Eugenio, quizá presentó a la amante de su padre como la nueva esposa, y tuvo lugar alguna "suerte de matrimonio". Algunos dicen que ella era una prima distante, otros que ella era 'un cigarrillo' o, peor aún, una mujer de las calles. Si estas descripciones son correctas, es sumamente difícil que esta alianza hubiese obtenido la aprobación real, poniendo así en duda su validez y complicando efectivamente las cuestiones de herencia. Aunque lo que asombró a todo el mundo todavía más fue el anuncio de que la nueva condesa de Montijo estaba embarazada y que el nacimiento era inminente.

Cipriano y su esposa estaban facultados por ley para asistir al nacimiento y confirmar éste. Pero bajo los términos del arresto domiciliario de Cipriano, no les estaba permitido visitar Madrid. María Manuela obtuvo permiso para acudir a Valladolid, próximo al lugar donde los Montijo tenían haciendas y propiedades y donde el Rey estaba residiendo. Ella obtuvo invitación para asistir a un baile real y como una de las Grandes fue invitada a bailar en la misma camarilla del Rey.

Esto le dio la oportunidad que necesitaba para pedir y obtener permiso real con el fin de asistir al nacimiento en Madrid. La llegada no anunciada de María Manuela a la espléndida mansión de los Montijo causó el pandemónium. La madre, que no estaba embarazada, corrió gritando hacia sus aposentos y allí trató de escenificar el momento del parto con la ayuda de un niño huérfano[222], y que había sido especialmente propuesto para la interpretación del papel.

María Manuela cortó la obra de ficción. Pronto tuvo el mando de la casa: la "esposa" era muy mayor y el niño expósito acabó finalmente acogido en la familia, bien cuidado y educado. Llegó incluso a ser coronel de Ingenieros en el Ejército Español.

Eugenio murió el 16 de julio 1834 y Cipriano recibió en herencia los honorables títulos y haciendas, y los palacios de los Montijo. Manuela o Mariquita, como ella era conocida en la familia, aceptó la nueva vida, en la que había dinero para todo, buenas casas, viajes e invitaciones a la Corte. Como Eugenia más tarde dijo, se habían mudado de vivir con 5.000 francos a vivir con 500.000.

---

222 DUFF, David, *Eugénie & Napoleon*, III, pp. 62- 36.

Quizá el espíritu empresarial y pragmático de William Kirkpatrick fue enardecido por los pasos dinámicos de su hija, empeñada en salvaguardar la herencia de su marido, fomentar sus proyectos y extender sus alas sobre los más importantes escenarios de Europa. Aunque William también habría recordado los conflictos pasados con su obstinada hija. Cosa distinta es cómo lo vieron sus hermanas escocesas, mucho más puritanas.

Cipriano tomó su asiento en el Senado representando sus ancestrales orígenes en Badajoz en la Provincia de Extremadura. Ahora era uno de los hombres más ricos en España. Pero había aprendido templanza durante los duros tiempos en París y más tarde en Granada, donde había mantenido a su familia con un presupuesto estricto. Rehusó carruajes y cintas, vestidos parisinos y entretenimientos de sociedad, prefiriendo los tranquilos placeres de la vida de hogar y los amigos con ideas afines. Muchos escritores informan que la pareja se distanció durante estos tiempos cambiantes.

No tenemos referencias históricas sobre qué pensaba William Kirkpatrick del nuevo estatus de su hija, aunque su abogado tiene la atención de llamarle Su Excelencia o, como diríamos a la inglesa "Lady" María Manuela. Su solicitud de uniforme con charreteras para su puesto de cónsul de Hanóver y sus abundantes entretenimientos musicales demuestran que él no fue inmune al pequeño lujo. Indudablemente supo perfectamente bien que no había obstáculos para su hija, la cual es descrita por un reciente escritor inglés como "dinamita"[223].

Si bien él no fue nunca más a ver a su hija y a sus niños. Un motín en Madrid forzó más cambios. Eugenia llegó a ser testigo de un espantoso incidente delante de la casa de los Montijo: un fraile fue apuñalado y ella llegó a ver la sangre brotar desde la misma herida. María Manuela cogió a tres de sus niñas y se puso en camino a París el 18 de julio de 1834. Estuvo en París durante los cinco años siguientes. Su tercer hijo, un niño llamado Paco, murió en Francia[224]. La hija de William, Carlota, su hermana Henrietta y su hermano menor Thomas, y muchos otros hermanos todos murieron antes que él.

---

223 Duff, David, *Eugenie & Napoleon III*, p. 59.
224 Sencourt, Robert, *The Life of the Empress Eugenie*, p. 32.

17. Pionero Industrial

En términos comerciales y financieros está claro que el reclamo de William Kirkpatrick para un lugar en la historia viene más por la promoción de la industrialización en Granada, que por sus francas actividades de comercio en Málaga. Aparte de la posición prominente de María Manuela y la fama de Eugenia, su auténtico legado estuvo en la síntesis de capital y empresa durante el proceso de revolución industrial emprendido en el sur de España.

Cuando dejó Málaga, primero se trasladó a la costa de Motril, en la provincia de Granada. Allí estuvo cerca de las principales canteras de plomo y otros minerales, situadas en los altos campos detrás del pueblo. Estas son parte de las montañas que se encuentran en el interior, recorriendo la costa sur española desde el estrecho de Gibraltar a la península de Cartagena. Con sus extensiones, conforman la cordillera montañosa que conocemos como Sierra Nevada. Estos picos de tipo alpino son frecuentemente cortados por profundos valles con ríos, conformando cumbres que poseen nombres coloquiales. La Sierra de Gádor, que se eleva a una altura de 2.179 metros por detrás de Motril, está en un nivel subordinado a este sistema. Estas montañas de mica y esquisto están a menudo recubiertas con una gruesas capa de caliza, en las cuales hay grandes depósitos de plomo, y otros minerales, bien en vetas o en otros niveles entre los estratos de caliza.

Los mineros hallaron muchas dificultades trabajando estas regiones tan apartadas. No había apenas caminos o carriles, y cualquier mineral natural tenían que ser transportado a la costa por una yunta de mulos. Los inviernos eran severos y el trabajo del año se acortaba por algunos meses. La roca misma era muy dura y los progresos muy lentos, haciendo muy cara la manufactura y consumiendo mucho tiempo, asimismo los túneles necesitaban de apoyos y refuerzos con tablones. Igualmente el agua de la nieve derretida penetraba por las profundas fisuras de las rocas y necesitaba constante drenaje.

Hay indicaciones de su temprano interés en la minería mucho tiempo antes de su salida de Málaga. Motril y Adra se convertirán en centros para procesar el plomo y los Kirkpatricks, como pioneros industriales españoles, jugaron un papel extremadamente importante en su temprano desarrollo. Un año o poco más tarde, se trasladó desde la costa de Motril a Adra, donde estuvo más próximo a las actividades mineras de la Sierra de Gádor, a unos 20 kilómetros hacia el interior. La fundición tomó su lugar subiendo la costa desde Adra a Cartagena, incluyendo Motril, Garrucha, Mazarrón y Almería. Los observadores británicos resaltan que, hacia 1868, los españoles habían hecho más progresos en la metalurgia (tales como la fundición de plomo y los minerales de plata) de los que ellos tenían en técnicas mineras, aunque relativamente los minerales habían estado poco contaminados por otros oligoelementos como el antimonio o el arsénico.

William Laird, cónsul británico en Málaga, contestando una carta de su viejo amigo y homónimo escribía el 17 de febrero de 1821:

"Estimado Tocayo: Recibo con mucho gusto tu amable carta de este 5 (de febrero 1821) en la que usted había regresado a salvo a Motril después de un placentero (y espero) provechoso viaje a Granada; espero que tus expectativas con respecto a las vetas de plomo se verifiquen para tu propio deseo".

Nuevamente el 28 de febrero escribía:

"Estimado Tocayo: Siento mucho ver tu carta del 4, con el problema y la vejación que has tenido con el mineral de plomo, y repito mis mejores deseos de felicidad para poder culminar con éxito tu empeño en la reapertura de las minas".

Evidentemente William Kirkpatrick había estado ocupado con sus proyectos de minería de plomo desde al menos el año anterior, y su visita a Granada en enero de 1821 fue para tratar sobre ello con las autoridades Provinciales. La referencia de Laird a las "vetas de plomo" sugiere que éstas debieron pertenecer a una empresa separada de sus actividades comerciales. No está claro si William abría de nuevo las viejas minas o las minas ya le pertenecían, lo único cierto es que habían estado cerradas. Estuvo de regreso en Motril, "hórrido lugar" según Laird, a principios de febrero. Mientras William estuvo ausente de la ciudad, investigando las prospecciones mineras, Fanny estuvo dirigiendo el negocio en Málaga. En otra carta, Laird confirmaba que él había pagado a la señora Kirkpatrick los jamones enviados desde Motril.

En esta serie de cartas de William Laird existen referencias sobre las dificultades de Kirkpatrick con las autoridades españolas en cuanto a las licencias de exportación para el mineral de plomo. (Véase en el apéndice el documento nº 2). Sus restricciones debieron apremiar a William y, más tarde, a sus sobrinos, a extender sus actividades a refinar el mineral y manufacturar productos derivados del plomo para las exportaciones. Su talento empresarial estaba aún presente, marcando nuevos rumbos en los métodos para añadir valor a los productos mineros procedentes de las pequeñas minas del interior. Ésta fue una solución típicamente práctica ante los comprensibles esfuerzos del Gobierno por obtener mayores tasas impositivas en la exportación del mineral natural.

Las tempranas dificultades de William Kirkpatrick con las autoridades españolas probablemente tienen origen en la falta de legislación apropiada, así como de leyes que regularan el desarrollo y la explotación de los recursos minerales de la nación. Esta situación se acabó con el Real Decreto de Fernando VII de 4 de julio de 1825 que aprobaba la Ley de Minería[225]. Si Kirkpatrick influy en llevar este asunto a las Cortes en Madrid es una incógnita. Pero en la década que sigui, él pudo expandir sus intereses mineros e iniciar su manufactura local.

Un informe de 1844 apunta que la minería de plomo en el Sur de España estuvo "durante muchos años confinada a la Sierra de Gádor, cuyo producto entre 1821 a 1830, según Domingo Pérez sumaba unos 380 millones de reales, pero posteriormente declinó como consecuencia de las dificultades para encontrar mercado"[226].

Las dimensiones que alcanza esta industria es bien ilustrada por la demanda de carbón, la cual se elevó a cotas de 200.000 quintales en 1845 para la fundición de plomo en Adra y los trabajos del hierro en Málaga, requiriendo medidas especiales del gobierno. El carbón fue también requerido para las carboneras de los primeros barcos de vapor que habían comenzado a aparecer por los puertos.

William gozó de una larga vida, lo suficiente como para ver la transformación de la navegación debido a estos pequeños veleros. Los buques de vapor habían comenzado a aparecer en el Mediterráneo a finales de los años de 1820 y él pudo haber viajado en ellos entre los puertos de Andalucía. Aparecía en el periódico *The Times* de Londres un reportaje del vapor *Transit* partiendo de Málaga el 2 de junio 1836 y llegando a Falmouth en Inglaterra unos días más tarde. Estuvieron dispuestos a jugar un papel extremadamente importante en el transporte del cobre y otros minerales a Swansea, en Gales, con el fin de ser procesado y luego regresar con carbón para los procesos locales de fundición.

Un conocido visitante inglés a la región ofrece un retazo sobre la empresa industrial y minera que William Kirkpatrick amasó durante este período de su vida.

---

225 *Reports from Her Majesty's Consuls on the Manufactures, Commerce, &c. By Great Britain Foreign Office*, 1868, pp. 299-300, for Adra etc.
226 *The London Polytechnic Magazine, and Journal of Science, Literature, and the Fine Arts*, ed. by T. Stone. Jan.-June, 1844, Published by John Mortimer, London, 1844.

El profesor D.T. Ansted, M.A., F.R.S., geólogo e ingeniero de Minas, viajó a España haciendo anotaciones geológicas y económicas sobre sus viajes. Escribiendo en 1854, a su regreso a Londres, que

"Adra debe toda su importancia a las casas de fundición de plomo, de las cuales se ha extraído hasta ahora una gran parte del mineral de plomo no sólo de la sierra inmediatamente adyacente, sino de diversos lugares a lo largo de la costa hasta Cartagena. Se produce así un negocio naviero considerable, pues la fundición requiere combustible, que es obtenido principalmente desde Inglaterra; y el plomo, cuando es producido, tiene que ser exportado. La casa principal de fundición incluye la manufactura de plomo en planchas, tuberías de plomo, balines, plomo rojo, plomo blanco e incluso pigmentos, y fue establecida originalmente por el último cónsul, Mr Kirkpatrick, pero ahora está principalmente en manos españolas"[227].

No obstante, el profesor Ansted se puede estar refiriendo a Thomas James Kirkpatrick que fue algunos años vicecónsul Honorario Británico en Adra, las cartas de William Laird, cónsul británico en Málaga, dadas en el apéndice documental, demuestran que William contribuyó en la apertura de la minería de plomo y la explotación comercial de la zona. Ambos John Kirkpatrick y su hijo Thomas James Kirkpatrick, y más tarde su hijo Alejandro Kirkpatrick, continuaron la explotación de las minas de William después de su muerte, a juzgar por los documentos existentes sobre la administración del testamento de William.

No obstante las emprendedoras operaciones mercantiles de William Kirkpatrick abarcan una gran variedad de actividades. Éste fue un período en su vida muy ocupado, era por entonces un empresario incrementando el capital, comprando y vendiendo minas y canteras en vez de explotarla por sí. La muerte de su esposa y la pérdida de sus intereses en Málaga parecían haber forzado una renovada explosión de actividad. También se encontraba tratando con tierras por entonces e iniciando los trabajos de procesamiento de plomo y de plantas químicas para luego venderlas. Es sorprendente que Kirkpatrick se convirtiese en un auténtico capitalista una vez quedó liberado de las restricciones de trabajar con el mercader Henri de Grivegnée y del comercio desarrollado en Málaga.

En la documentación legal conservada hoy existe una prueba que ilustra sus últimos años[228]. En septiembre de 1829 se encontraba en activo en Almería tratando con don Miguel Chacón, quien protesta una letra a su favor por importe de 2.000 reales de vellón. En marzo del año siguiente

---

227 Ansted, Prof. D. T., *Scenery, Science and Art, being Extracts from the Note-Book of a Geologist and Mining Engineer*, London, 1854. p. 158.
228 Actividades Mercantiles de William Kirkpatrick y Wilson en Adra, Enrique Kirkpatrick Mendaro procedente del Archivo Histórico Provincial de Almería.

otorga poder para defender los intereses de la mina de la Cañada de la Higuera, en la Sierra de Gádor, y en julio otorga poder para pleitos al procurador para su representación en el litigio sobre la cantera de piedras de Montefrío en Adra. Más tarde, en el mismo año, concedi poder a Juan Kirkpatrick y poco después otro a don Francisco Cueto. Vendi también sus intereses en la mina Santa Rita situada en el Barranco del término de Albondon a don Jos Lambek por 5.920 reales de vellón.

El 24 de diciembre de 1830 había solicitado al Ayuntamiento de Vélez de Benaudalla, algunos kilómetros al interior de Motril, en el camino principal a Granada, una licencia para construir una fábrica de fundición de plomo. Después de mantener cierta controversia con un clérigo, William decide vender el edificio en 10.000 reales de vellón.

Siguieron otros negocios jurídicos. En 1831 manifiesta haber recibido 10.336 reales de vellón de doña Rosalia Villega y otorga poder a favor de don Juan Yebra García para que le represente con el asunto del pozo de San Guillermo, enclavado en la sierra de Gádor, asimismo en agosto vendió su parte en la mina de San Pedro en la misma zona.

Estaba todavía íntimamente involucrado con la familia Rein, que eran también vecina en Adra. Un antiguo cartel de publicidad de Rein & Co, Málaga muestra a ellos luego como exportadores de pasas, almendras, aceite de oliva, vinos y plomo, curiosa combinación de productos que todavía ofrecían en los años de 1890. El plomo en la forma de plomo de acetato fue durante largos años un aditivo notorio para el vino y contribuyó a un buen número de ancianos afectados de gota, así como también a la muerte prematura causada por envenenamiento por plomo. En el siglo XIX se popularizaron los tratamientos en balneario, como los que más tarde estuvieron disponible en la propiedad del conde de Teba en Carratraca, cerca de Ardales, en el camino de Málaga a Teba, ello fue porque a menudo tuvieron éxito reduciendo los altos niveles de plomo en la piel del cuerpo humano por inmersión en agua caliente durante prolongados periodos. Esto alivió los síntomas y prolongó la vida[229].

Evidentemente los Reins de Málaga también vieron el potencial de la industria de plomo ascender por la costa de Málaga y promovieron su desarrollo con inversiones de capital. Los Reins estuvieron íntimamente asociados con la familia Loring. El 5 de agosto de 1831 William se compromete a pagar 32.000 reales de vellón a la Sociedad Rein y en garantía aporta la mina del Molinero en la Sierra de Gádor y la mina del Templo, situada en Sierra Nevada. La contabilidad posterior sugiere que las minas de Sierra Nevada fueron su operación más productiva.

229 Research by Dr. Audrey Hayward, Bath Mineral Water Hospital, England.

Más poderes fueron otorgados, y en enero de 1833 compró una partida de alcohol blanco a 9.806 reales de vellón a don Fernando Reyes Pérez.

Esto sugiere que William Kirkpatrick llegó a estar relacionado con la manufactura del alcohol blanco o el alcohol metílico, en tanto que trataba con vinos a nivel industrial. Los licores blancos o alcohol metílico eran añadidos al vino y a los licores para intensificar el contenido alcohólico. Su anterior incursión en la producción de ácidos en Málaga durante la ocupación francesa también pudo haber estado destinada para la industria del vino, pues los vinos excesivamente secos o amargos fueron endulzados con un jarabe de azúcar de plomo (acetato de plomo II).

Cuando Eugenio, conde de Montijo, murió en 1834, Cipriano empezó asegurar su recuperación tras la desastrosa administración de su hermano. Cuando finalmente falleció Cipriano en 1839, dejó a María Manuela en posesión de una gran fortuna.

Empresa Eugénie

El escritor francés y miembro de la extensa familia Bonaparte, Comte Primoli, en la *Revue de Deux Mondes* de 15 de octubre de 1923 calculaba los ingresos de los Montijo en 500.000 francos o 20,000 £ al año. Estos fueron unos ingresos muy sustanciales para 1840. No está claro si esto ayudó a William a ingresar más capital para el desarrollo de sus empresas mineras. Pero en el período entre 1834 y la muerte de William, los Lorings, Reins y otros debieron ser bien conscientes de que la hija mayor de William tenía buena solvencia para reflotar a su padre si ello fuera necesario. Quienes administraron sus bienes ciertamente pensaron que María Manuela era la mejor fuente de fondos para su desarrollo. No obstante, puede que no valoraran la profundad frialdad entre padre e hija.

Esto es enfatizado por su ausencia en el bautismo de su nieta Eugenia en la iglesia de la Magdalena en Granada en mayo de 1826. Los acontecimientos pudieron haber forzado su ausencia, pero esto fue denotado por el Marqués de Campoverde, José María González Torres de Navarra y Álvarez de las Asturias Bohorques. Su carta a su tía María Manuela, traducida desde el francés, registró la ocasión. Él fue del cuerpo de Ingenieros y Brigadier en los Reales Ejércitos, y se casó con Ramona Palafox, hija de la hermana de Eugenio, Ramona Palafox y Portocarrero, quien se casó con el sexto conde de Parcent.

Madrid, a 9 de febrero de 1853.

Estimada María, Recibí con mucho gusto tu carta de 26 de enero, anunciando el próximo matrimonio entrante de nuestra prima Eugenia con el emperador de los franceses.

He anunciado la noticia a Ramona y mis hermanas y todos nosotros queremos que esta unión traiga felicidad a Eugenia, lo cuál espero que tendrá usted la bondad de decírselo de nuestra parte.

Quien me hubiera dicho que esta pequeña niña que mecí en mis brazos llegara a convertirse en una cristiana en la pila bautismal de la Iglesia de la Magdalena, representando a su abuelo, yo ascendí al trono de Francia por un día.

¡Dios es Grande!

Guarde a usted muchos años tantos como usted quiera.

Tu sobrino y amigo.

"Pepe"[230].

Las disposiciones de su testamentaría revelan que en 1836 y 1837, William estuvo explotando al menos seis minas. Estas fueron las minas de San Guillermo, Ohanes, Mano, Flamenco, Consuelo y Ánimas. Otras minas que Juan Kirkpatrick abrió o puso en explotación después de la muerte de su tío fueron Enriquita, Carlota, Amelia, Ángeles, Loma Alta y San Sebastián. Éstas estaban todavía en producción en 1855. Más tarde hubo más minas: Condesa, Rojo, Rosalie y Augustina. Enriquita parece haber sido la mina más productiva tras Nevado y Nº. 1 Enri y la más rentable.

Desde diciembre de 1837 hasta diciembre de 1838 el balance de las cuentas de Juan Kirkpatrick suma con la hacienda un total de 44.627,32 y requirió un subsidió al balance de 15.000 reales de vellón de la Casa de Juan Kirkpatrick. En 1838 los productos de las minas fueron 6.936 con un balance de 23.696 reales de vellón recibidos desde Nevado y Nº. 1 Enri.

---

230 Mevil, André, *op.cit.*, pp. 19-21.

Éstas y posteriores inversiones parecen haber sido hechas sobre bases a medio y largo plazo. Tras la muerte de William, Juan Kirkpatrick reparó en que algunas de sus minas tendrían que ser cerradas y otras explotadas, no obstante se necesitaría bastante tiempo para que fueran lucrativas.

Toda la familia estuvo eventualmente involucrada en el negocio, como inversores o como destinatarios de pagos desde estas empresas, incluyendo a Henriette, María Manuela y Juana del Plink. Aunque las cuentas se presentaban de manera clara, el sistema en que se basaban no ofrecía un cuadro claro de los beneficios o pérdidas anuales, así había cuentas aprobadas más que cifras sobre comercio. Las cifras anuales sobre la modesta producción de cada mina, ascendían aproximadamente a un promedio de 1.156 reales de vellón cada una. La mina de Ánimas fue la más productiva en este período.

Una buena idea de la escala de operaciones se encuentra recogida en las cuentas de Juan Kirkpatrick, que gastó unos 37.000 reales de vellón entre 1837 y 1844. La hacienda de William Kirkpatrick tenía una deuda acumulada de 104.747 reales de vellón desde 1839 hasta diciembre de 1856 cuando las cuentas de su patrimonio fueron liquidadas. Juan Kirkpatrick también obtuvo un balance de 33.490 reales de vellón, sumado el total de débitos a unos 138.237 reales de vellón. Durante la mayoría de estos años, las cuentas de su patrimonio con Juan Kirkpatrick muestran una gran suma a su favor. No está claro si él en realidad auxilió la operación de las minas con 15.000 a 30.000 reales de vellón por año o si esto era el metálico total contenido para el crédito de la hacienda. Parece improbable que continuase subsidiando a los demás beneficiarios durante veinte años después de la muerte de su tío.

Las cuentas de Alexander Thomas Kirkpatrick con Juan Kirkpatrick terminaron en diciembre de 1856 pero otra vez el balance es poco claro, aunque incluye una suma sustancial en favor de su tío Juan, que bien pudo haber actuado en calidad de banquero.

El hecho de que la familia retuviera su participación, al menos veinte años después de la muerte de William, sugiere que casualmente ganaron dinero de la temprana decisión de William de desviar su negocio para enfocarlo a la minería.

Al menos, él pasó los últimos dieciséis años de su vida en Adra donde también se involucró en una Casa de Comercio en el pueblo y en proyectos agrícolas a pequeña escala, así como en negocios con terrenos, al continuar explotando, comprando y vendiendo sus concesiones mineras. El 15 de agosto de 1836, él y un vecino llamado Bonifacio Amoraga dirigieron petición al comandante de Marina de la Provincia Naval de Almería con la intención de hacer los preparativos necesarios para el deslinde de dos parcelas pequeñas "de terreno arenisco e inútil", la primera con unas 80 varas longitudinales y 20 de latitud y la segunda con 60 varas en longitud y 20 en latitud, ambas lindando con terreno franco de la playa y el camino real, sobre la cual existía controversia. Si estas tierras eran de suficiente valor como para garantizar un "censo" formal es hoy una incógnita, aunque realmente bien pudo ser porque estaban enfrente de la propia casa de William. Ésta estaba ubicada entre la casa de José Reins y la de los Scholl Brothers y Grunt. William habría querido asegurar sus derechos de propiedad sobre la playa, entre su propia casa y el mar. A decir verdad, las disputas originadas por disponer de vistas al mar tienen larga historia en España.

Su documentación testamentaria sugiere que su casa estaba en la zona costera, cerca del puerto. Su hermana Harriet, que se había mudado a España procedente de Honfleur en Francia, se unió a él en Adra. Ella murió en el interior de esta casa en 1824. Se había trasladado a Málaga algunos años antes, poseyendo también una propiedad en Churriana. Su segunda hija, Carlota, que se había casado con su primo Thomas Kirkpatrick Stothart de Ostende en 1818, murió en Adra el 10 de febrero de 1831. Su último hijo, llamado Alejandro, se quedó con su abuelo cuando su padre Thomas trajo de regreso a Ostende al resto de su familia.

En sus últimos días de vida, William continuó sus relaciones cordiales con el cónsul Británico en Málaga, quien además buscó su ayuda en delicados asuntos de negocio. Las cartas del cónsul muestran un aprecio muy afectuoso con su viejo amigo, que él cariñosamente llama "Billy", y se queja de no ser feliz con su ausencia de Málaga. La correspondencia también demuestra que Kirkpatrick mantuvo los ojos bien despiertos sobre materias consulares en Motril y Adra, y les dio a ambos, a Laird y a su superior Lord Castlereigh, información confidencial sobre las actuaciones de John Román, cónsul Honorario Británico. En lo tocante a su posición oficial sobre el ejército invasor francés y sus partidarios españoles, los ingleses bien conocieron la situación personal de William y no guardaron rencores contra él una vez que Napoleón estuvo a salvo en la lejana isla de Santa Helena.

Su mejor relación se revela en otra carta: ¡Un fino ejemplo del humor irónico escocés!

"El vino que usted me envió era muy malo. Se ha ido todo, y debo devolver el barril para obtener frescas reservas. Al principio lo pensé: demasiado dulce y apetitoso, pero a otros les gustó tanto que han estado sorprendentemente activos ayudándome a consumirlo, y ellos casi me han persuadido de que éste es excelente".

William estaba todavía ocupado con asuntos legales en 1836. En marzo compró una parcela en el pago de Boca del Río de Antonio Moreno García a 500 reales de vellón, siendo vecina Ramona Rein.

En agosto de 1836 William Kirkpatrick estaba todavía enfocado en el control de su patrimonio, aunque lo encontramos haciendo planes para que estos fueran dirigidos en su nombre. Los detallados planes de estos contactos nos dan una profunda visión del mundo de Kirkpatrick y de cómo se acercaba a sus últimos años de vida. Convino con Miguel Gutiérrez, vecino de Roquetas, quien se comprometió a labrar en aparcería en terrenos de la fábrica del Guijarral y tierras de su entorno durante un período de cuatro años. La intención era que el Sr. Gutiérrez trabajaría la tierra según las instrucciones de William, la plantaría con semillas que William proveería y compartiría el grano producido. William había comprado esta propiedad en febrero de 1826 y comprendía aproximadamente unas cinco fanegas.

Dichas tierras, en las cañadas y sitios proporcionados, debían ser plantadas con higueras, y en el terreno más árido de chumbos. El señor Gutiérrez debía tomar cautela sobre el producto de la tierra para evitar un robo, cuyo fruto es exclusivamente propiedad de William, "quien designará tiempo para su recolección".

El molino anejo a la propiedad debía servir de habitación al señor Gutiérrez y su familia, corriendo de su cuenta las reparaciones del inmueble y debiendo observar "la ley de buen labrador y costumbres del país, siendo de su cargo hacer los barbechos y sembrar la semilla a su debido tiempo". Esta estipulación da un entendimiento profundo sobre la detallada economía agrícola a pequeña escala durante esta época. William debía proveer la semilla y cuando, tras la siega, el grano fuera trillado, el inquilino debía conducirlo a la era, separarlo y devolver la cantidad que William había adelantado, el resto era luego dividido entre ambos. Las estipulaciones para el total aprovechamiento tuvieron cabida: la paja separada del grano quedaría para la yunta, formada por dos bueyes, lo cuales debieron estar acostumbrados a trabajar la tierra. Todo ello se acordó y firmó, siendo testigo Francisco Carmona, representante de William y gerente y representante de su Casa de Comercio en Adra[231].

En diciembre de 1836 William concedió poder a Francisco Carmona para vender, edificar y disponer el dicho terreno en la manera que mejor

---

[231] AHN, Expediente de testamentaría, Leg, 52 – b – 6. Escritura de Aparcería, de 29 de agosto de 1836.

le pareciera. William manifestó que él pensaba ausentarse "durante algún tiempo". La frase da a pensar ya en cierto presagio. Debió conocer que tenía poca probabilidad de regresar a Adra. Esto fue justo antes de que regresara a la casa de su hija en Málaga, desde donde él nunca retornó.

Washington Irving, diplomático americano y afamado hombre de letras, llegó a escribir sobre su visita a William en Adra durante su tiempo como Ministro Estadounidense en España. Él prestó servicio en la Embajada en Madrid desde 1826 a 1829, y fue posteriormente Enviado Extraordinario y Ministro Plenipotenciario para la Corte de la reina Isabel II desde 1842 a 1845.

En una carta de Irving fechada el 15 de febrero de 1843 concerniente al nombramiento de un puesto viceconsular en Adra, él escribe[232]:

> " ... conocí al abuelo de la Emperatriz, al viejo Mr Kirkpatrick, que había sido cónsul americano en Málaga. Pas una tarde en su casa en 1827, cerca de Adra, en la costa del Mediterráneo[233].

---

[232] Dicha cita se atribuye también a una carta que escribió a Mrs. Pierre M. Irving en 1853. Sin embargo tiene origen en: Georgetown University Library Reference 1/28 Read, George carta fechada: 2/15/1843 DESCRIPTION: 1 brief AL (copy) dated 2/15/1843 procedente de Washington Irving (1783-1859), ministro de Estados Unidos en España (1842-1846), a George Read, cónsul de los Estados Unidos en Málaga (España), indicando que él nunca recomendó a Ignacio Figueroa como vicecónsul en Adra y haciendo mención de un barco a Adra y William Kirkpatrick. Carta enviada desde Madrid a Málaga, pág. 75.

[233] Stoddart, Jane: *The Life of Empress Eugenie*, Hodder and Stoughton, London, 1906.

18. Días Finales

William Kirkpatrick hizo testamento el 14 de mayo hallándose gravemente enfermo en cama con un mal que le había aquejado durante algunos años[234]. Esta persistente enfermedad sugiere que tambiénpadeciese de un exceso de plomo en su sistema, aunque ello parecía no haber afectado su lucidez. No es sorprendente el envenenamiento por plomo para todos los involucrados en los tempranos procesos mineros de este metal, aparte de que podría haber estado en los vinos de los cuales indudablemente disfrut, o en los utensilios usados para beberlos y el alto contenido de plomo de los vidrios de ese período.

Su testamento se encuentra en el oficio de su escribano don Juan de la Sierra, que se conserva en el Archivo Histórico Provincial de Málaga, nombrando herederas a sus hijas y sus nietos, y nombrando albaceas a su sobrino don Juan Kirkpatrick y a don Francisco Carmona, su agente, gerente y su hombre de negocios. El papel de Carmona fue supervisado para la familia por Matías Huelin, que no pareció tenerle a él en gran estima. Matías Huelin murió en Granada y fue Hermano Mayor de la Hermandad de Viñeros. Su hijo, Guillermo Enrique Huelin y Neumann, estuvo más tarde fuertemente involucrado en la minería de plomo y en la explotación del negocio en Garrucha, Almería[235].

Este testamento revela detalles de la organización doméstica de William y el destino de sus hijas. Carlota se casó con su primo Thomas Jaime Kirkpatrick de Ostende, que había muerto en Adra el 10 de febrero de 1831 dejando cinco niños: Thomas, María, Guillermo, Juan y Alejandro, todos portaron el apellido Kirkpatrick y Kirkpatrick. Lo curioso es que el hijo menor, Alejandro, que nació en 1829, estuvo viviendo con su abuelo mientras todos los demás estuvieron con su padre en Francia. Su hija Enriqueta ya había enviudado de su marido don Domingo Cabarrús.

Disposiciones derivadas de su testamento sugieren que la hacienda de Adra, con su contenido, fue una casa bastante confortable. El valor total de las pertenencias de la casa fue 3.640 reales. El Archivo de la Casa de Alba conserva un texto mecanografiado en 1936 que viene a ser una transcripción de una sección más privada de su testamento. Este da instrucciones sobre

---
234 AHPM, 3.963/97.
235 Muñoz Martín, Manuel, *Ibid*, p. 188.

el reparto de sus posesiones personales. Estas páginas nos dan una mayor perspectiva sobre su carácter en los últimos días de su vida.

En el reparto de sus pertenencias, en orden preferente, estipula que "el Conde de Montijo admita mi bastón con puño de oro, mi espada y pistolas hechas en Málaga por Sinares".

A mi "hija María Manuela le dono su retrato y el de mi madre con las estampas que me hizo y me regaló y están en mi cuarto". A Enriqueta también "le dono su retrato y media docena de cucharas de plata.

A su yerno, Tomas Kirkpatrick, le dejó en herencia "un anillo de oro" de don Roberto Kirkpatrick de Málaga y Woodford, que había muerto en 1781, y su caja de concha de rapé.

Su sobrino Juan Kirkpatrick recibió su "reloj de repetición de oro", mientras su hermana Juana de Dumfries debía recibir "por un año una letra de 20 £ y anualmente mientras viva 5 £". Estos legados para sus niños escoceses demuestran que la familia mantuvo contacto a pesar de los años de separación. La presencia de Harriet Kirkpatrick en Málaga y Adra habría fortalecido estos vínculos con sus hermanos y hermanas en "su tierra natal". Su librería iba para cualquiera de sus nietos, hijos de su hija Carlota, siempre que viniera a vivir a Adra.

William Kirkpatrick fue meticuloso y decidido con el reparto de su herencia. Sus ropas fueron para su sobrino Juan Kirkpatrick para que la repartiera entre sus criados y entre los pobres de Adra, reservándose para sí la que guste. Indudablemente algunos de los uniformes de gala de Cónsul con sus charreteras de oro servirían para un aspirante a cónsul Honorario.

Luego hay un legado curioso. Estipula que "los ornamentos y demás cosas necesarias para celebrar el Santo Sacrificio de la Misa que existen en la fábrica de los señores Collman Lambert y Cia. de Londres, eran de su propiedad, y los cedía a dichos señores o a quien sean los dueños en adelante". Coleman Lambert fue banquero y comerciante en la ciudad de Londres, y estuvo fuertemente involucrado en el comercio financiero a gran escala con los Estados Unidos durante este período[236]. Esta declaración sugiere que él había depositado en prenda el plato de comunión con ellos como garantía y que estaba dispuesto a perder el derecho sobre el mismo, probablemente contra el impago de deudas o títulos cambiarios vencidos.

Ello plantea un buen número de preguntas. Pues si el ejército francés robó el oro y la plata de las iglesias de España, y la catedral de Málaga

---

236 *The Financial Register of the United States*, Philadelphia, edited by Condy Raguet, 1838, p. 316.

fue despojada de sus tesoros. ¿Le pasaron a William algunos de estos enseres en los días oscuros de la ocupación como pago por los bienes y servicios? ¿Se enviaron en secreto a Londres para garantizar deudas? No hay señal que sobreviva de los expedientes de Coleman y Lambert en ningún archivo británico, así es que probablemente nunca lo sabremos. También rogó a sus albaceas que si fallecía en Adra deseaba quedarse "enterrado en la dicha Capilla"[237].

El inventario detallado, incluido entre sus papeles testimoniales, enumera una serie de pinturas junto a los enseres domésticos. Como cabría esperar de un cónsul de Estados Unidos, se revela un cuadro de George Washington, pero así también otro del general Lord Wellington y otro de Federico el Grande. Hay también una escena de batalla, quizá Waterloo. Las pinturas de un hombre, especialmente cuando son retratos y se encuentran en su casa al final de su vida, dicen demasiado sobre sus puntos de vistas políticos. Napoleón está ausente, pero Wellington situado junto a Washington. ¿Quizá los policías de París tuvieron razón en 1808 cuando creyeron que estaba en contacto con los ingleses?

La inclusión de Federico el Grande en su galería de retratos es significativa, así seguramente subraya las simpatías ilustradas de William. Federico II, Elector de Brandenburgo, fue un modernizador que despreció las pretensiones de las viejas monarquías europeas y reformó el gobierno y el ejército de Prusia. Creyente del abolicionismo ilustrado, él también apoyó la tolerancia religiosa y desechó el derecho divino de los reyes. Esto revela claramente un ideal en el cual William Kirkpatrick creyó firmemente, ayudando a explicar su más que probable apoyo a los tempranos ideales reformistas de los Revolucionarios Franceses.

Mientras las obligaciones y las deudas pueden haber tenido mayor peso que sus activos, sus hijas heredarían las minas que suministraron ingresos sustanciales años más tarde[238]. Esto apunta a que él pudo rescatar algo de los desastres de 1822 o que sagazmente había escondido fuera sus bienes, y como cualquier buen escocés lo haría para salvaguardar su seguridad. Quiz su negocio con su amigo William Laird y con las minas y el comercio de sus instalaciones en Adra, le asegur una vejez bastante confortable, aunque aquejado por la grave enfermedad de la que inevitablemente muri cuando alcanz los 73 años de edad.

Los expedientes sobre la última administración de su testamento se conservan en el Archivo Histórico Nacional en Madrid. Estos contienen

---

237 Estas cláusulas pertenecen a un texto mecanografiado de 1936 conservado en el archivo de la Casa de Alba.
238 AHN, Leg. 52B nº 6 a) – h) Testamentaría de Guillermo Kirkpatrick Wilson.

documentos firmados por William en Adra en diciembre de 1836, lo que demuestra que William se mudó a la casa de su hija en Málaga tras esa fecha o a principios de 1837. Él murió en la mañana del 20 de enero de 1837[239].

Algunos informes manifiestan que William murió arruinado. Pero todavía negociaba con tierras y propiedades hasta su muerte, aunque llegara a confiar su patrimonio a un tercero por motivo de ausencia. Mantuvo existencias de vino en Málaga con su hermano Thomas, cargamentos en faluca, así como otras empresas mercantiles. Su riqueza pudo haber quedado considerablemente mermada, sin embargo estuvo todavía activo y comprometido con los negocios, siendo dueño de un valioso patrimonio. Las cartas entre sus hijas y sus maridos y sus consejeros en el período siguiente a su muerte, y posteriormente las relativas a la administración de la hacienda, demuestran que sus asuntos estaban en serios problemas, pero, de ninguna manera, ello no significaba que estuviera en la miseria. El balance de situación era bastante razonable en cuanto al valor de las minas, aunque la contabilidad comercial podía haber estado en déficit.

La carta de Matías Huelin al conde de Montijo de 18 de abril de 1837 deja ver que el importe de la hacienda dejada por William ascendía a unos 478.933,31 reales. Esto incluía la Casa de Campo en Adra, fincas, diversas parcelas, algunas con complicaciones de tenencia, existencias de hierro y vino, otras existencias de producción, el mobiliario y la tercera parte "de la expedición del falucho San José". Cuyas partidas juntas sumaban unos 80.000 reales, de suerte que venían a faltar 16.564 reales para concluir de pagar lo que se debía, cuya falta podría suplirse de lo que produjeran las minas. Quedando las fincas, minas y demás deudas existentes para repartir entre las tres herederas. Así el patrimonio neto de unos 400.000 reales de William fue valorado algo así como 300 años de trabajo para un pueblo obrero, una suma abrumadora para los estándares de principios del siglo XIX[240].

Estas cartas revelan la influyente participación del conde de Teba en la administración de la hacienda de William. Se sabe que María Manuela fue una mujer poderosa que dócilmente no habría dejado a su marido manejar su herencia. Ella debió haber visto la implicación de su marido en su familia tan útil como apropiada, y una confirmación del duradero afecto con la familia que tanto le ayudó todos aquellos años en París.

Podemos imaginar a William Kirkpatrick en los últimos meses de 1836

---

239 *Indiana Magazine of History, Ibid.* The National Archives, Kew, FO 927/17. Correspondencia Consular de Málaga.

240 Lea, Henry Charles, *A History of the Inquisition of Spain Volume 1,* Appendix Spanish Coinage

advirtiendo que su final estaba próximo. Su hermana y su hija preferida habían ya fallecido; no había miembro familiar femenino en Adra para cuidar de sus últimos días. ¿Se embarcó a bordó de su faluca por última vez para tomar el corto viaje por mar hacia Málaga? Quizá hubo un barco de Correos o un buque de vapor o de pasajeros con mejor acomodación. ¿Fue transportado a bordo de una pequeña embarcación o fue capaz de tomar el camino? Parece improbable que tomara el duro camino entre colinas y valles para encontrar el confort de los últimos cuidados de su hija. Debemos esperar que el Mediterráneo centellease para él por última vez y su viaje fuera un recuerdo de sus días más felices. ¿Reconocieron los estibadores del muelle de Málaga al viejo cónsul o había estado ausente demasiado tiempo? ¿Le alentaron o le reprobaron, o simplemente le brindaron un saludo acogedor a un hombre viejo y enfermo? Nunca lo sabremos, aunque parecía providencial que él terminara sus días donde inició su carrera y donde hizo su nombre y fortuna.

Un informe afirma que William murió en los Estados Unidos, otro en Barcelona, pero él murió una fría mañana de enero, en Málaga, en la casa de su hija Henrietta, la condesa viuda de Cabarrús. Aunque retuvo su nacionalidad británica, sus autenticas lealtades políticas permanecen oscuras. Su ascendencia jacobita y "su educación liberal" asociada a su amplia experiencia sobre los acontecimientos mundiales, y su inclinación progresista, lo habrían predispuesto a simpatizar con las reformas prometidas por el régimen francés napoleónico. Su apoyó al ejercito francés cuando entró en Málaga pudo haber sido ambiguo, pero lo cierto es que él prosperó durante algún tiempo con el apoyo de su administración al producto de su algodonal en Churriana y la participación en la fabricación de jabón y otros negocios. Aunque efectivamente fue una paradoja cruel que fueran los franceses quienes arruinaran su negocio.

19. Conclusiones Diversas

¿Murió William Kirkpatrick como buen católico romano? Su testamento demuestra que efectivamente falleció como católico y solicitó incluso misas por su alma. Sin embargo no especificó cuántas, ni dejó fondos especiales para este propósito. En cualquier caso, sabemos que dejó modestas cantidades a la Iglesia. Su hermana Henriette Kirkpatrick se convirtió al catolicismo romano a juzgar por su testamento. En las generaciones previas, tanto Robert como Juan Kirkpatrick son reseñados en sus testamentos españoles haber permanecido como protestantes.

Jane Stoddart[241] comenta que William Kirkpatrick y todos sus descendientes fueron católicos y que un protestante nunca habría sido admitido, como él lo fue, en la mejor sociedad andaluza. Pero los registros de la Iglesia Presbiteriana de St. Michael, en Dumfries, muestran el matrimonio de William Kirkpatrick de Conheath y Mary Wilson de Kelton el 22 de diciembre de 1755 as como los expedientes de sus 19 niños.

Así pues los padres de William de Málaga estaban casados por la iglesia oficial de Escocia, la Iglesia Presbiteriana, y no la Iglesia Episcopaliana o Anglicana y efectivamente no por la Iglesia Católica Romana. Debió ser criado como protestante y debió convertirse al catolicismo romano en el transcurso de su vida, probablemente al tiempo de su matrimonio con Francesca de Grivegnée.

Sobre la cuestión de la religión es de destacar que cuando su hija Carlota se casó con su primo Thomas Jaime Kirkpatrick, el 12 de enero de 1818, ellos tuvieron que obtener una Bula Papal o permisos y licencias de Su Santidad porque eran primos y además tuvieron que dar el juramento de que "los niños tenían que ser bautizados dentro de la iglesia católica". Esto significa que Carlota fue católica romana pero que Thomas James y otros Kirkpatricks de Ostende siguieron siendo protestantes.

Es significativo que los padres de William se conformasen con la Iglesia Presbiteriana en vez de la más establecida Iglesia Episcopaliana a diferencia de su relación con el bien conocido historiador Charles Kirkpatrick Sharpe de Hoddam. El señor Walter Scott informa que "aunque residió en la tierra de los presbiterianos, (él) es un episcopaliano

---

241 Stoddart, Jane T., *op.cit.*, p. 9.

y un conservador, o más bien un viejo caballero, con mucho respeto por su alta familia, así como despreció a los Covenanters, y no le gustó los principios democráticos propios de esa designación"[242].

Pero los Kirkpatricks fueron astutos sobrevivientes; "hábilmente apoyaron a la Corona mientras enviaban hijos para apoyar la causa de Stuart en Killikrankie en 1689"[243].

William agotó todos los contactos externos de su familia para obtener el puesto consular estadounidense en Málaga.

Aunque este nombramiento traía numerosas ventajas comerciales y sociales, él debió estar en parte motivado y quizá inspirado por los ideales revolucionarios y los sentimientos anti-ingleses de la Nueva República. Esta interpretación cuenta con el respaldo de su larga amistad con Cipriano Portocarrero y Palafox, quien hubo peleado duro por el último aliento de Napoleón sobre las colinas de Chaumont en las puertas de París en 1814. Estos puntos de vista, los ideales jacobinos de los Revolucionarios Franceses, con su sobretonos anticlericales, parecerían fuertemente en conflicto con el Antiguo Régimen Jacobita Escocés de los seguidores del "Bonny Prince" Charles Edward Stuart y su anhelo por una restauración Católica de los Estuardo.

Mientras William y Cipriano pudieron haber tenido tempranas simpatías jacobitas, su apoyo al Ejército Francés invasor sugiere que repudiaron los extremos de la Revolución, después de los excesos del Terror, a favor de las ideas progresistas de Napoleón. Hacia 1823 cuando Cipriano se enfrentó a la muchedumbre anti-liberal, él era todavía muy liberal, pero como su hija Eugenia revela: su padre nunca perdió su entusiasmo con los ideales Bonapartistas. No había grabados con retratos de Napoleón. Las pinturas en la casa de William, en el momento de su muerte, no eran propias de un hombre de la vieja orden. Él fue de los más ilustrados entre sus grandes contemporáneos. Él también tuvo al gran Duque de Wellington en su galería personal, pero probablemente no podemos afirmar que William permaneciese siendo inglés.

Sin duda fue un hombre ilustrado del mundo de los negocios, un innovador y un emprendedor con buen ojo para el comercio, los beneficios, números y cuentas. Era un apasionado de la música y disfrutó de la compañía de personajes de similar punto de vista. Mantuvo relaciones afectuosas con dos de sus hijas y le dejó a la turbulenta María Manuela

---

242 Napier, Mark, *Memorial and Letters Illustrative of the Life and Times of John Graham of Claverhouse, Viscount Dundee*, (Marquis of Montrose), Edinburgh, 1859 page xiii.
243 Correspondencia con Cathy Gibb, Dumfries Archives Centre, 33 Burns Street, Dumfries, Scotland. 24 June 2008.

su retrato; si bien, le devolvió los grabados que le había dado. Lo cierto es que mantuvo un cariño especial por su nieto Alejandro.

Hippolyte Taine[244] resume los años problemáticos que vivi William Kirkpatrick: "Cuando vemos a un hombre. . . . aparentemente de hábitos sólidos y tranquilos, bebiendo ansiosamente de un nuevo licor, entonces, repentinamente cae al suelo expulsando espuma por su boca (...). No vacilamos en suponer que en ese placentero trago había algún ingrediente peligroso. Como Cobban dice el hombre era Francia, el licor era la ilustración y el espasmo era la Revolución Francesa, aunque la metáfora igual se aplica a aquellas mentes progresistas del siglo XVIII y principios del XIX en España.

Los pensadores como William, Cipriano y Henri de Grivegnée, y muchos otros, a todo lo largo y ancho de Europa y América, fueron cautivados con los ideales de la nueva era, pero muchos acabaron arruinados o en prisión, o incluso peor aún. Sin duda debieron quedar desilusionados con su espantoso final y las siguientes secuelas: era la reacción de aquellos reprimidos y abatidos que exigieron también sus días de gloria.

---

244 Taine, Hippolyte, *Les Origines de la France contemporaine : L'ancien régime (1875)*, París, 1885, pp. 221-2, procedente de Cobban, Alfred, *Aspects of the French Revolution*, London, 1968.

Apéndice Documental

Documento Nº 1.

Testamento de William Kirkpatrick y Wilson[245]

En el nombre de Dios, Nuestro Señor Todopoderoso. Amén. Notorio y manifiesto sea a todos los que esta pública escritura de mi testamento última y final voluntad vieren, como yo, don Guillermo Kirkpatrick, natural que soy de la ciudad de Dumfries, en Escocia, hijo legítimo y de legítimo matrimonio de otro don Guillermo Kirkpatrick y doña María Wilson, consortes legítimos, mis padres ya difuntos, que Santa Gloria hayan, naturales que también fueron de aquella ciudad.

Vecino yo al presente de la villa de Adra y residente hoy accidentalmente en esta plaza, hallándome enfermo en cama de alguna gravedad, pero su entero cabal juicio, memoria y entendimiento natural, el que Dios Nuestro Señor se ha servido concederme, creyendo como firme y verdaderamente creo los artículos y misterios de fe que tiene, cree y confiesa Nuestra Santa Madre Iglesia Católica Apostólica de Roma, bajo cuya Santa divina fe y creencia he vivido y protesto permanecer hasta mi fin, como católico y fiel cristiano que soy, y temiéndome de la muerte natural a todo viviente, tan cierta como su hora dudosa, ignorando en la que me acometerá, quiero estar dispuesto con las diligencias que como tal cristiano debo practicar; y siendo una de ella mi testamento, con el divino auxilio que desde luego imploro, otorgo, que lo hago y ordenó en la forma y manera siguiente:

Lo primero encomiendo mi alma a Dios Nuestro Señor que la crió de nada y redimió en cuanto hombre con el infinito precio de su preciosísima sangre, vida, pasión y muerte, suplicando a su divina majestad se digne perdonarla de mis culpas y pecados y lleve a descansar a su Santo Reino, fin para que fue criada, y el cuerpo restituyó a la tierra de que fue formado en reconocimiento de su miseria.

Y cuando la suprema voluntad sea servido llevarme de esta presente vida a la eterna se dará sepultura eclesiástica a mi cadáver en el sitio y lugar sagrado destinado por el Gobierno, con la forma de entierro que tengan a bien disponer mis albaceas, según le he comunicado; a cuya dirección confió este particular pues que así procede de mi última y deliberada voluntad.

---

245 Archivo Histórico Nacional, Madrid, Leg. 52B No. 6 (a - h) Testamentaria de Guillermo Kirkpatrick Wilson.

Mando se digan por mi alma, intención y cargos de conciencia las misas rezadas que sea voluntad de mis albaceas, a quienes también confió este particular, igualmente que la designación de la limosna que haya de darse por cada una, con la deducción correspondiente de la cuarta parte de Colecturía y la celebración de las restantes por los sacerdotes que digan, a su arbitrio y libre disposición.

Mando se den de limosna a las cuatro obras pías de este obispado ocho reales vellón para todas y por una vez, y a la establecida a favor de las viudas y huérfanos de los militares que murieron en la Guerra de la Independencia (contra Napoleón), los doce reales prevenidos de Real Orden.

Declaro que, el día 2 de noviembre del año pasado 1791, celebré mi matrimonio en esta ciudad y su iglesia parroquial del señor San Juan con doña Francisca Grivegnée y Gallego, de cuyo matrimonio hubimos y procreamos por nuestros hijos legítimos: doña María Mañuela, doña Carlota Catalina y doña Enriqueta Kirkpatrick y Grivegnée, de las cuales la primera casó con el Excmo. Sr. Conde del Montijo y de Teba; la segunda, que casó con Don Tomás Jaime Kirkpatrick, falleció dejando por sus hijos legítimos a Don Tomás, Doña María, Don Guillermo, Don Juan y Don Alejandro Kirkpatrick y Kirkpatrick, de los cuales este último tengo a mi lado y compañía, dándole la asistencia y educación correspondiente, existiendo los otros sus hermanos en Francia y en la casa de Don Tomás, su padre, y la tercera que contrajo su matrimonio con Don Domingo Cabarrus que fue de esta vecindad y regidor de ¿este? Ilustre Ayuntamiento, se halla hoy en el estado de viuda domiciliada en esta ciudad, todo lo cual manifiesto así para que conste y sirva a los efectos convenientes.

Declaro que la referida Doña Francisca Grivegnée y Gallego, mi amada esposa, falleció en esta ciudad el día 4 de febrero del año pasado 1822, bajo la voluntad del testamento que de unión y acuerdo conmigo tenía celebrado ante don Juan Feliz Carrión, escribano que era de este número, con fecha cuatro de marzo de 1808, conforme al cual se hizo división y partición de sus bienes relictos, convencional y amigablemente, entre las nominadas mis tres hijas y yernos respectivos, por escritura pública que todos días y en mi nombre don Guillermo Rein, de este Comercio, mi apoderado especial, con fecha en esta ciudad a 20 de julio del citado año 1822, por la que quedaron todas las dichas mis hijas plenamente reintegradas de cuanto les perteneció por herencia y legítima materna, y lo declaro.

Declaro tengo mi domicilio, habitación y morada en la expresada villa de Adra, donde poseo la casa que ocupo, un terreno frente de ella, varias partes de mina y la dependencia de comercio que allí tengo establecidas, constante todo ello, mis bienes y existencias de mis papeles, correspondencia y libros que hoy corren a cargo de mi sobrino don Juan Kirkpatrick y don Francisco Carmona, mi ¿internado? y dependiente, avecindados en aquella villa, el primero existente allí y el segundo residente actualmente en esta plaza, quienes a su finado darán noticia y cuenta exacta de todo con la regularidad, honradez y buena fe que les es característica, merecedores por tanto de mi confianza y buen afecto, manifestándolo así a los fines y efectos convenientes.

Declaro he auxiliado a mi hija Doña Enriqueta Kirkpatrick y Grivegnée, atendiendo a su existencia con 500 reales mensuales, y a mis nietos, hijos de la Doña Carlota Catalina Kirkpatrick, mi otra hija ya difunta, para ayudar a su educación, con 2.000 francos anuales que les he ido entregando por mano del Don Tomás Jaime Kirkpatrick, su padre; de cuyas cantidades es mi voluntad no se le haga cargo de modo alguno por mi fallecimiento, ni tampoco de las mismas especificadas partidas mensuales y anual, quedando se les continúe suministrando, del propio modo que yo lo hago, hasta la general liquidación, división y partición de mis bienes relictos, mas si alguno de mis herederos se opusiere a esta mi disposición, que no lo espero, mediante el amor filial que me profesan y el fraternal que los une deberán estimarse los tales socorros o auxilios así dados en vida como legados, mejoras u otra forma que más haya lugar en derecho, puesto que así procede de mi última deliberada voluntad.

En uso de las prerrogativas y facultades que los testamentarios, contadores y liquidatarios de mis bienes y caudal relicto: a mi hermano Don Tomás Kirkpatrick, Cónsul de Hanóver en esta plaza; a mi hijo político el Excelentísimo señor Conde de Montijo y de Teba; a mis amigos don Matías Huelin y don Francisco Carmona; y al don Juan Kirkpatrick, mi sobrino, a quienes juntos e *insolidum* confiero el poder más amplio especial y cumplido que en derecho se requiere para que, verificado mi fallecimiento, procedan extrajudicial, convencional y amigablemente a la confección del oportuno inventario de mis bienes y caudal yacente, a su aprecio por peritos que elijan a su satisfacción, al ajuste y liquidación de mis créditos activos y pasivos; a la parcial y general de la conmemorada mi dependencia de comercio conforme a las voces, cualidades y circunstancias bajo que gira y se halla constituida, a la percepción cobranza y recaudación de cuanto por el resultado de todo me corresponda y deba haber donde de ello los recibos y resguardos que sean convenientes, cubriendo y pagando también lo que sea de su cargo y responsabilidad, todo hasta venir a parar al estado de la liquidación final división y partición del monto de mi caudal entre mis hijas y nietos herederos, a quienes ordeno y mando estén y pasen por cuanto los dichos mis apoderados hagan y practiquen en desempeño de este mi cometido.

Encargándoles muy particularmente y, con especialidad, a los nominados Don Tomás Kirkpatrick, mi hermano, y al Don Matías Huelin cuiden de asegurar del modo más legal y conveniente al capital que por su haber y herencia corresponda a los referidos mis nietos, a fin de que siempre se le conserve y hallen en su caso íntegro y completo para los usos que les convenga, a cuyo fin y demás particulares expresados, sus incidencias, anexidades y conexidades es conferirles este amplísimo poder sin ninguna limitación, antes bien con libre, franca y general administración, cláusula de otro yo y facultad de enjuiciar, siendo necesario: jurar, recusar, probar, tachar, abonar apelar, suplicar y sustituir en cuanto a pleitos y con relevación de gastos; prohibiendo absolutamente en cuanto a mi testamentaria, liquidaciones parciales indicadas, la general cuenta y partición de mis bienes y caudal, todos figura de juicio e intervención judicial, pues ha de ser todo evacuado del modo extrajudicial, convencional y amigable, que dejo prevenido como procedente así de mi última deliberada voluntad.

Y conforme a ella, los nominados, mis apoderados usarán en el desempeño de éste, mi encargo, no solo del término de un año que la ley concede, sino es también del más tiempo que necesiten para evacuarlo con la escrupulosidad y exactitud que se requiere y yo exijo en beneficio común de los interesados que intervienen: mis hijos y herederos.

Nombro por mis albaceas a los mismos don Tomas Kirkpatrick Wilson, Excmo. Sr. Conde de Montijo, Don Matías Huelin, Don Francisco Carmona y Don Juan Kirkpatrick a quienes asimismo, juntos e *insolidum* confiero el poder necesario en derecho para que, verificado mi fallecimiento, entren en mis bienes y, de los mejor y más bien parado de ellos, tomen los que basten; y vendiéndolos en pública o privada almoneda, con su producido cumplan y paguen este mi testamento y causa pía con la brevedad posible, sobre que les hago particular encargo y en caso necesario prorrogo el año del albaceazgo.

En el remanente que quedare y fincare de todos mis bienes, títulos, derechos, acciones y futuras sucesiones que, en cualquier manera me toquen y correspondan, puedan tocar y pertenecer, instituyo, elijo y nombro por mis únicos y universales herederos: a la Excma. Señora

Doña María Mañuela Kirkpatrick y Grivegnée, condesa del Montijo y Teba, a Doña Enriqueta Kirkpatrick y Grivegnée, mis hijas legítimas, habidas en mi matrimonio con la Doña Francisca Grivegnée y Gallego, mi difunta esposa; y a Don Tomás, Doña María, Don Guillermo, Don Juan y Don Alejandro Kirkpatrick y Kirkpatrick, mis nietos, en cabeza y representación de mi otra hija la doña Carlota Catalina Kirkpatrick y Grivegnée, su difunta madre, habidos en el matrimonio que contrajo con el Don Tomás Jaime Kirkpatrick, para que todo lo hayan, lleven, gocen y hereden por terceras partes iguales, con la bendición de Dios Nuestro Señor, a quien alaben y me encomienden; y la mía, pues que así es mi última deliberada voluntad.

Y por el presente: revoco, anulo, doy por ninguno y de ningún valor, ni efecto todos otros cualquier documentos, codicilos, mandas, legados y poderes que para el mismo efecto de testar anteriormente haya hecho u otorgado por escrito, de palabra y en otra forma y, con especialidad, el citado que celebré de unión con mi difunta esposa la Doña Francisca Grivegnée, ante el escribano que era de este número Don Juan Feliz Carrión, en 4 de marzo de 1808, y el testamento cerrado que últimamente otorgué en dicha villa de Adra, ante el escribano don Fernando Ayllón, ya difunto, existe y aún conservo en mi escritorio para que ninguno valga, ni haga fe judicial, ni extrajudicialmente, salvo éste que ahora hago, quiero y mando se tenga, guarde, cumpla y ejecute por tal mi testamento, última y final voluntad, en la mejor vía y forma que más haya lugar en derecho.

En cuyo testimonio así lo digo y otorgo ante el infrascrito escribano y testigos que se expresarán, en la ciudad de Málaga a ¿catorce? de mayo de 1836 y lo firmo, siendo presentes en clase de testigos: don ¿Bro? ¿Sarlabos?, don Joaquín Calzado y don Joaquín Galindo, vecino de ellas.

A presencia de los cuales añado: que el suministro prevenido que debe hacerse a la Doña Enriqueta Kirkpatrick, mi hija, durante la liquidación y partición de mis bienes sea de 600 reales mensuales en lugar de los 500 expresados; y que en caso de que a mi fallecimiento aparezca alguna (…) la memoria relativa a esta mi disposición autorizada y firmada de mi pulso y letra, se tenga su contenido por adicción y parte integral de este mi testamento, guardándose y cumpliéndose cuanto en la misma ordena y preceptúa, como procedente de mi última y final voluntad, con cuya adicción solemnizo este otorgamiento.

Y yo el infrascrito secretario honorario de Su Majestad, Escribano público de este número, que con los mismos testigos a todo he sido presente, doy fe conozco al testador.

Firma: don Guillermo Kirkpatrick y don Juan de Sierra.

Notas al Margen

Doy fe: que la cédula o memoria que el testador don Guillermo Kirkpatrick se reservó hacer por esta disposición ha sido, con efecto, formalizada por el mismo, puesta y protocolizada hoy día de la fecha en el registro corriente de escrituras públicas de mi escribanía numeraria. Y a fin de que así conste a los efectos consiguientes lo anoto en Málaga, a 2 de enero de 1837. Firmado: Sierra.

Otra: Doy hijuelas de esta disposición a instancia del albacea don Tomás Kirkpatrick que augura del fallecimiento del testador en la mañana de hoy. Málaga, 20 de enero de 1837. Firmado: Sierra.

Di el original de esta disposición al albacea don Tomás Kirkpatrick en dos pliegos del sello tercero y cuatro del cuarto en su intermedio. Málaga, 21 de enero de 1837. Firmado: Sierra.

Otra: doy copia de esta disposición a la parte de la Excelentísima Señora Doña María Mañuela Kirkpatrick, condesa de Montijo y Teba, en dos pliegos del sello tercero y cuatro del cuarto en su intermedio. Málaga, 26 de noviembre de 1839. Firmado: Sierra.

Notas y Comentarios Adicionales

Los documentos testamentarios de William Kirkpatrick constituyen un vasto expediente que se encuentra en el Archivo Histórico Nacional (Madrid). La serie comienza con los Antecedentes o documentos de autorización elaborados en su villa de Adra el 1 de marzo de 1836. Incluyen una carta de M. Lesseps fechada el 31 de abril de 1836 y dirigida a Monsieur Guillaume Kirkpatrick. Se trata de una cuenta muy detallada de sumas de dinero adelantadas a Fanny Kirkpatrick y Grivegnée y a sus hijas, María Manuela, Carlotta y Henrietta, en París, de octubre de 1813 y hasta 1814. Elisabeth también aparece en la lista con una Mathilde, M. y Mme. Kirkpatrick y otra Mme. Kirkpatrick de Honfleur, en Francia. Estas cuentas certificadas ante notario se presentaron en un estilo profesional y con letra de administrativo. La firma del banquero parisino Juan (Jean-Baptiste Charles) Lesseps es de trazo poco firme y quizás de un hombre anciano. Expresan el dolor y la indignación que un banquero puede sentir cuando un cliente antiguo y de confianza le defrauda. Quizás fueron acontecimientos más importantes los que desataron sus sentimientos.

Documento Nº 2.

Correspondencia con el cónsul Británico, Málaga

PRÓLOGO A LAS CARTAS de William Laird a William Kirkpatrick.

Las cartas de los archivos del Servicio Consular Británico en Kew (Londres) dan una noción de la vida de William Kirkpatrick durante este periodo. Se trata de copias de cartas pertenecientes al *Foreign Office* (Ministerio de Asuntos Exteriores) británico que el Cónsul británico en Málaga, "W. L." (William Laird), dirigió a William, a quien él llama su buen amigo, "Tocayo".

Una carta de Laird, fechada el 16 de febrero de 1821, menciona a "Messrs. Barrill", quien sucedió a William como Cónsul de Estados Unidos en Málaga en diciembre de 1817.[246] Las cuentas del Consulado de William Laird las auditaba y refrendaba Barrill; buen ejemplo de una temprana cooperación anglo-estadounidense.

Una carta consular de finales de septiembre de 1816 hace una relación de letras de cambio sobre Kirkpatrick Parkinson Co. y Kirkpatrick Grivegnée Co., demostrando que ambos negocios se encontraban comercialmente activos en ese momento. En estas cartas aparecen con frecuencia dificultades con las letras de cambio. Eran un tipo de cheque y constituían el principal medio de pago tanto para particulares como para empresas.

Un ejemplo de dichas dificultades se encuentra en una carta de William Laird a Londres de 1816. Tiene que reunir la suma de 622 libras con 16 chelines y 5 peniques, lo que consiguió acumulando siete pequeñas letras giradas contra Londres: Se las consideraba dinero del bueno, pero era difícil reunir suficientes como para alcanzar las sumas exigidas.

Londres era el centro de compensación para ingentes cantidades de letras que se enviaban a lo largo y ancho del mundo garantizando el pago de las mercancías entregadas y los servicios prestados; los barcos aprovisionaban y los aranceles de las Aduanas y de los puertos las hacían efectivas en nombre de los gobiernos y de los propietarios de los barcos.

---

246 The National Archives of the UK, PRO, FO927/17

La dependencia de esta forma de transferencia dineraria resalta la falta de mecanismos bancarios desarrollados en Málaga en los días en que las letras de cambio ya se habían establecido como forma de pago internacional. Esto confirma la impresión de que la inseguridad de las rutas comerciales marítimas limitó seriamente el crecimiento de mecanismos normales de crédito y financiación en la España de aquellos momentos. Por lo tanto, los extranjeros con conexiones sólidas en la costa atlántica de América y en Europa se hallaban en una posición más favorable para comerciar que los productores y agricultores locales españoles.

Este efecto se pone de manifiesto, a un nivel más doméstico, en la notable correspondencia mencionada y en el comienzo de los documentos testimoniales de William Kirkpatrick. Juan de Lesseps era un banquero de París, hijo de Catherine de Grivegnée y Matthias de Lesseps, y se lamenta de que la Letra o Pagaré emitida en Londres en 1812 por la esposa de William, Fanny Kirkpatrick, y endosada por Juan Lesseps o quizá, dado el marco temporal, por su padre, ¡seguía sin ser pagada en 1837! Dichas herramientas de crédito internacional también tenían usos domésticos.

Una serie de cartas del Consulado Británico, escritas durante 1821, indican que William participaba tanto en el negocio de venta de vino a granel por barril como de jamón: aunque esto podría haber sido un favor para su amigo. También estaba ocupado intentando exportar mineral de plomo de las minas de Granada. El Cónsul escribió a William a Motril (provincia de Granada), primer lugar al que se trasladó tras dejar Málaga.

1. Wm Kirkpatrick Esq.   17 February 1821   Motril

My dear Tocayo – I am glad to find by your kind letter of this 5th inst. that you had returned safe to Motrill after a pleasant (& I hope) a profitable journey to Granada, may your expectations respecting the lead branch be verified to your utmost wish –

The wine you sent me I by no means dislike, and although very good of its kind it is luscious to drink by itself for which reason, my next, shall be common sweet wine, <u>not</u> Muscatel – The Hams must come here and I must avail myself of a proper opportunity to forward them by, as the Guardia Costa are taking and condemning every vessel belonging to Gibraltar without the smallest apposition being made in our part "enqui venoran a parar estas misus" [sic]. God help you my dear Tocayo & believe me to be always yours W.L.

2.   William Kirkpatrick Esq.   28 February 1821   Motril

My Dear Tocayo, By yesterday's post I had the pleasure to receive your letter of the 22 inst. Enclosing one for Lord Castlereagh which I forwarded to his Lordship this day –

I believe that you know what I have already suffered by having the Port of Almeria under my charge and you also know the generous principles upon which I have acted by giving up to the Vice Consul the whole of my emolument there, to prevent their doing mean or dirty things, but I have by no means gained my purpose – If Roman has acted wrong, I think he can make no apology, as I directed him in all cases of Doubt to apply to Mr Gorman, whose respectability and integrity are well known, and by following his advice, no error could be committed, he has followed the opinions of others, he must stand to the consequences, but I can give no decided opinion until I see Capt. Jay as Roman writes me, that he had paid the full produce of the wreck – Although it is not my wish to enter in Cabals, nor become a party in intrigue I notwithstanding, consider it <u>my duty</u> to take care, that the orders of Lord Castlereagh, are carried into immediate execution and if there are any just grounds for complaint, against Roman I have no doubt of his being removed: in the mean time Lord Castlereagh's answer will convince Mr. D. Spencer that his name was first on the list sent, and I shall be well pleased that his own letter may produce the desired effect –

I am heartily tired my dear Tocayo of Almeria, and determined hence forward to have as little intercourse with its Vice Consul as possible; exclusive of giving up my fees, I have paid many hundreds of reals of Postages, about disputes, which I could never understand, and its now time (as your brother said) to turn over a new leaf – Before I take the active part in bring matters to a conclusion, I wish to see Capt. Jay, that I may be fully acquainted with the nature of his dispute, and if I can render him any service, you may believe I will most readily do it, observing that I answered the letter he wrote to me, on the same day it was received, directed to the care of Mr Gorman.

3. Wm. Kirkpatrick Esq.   4 April 1821   Motril

Captn. Jay having given me some reason to think that you would come this way soon, I delayed replying to your kind letter of the 18th Feb. in hopes of being enabled to discuss the Captain's case verbally, but your obstinacy in remaining so long in that horrid place obliges me to take up the pen – Capt. Jay's complaint seems to be so well founded that it has given me a deal of uneasiness every thing in my power has however been done, to procure him redress, and as Mr Gorman had kindly undertaken the settlement of accounts with Mr Roman, I am in hopes matters will finally be settled to the Captain's satisfaction. – the wine you sent me was very <u>Bad</u>. That its all gone, and I must return the barrel to get a fresh supply; in the beginning I thought it too sweet and luscious but others liked it so well that they have been uncommonly active in assisting to consume it, and they have almost persuaded me that it is excellent. – With your leisure, I shall be expecting my hams and I hope they are small. As well as that you have recovered my small libranza on our friend Hburol.

4. Wm. Kirkpatrick   18 April 1821   Motril

My dear Tocayo, I should have delayed replying to your favour of the 9th inst. Until an opportunity had offered of returning the small barrel, had I not observed that our friend Mr Mala Vilasco had only paid you 158 R. – On the 2nd February 1820 I paid that Gentleman order to Divereux 248, 24; I have had no transaction with him since and it seems rather strange, that at the expiration of 14 or 15 months, he should only repay one half without assigning a reason, especially as my libranza was for the first sum; pray endeavour to clear up this matter, for although the sum is small, I am determined not to lose it. –

I am assured by the Captn. of the Port, that a vessel will sail for Motril in a few days, and by her, I propose returning the Barrel to be replenished; if what you send is as good as the last, I shall be well satisfied, and I think it would be better (should she return) to send the hams by her, as carriage by land, will I suspect add considerably to the price. –

If business retains you in Motril it must be attended to, but I sadly mistrust your Billy and believe me always yours most truly

5. William Kirkpatrick   12 May 1821   Motril

I write you a few lines purely to acknowledge the receipt of your letter of the 25th Ult. and to inform you of the trouble and vexation I have had with the hams.

As they brought no Gina, and were not on the Register, they could not be admitted to entry, and it therefore became necessary to get them brought on shore clandestinely, which has been at such an expense, as I shall be ashamed to charge: things are not now as they were formally and much precautions are taken to prevent fraud, as would surprise you – I have paid Mrs Kirkpatrick Reals 509 being the amount of Hams, and charges in Motril – Let me know the cost of my Wine and pray recover of Mr Melases the 90 R21 mrs. Believing me always yours most truly –

6. Wm. Kirkpatrick Esq.   2 June 1821   Motril

My Dear Tocayo, I mentioned to you when here, that I owe no balance to Mr Malta Vilaves of a Hbunol (?), and I grounded my opinion upon the supposition that I had always paid the amount of hams, when I receive them, consequently drew in your favour for the cost of same from hoops (?) paid to Divereaux by his order – I now send annexed a statement of every transaction I have had with Mr Vilaves, since the commencement of our correspondence, and you will find that he owes me 40, instead of my owing him 90 l. as stated by him to you – this balance is corroborated by his own letters and libranzas, so that I hope he will make no difficulty about paying it. But if he should (which I have, no reason to suppose) means will be found to get the money – I have got a small barrel prepared and when a vessel offers it shall be sent up.

7. William Kirkpatrick Esq.   25 July 1821   Motril

My Dear Tocayo, I have to acknowledge the receipt of your favour of the 15th inst. And to inform you that Capt. Williams demand from Birmutu (?) 91 l. overpaid in his own tonnage & 371/2 l by order of Capt. Ron – for so much over charged: that the 107 l. will be recovered as soon as any English vessel is dispatched, - the hams are of no sort of consequence and if no opportunity offers soon, Don't send them, - I am very sorry to hear, that the Spanish government has put a stop to the exportation of lead ore. I hope they will soon be sensible of the error and amend it, in which case I shall trouble you with the reimbursement for Aranzini, but I am afraid he wont be allowed to act unless the appointment is approved of by the King – Surely every man has a right to name an agent, where he pleases and it is but reasonable to suppose, that by having a proper Power he might be permitted to act for me without the Kings interference especially as his fees wont afford the expenses in Madrid. Pray favour me with your sentiments on this point – the barrel will be sent by first vessel which offers for Motril, but at present there are none -

8. William Kirkpatrick Esq. 1 September 1821   Motril

My Dear Tocayo. I am sorry to see your letter of the 4th with the trouble and vexation you have had about the lead ore, and I repeat my best wishes that success may crown your endeavours towards re opening the Mines.

Your grievances are however confined to a few, but here we are studious in our endeavours to annoy mankind, and unfortunately we succeed but too well.

You must have heard of a most infamous report (raised no doubt for most particular purposes) of an infectious distemper having introduced itself among us, and in consequence, of all vessels being forced to quit the Mole and remain in the Bay, until further notice. As there is not a sick man amongst the vessels and fewer on Shore, than ever happened at this season of the year, instead of taking in to consideration the effect, we are now deliberating about the cause of the order given surely this conduct cannot last – God knows when an opportunity may offer of sending my Barrel and I regret it the more as I wont the wine, luckily the hams have not been sent – We are told that the reports will be reading this on the 8th so that I hope an opportunity may offer for Almeria about that time –

(Todos firmaron por William Laird)

Documento Nº 3.

Testamento de Robert Kirkpatrick de Londres y Málaga.

This is the last Will and testament of me Robert Kirkpatrick of Woodford in the County of Essex, Esquire first I give and bequeath unto my grand niece Mary Craig Wife of Caldwell Craig of the island of Tobago, Esq. a Sum of Two thousand five hundred pounds also to my grand niece Charlotte Aiskell and to my grand nephew Ffauris Aiskell Junior I give the sum of two thousand (five hundred) pounds apiece and likewise give unto my grand nephew Abraham Kirkpatrick (Olinsen?) and John Kirkpatrick Escott the like sum of two thousand five hundred pounds each when they shall have attained the age of twenty one years but if either of them shall happen to die before they attain that age; then my last will is that the said Sum already mentioned to be given to any person so dying Shall be equally distributed between the said Mary Craig, Charlotte Aiskell, Ffauris Aiskell Junior and the survivors of them, the said Abraham Kirkpatrick Sutton? And aforesaid John Kirkpatrick Escott but so not withstanding that any of such survivors in case he should happen to die under the age of twenty-one years as aforesaid shall also equally be divided amongst the said Mary Craig, Charlotte Aiskell and Ffauris Aiskell junior.

I give unto my clerk Jeh. Parkinson for his attention and fidelity in my concerns five hundred pounds and also I give unto my friend Betty Whiteboy now residing with Charles Kirkpatrick, the son of William Kirkpatrick of Dumfries, James Kirkpatrick of Bristol and Sarah Sayne Bovet? wife of John Sayne Bovet of Taunton the sum of five hundred pounds a piece and I further give to my friends Ann Allen of (?) Ann Whiteboy, the wife of William Whiteboy of Thinnick? Sarah Shrapnell of Wilvelscombe Mary Escott of Bristol, Ffauris Aiskell son of the afore said Caldwell Craig and Robert Simpson? apothecary the sum of fifty pounds each and in so give to my friend Richard Workelesly and Sarah Worklesby his sister. The sum of twenty five pounds apiece.

To my devout James Quidley[?] I give Twenty pounds and to Ian Scolly I give ten pounds. They having served me with reliability for many years. And my Will further is that every legacy herein by me given which exceeds the sum of fifty pounds shall be paid in manner following that is to say one fourth part thereof within six months and the remaining within two years after my decease.

Having this disposed of part of my property amongst my friends and infant relations with respect to the rest and residue of my estate and effects of what nature or kind so ever and where so ever situated I give and bequeath the same to my dear sister Ann Kirkpatrick and my great nephew John Kirkpatrick Escott equally to be divided between them.

Lastly I so revoke all former wills where to for made and I do hereby restitute and appoint my said nephew John Kirkpatrick Escott and the afore said James Kirkpatrick of Bristol to be executors of this my last will and testament In Witness of which I affix my seal this sixteen day of November in the year of our Lord One thousand Seven Hundred and Eighty One.

Robert Kirkpatrick

Signed and Sealed and initialised by the above named Robert Kirkpatrick the testator as his last Will and Testament after the initialisation of these words which the sum of fifty pounds in the presence of us who at his request in his presence and in the presence of both of us have here to for subscribed our names as Witnesses: Sarah Reed, James Reed, Ann?[247]

Notas y Comentarios Adicionales del Testamento de Robert Kirkpatrick de Woodford en el Condado de Essex de 1781, fallecido el 14 de abril del mismo año.

Este documento establece la identidad del Robert Kirkpatrick, que aparece en muchas de las primeras referencias sobre el comercio de Málaga y aclara su asociación con Francis Aiskill, el Cónsul británico en Málaga. También se vincula a una serie de relaciones comerciales de Kirkpatrick.

Los beneficiarios incluyen a: Su sobrina nieta Mary Craig, esposa de Caldwell Craig de la Isla de Tobago.
Su sobrina nieta Charlotte Aiskill.
Su sobrino nieto Ffauris Aiskill, hijo.
Su sobrino nieto Abraham Kirkpatrick Sherston.
Su sobrino nieto John Kirkpatrick Escott.

[247] The National Archives, London, Ref. PROB 11/1077, Pág. 75.

Jeremiah Parkinson, más que empleado, era socio de Robert Kirkpatrick. Se le menciona en un documento consular de los Estados Unidos, donde se recomienda a William para el puesto en el Consulado en Málaga. También aparece un Parkinson representando a la empresa de Robert Kirkpatrick.[248]

"Mi amiga" Betty Whiteboy, que ahora vive con Charles Kirkpatrick, hijo de William Kirkpatrick de Dumfries, es beneficiaria.

James Kirkpatrick de Bristol es nombrado albacea de su Testamento.

Una Mary Escott de Bristol es beneficiaria.

Su "Querida hermana Ann Kirkpatrick" es una beneficiaria residual y, obviamente, Robert esperaba que su herencia fuera superior a 2.500 libras.

Lo mismo para su "querido sobrino John Kirkpatrick Escott", supuestamente padre de su sobrino nieto de igual nombre.

Los testigos son Sarah y James Reed, que pudiera ser el mismo James Reed mencionado en los documentos del Consulado de Estados Unidos, un patrocinador de William Kirkpatrick de Málaga.

Parece que los Craig tienen conexiones en Charleston, dado que una Margaret Craig se casó con un Thomas Kirkpatrick en el Condado de York (Carolina del Sur, Estados Unidos) en 1778.[249]

La necrológica de *The Gentleman's Magazine* de 1781 describe a Robert como un "considerable comerciante el comercio español". *Burke's Peerage and Baronetage* afirma que Robert Kirkpatrick era hijo de Sir Thomas Kirkpatrick, segundo Baronet, e Isabel, la hija mayor de Sir William Lockhart, Baronet de Carstairs. Nació en 1717 y murió en 1781, sin dejar descendencia. Se le presenta como "un muy confidencial comerciante en España"[250]. Aunque esto puede vincular más estrechamente a Robert de Málaga con la línea principal de Closeburn de los Kirkpatrick, la prueba de los Testamentos sugiere que el título de Burke es erróneo. Los legados listados en el Testamento de Robert Kirkpatrick y el nombramiento de su hermana Anne, confirma que era hijo de James Kirkpatrick, quien vivió en Cullompton, nieto de Thomas de Knock, familiar de la Baronet del mismo nombre.

---

248   National Archives, Washington, DC, General Records of the Department of State, Record Group Box 6, 59 rollo microfilm M438.

249   Índice Genealógico Internacional para Carolina del Sur

250   *Burke's Peerage and Baronetage*, 106th edition, pág. 1516.

Documento Nº 4.

Diario de sesiones del Senado estadounidense.

Journal of the executive proceedings of the Senate of the United States of America: 1789-1805, entry for WEDNESDAY, January 1, 1800.

The Senate proceeded to consider the message of the President of the United States, of the 31st ultimo, nominating Timothy Pickering, and others, to office. Resolved, That they do advise and consent to the appointments, agreeable to the nominations respectively.

Ordered, That the Secretary lay this resolution before the President of the United States.

The Senate proceeded to consider the message of the President of the United States, of the 20th of December last, nominating Copeland Parker, to office. Resolved, That they do advise and consent to the appointment, agreeable to the nomination. Ordered, That the Secretary lay this resolution before the President of the United States. The following written message was received from the President of the United States, by T. B. Adams, Esq. Page 332

Gentlemen of the Senate:
I nominate William Kirkpatrick, of Málaga, in Spain, to be Consul of the United States at that port, in the place of Michael Murphy, Esq. deceased. JOHN ADAMS.

United States, January 1st, 1800. The message was read. Ordered, That it lie for consideration.

(Señores Senadores:
Nombro a William Kirkpatrick, de Málaga, España, Cónsul de los Estados Unidos en dicho puerto, en lugar del Sr. Michael Murphy, fallecido. Firmado JOHN ADAMS, Presidente de los Estados Unidos de América, a 1 de enero de 1800.)

Documento Nº 5.

Carta a Alexander Kirkpatrick, Esq., Dublín

Esta carta demuestra cómo William Kirkpatrick, en Málaga, mantuvo el contacto con su primo Alexander Kirkpatrick en Dublín (Irlanda). Les asegura que había recuperado sus negocios tras haber sido arruinados por la invasión francesa e intenta reforzar sus negocios enviándoles regalos o muestras.

My Dear Sir,   Málaga, 26 October 1814

I have learnt with infinite satisfaction from my nephew, who had the pleasure of seeing you, in Dublin, a short time ago, that you continue to enjoy good health, and had the goodness to introduce him to several of your merchants in the wine and fruit trade, from which I have great hopes much benefit will result to my new establishment and for which I beg you may admit my best thanks.

Since I had last the pleasure of seeing you in Dublin, I have experienced many ups and downs in the world. I have seen myself completely independent but the French invasion ruined me.

However, thank God, I have again, thro' the assistance of my friends, got upon my legs in a pretty extensive line of business, with every expectation of doing well, which I am convinced you will be glad to learn. When an opportunity occurs of recommending my house, I beg you will not fail to do so to any of your friends in the habit of speculating in this quarter, a word from you may have good effect.

I take the liberty of enclosing you Capt. William Fox's Bill of Lading for A.K.

2 Boxes Muscatel Raisons

1 box of Almonds and two boxes of grapes

shipt. To your address, on board the brig "Mary" which have the goodness to retain and admit for the use of your own table. Capt. Foxe will deliver you this on his arrival.

I sincerely wish you every happiness, and with true regards,

My dear Sir, Your most affect. C.G. [i.e. cousin germane]

William Kirkpatrick,

Kirkpatrick & Grivegnée[251]

---

251 Kirkpatrick, Alexander LaPere, *Chronicles of the Kirkpatrick Family*, de la More Press, London.

Documento Nº 6.

La típica Letra de Cambio Quilty y Co., de Málaga, que se citó en un caso de fraude en el Tribunal Penal de The Old Bailey en Londres en 1758.[252]

Cited in 317. (L.) Thomas Usher, otherwise Clark, was indicted for falsely forging an acceptance to a bill of exchange, with the name Anthony Merry thereunto, for the payment of 250 l. and for publishing the same, knowing it to be forged, with intent to defraud Sir Charles Asgill and Co. May 30. 1758. +

The Bill of Exchange:
Laos Deo, Málaga, 5 Feb. 1758.
Exa. per 250 Sterling.
At Usance and half, pay this our first, per Exchange, to Mr Domingo Gneico, or Order, 250. Sterling, value received of the same. Which place to account, as per advice from
Thomas Quilty and Co.
To Mr Anthony Merry , Merchant in London.
Accepted Payable at Sir Charles Asgill's and Co.
Anthony Merry.

---

252   *The Proceedings of the Old Bailey, 1758,* London: t17591024-18

Documernto N° 7

Los Kirkpatricks de la Isla de Man

El tío de William, otro John Kirkpatrick, se estableció en la Isla de Man, donde se casó con una tal Jean Forbes. Parece poco probable que fuera Juan Kirkpatrick de Málaga de 1730. Tuvieron un hijo, también llamado John, que fue al colegio en Dumfries Se unió a la Honorable East India Company y se convirtió en capitán de su barco mercante armado el *Henry Addington*. Este sobrino posteriormente ayudó a sus tíos, John de Ostende y William de Málaga, aportando su parte de las tierras familiares heredadas, poniendo dos quintas partes de Nether Glenkiln, para dar solución definitiva a las deudas de su padre, William de Conheath. En un sepulcro cerrado con rejas de hierro en el cementerio de la Iglesia de Kirk Christ, Lezayre (Santísima Trinidad), a unos 9 kilómetros de Ramsey, Isla de Man, consta la siguiente inscripción:

> JEAN KIRKPATRICK, WIFE OF JOHN KIRKPATRICK,
> MERCHANT IN RAMSAY, [ISLE OF MAN]
> WHO DIED OCT. 26, 1766, AGED 24,
> TO WHOSE MEMORY THIS STONE,
> AS A PROOF OF THE SINCEREST REGARD,
> AND A SACRED TRIBUTE TO WORTH AND INNOCENCE,
> IS ERECTED BY HER DISCONSOLATE HUSBAND.
> QUAM VENIENTE DIE, QUAM DECEDENTS REQUIRO
> ET MEAM MORIENS REMINISCES UXOREM[253]

---

253   Felthem, John, *A Tour Through the Island of Man 1797 – 1798*, Manx Society Publications.

Documento Nº 8.

Relaciones mercantiles de John Kirkpatrick

Las conexiones mercantiles de John Kirkpatrick se han obtenido de la investigación de Jan Parmentier, tal y como ha sido traducida por Gijs Speltincx y aparecen así:

Nacionales:
Brussels: Alexander Ivens for Spanish wine and Jean Sterckx for grain.
Tournai: C. Venture and the Company Williamiez for wine and brandy.
Louven: Company Impense and Jean Marshall, wine and hides.
Furnes: Arsène Joseph Decae for horse beans.

Casas mercantiles internacionales, principalmente anglosajonas:
London: Gavin Young & Cie. hides.
                  The Company of Kirkpatrick, Escott and Reed for Banking.
                  John Parkinson and William Hamilton, East Indies Trade and Madeira wine.
Cork: John Anderson & William Dickson, beef and barley.
Ayr: Peter Lockhart, ship owner and smuggling.
Larne: Matthew Quinn, ship owner.
Forres: James Mackie, Alexander Fraser and James Sunter, all ship owners
Swansea: William Jones, ship owner.
Torshavn: (Faerøes) Rosenmayer, Flore & Cie, tobacco, wine and brandy
Lisbon: John Cockburn and John Hamilton, wine and hides.
Madeira: Charles Alder, Madeira wine.
Barcelona: Edmund Connelly, brandy
St Petersburg: William Porter & Cie. and Hill, Cazillet & Cie. fruit and wine.
Salem: Zacharias Stone, Shipping
Charleston: Adam & William Tunno and Thomas Mulloy, wine and brandy
Genoa: Nicolo Allegretti, East Indies Trade.

Documento Nº 9.

El comodoro Bainbridge informa de su acción.

A bordo de la Fragata de Estados Unidos, a unas diez millas al este de Málaga. Lunes, 29 de agosto de 1803.
Para el Sr. James Simpson.
(Mientras se encontraba en Gibraltar, el Capitán Bainbridge escuchó que dos cruceros de Trípoli se hallaban frente al Cabo de Gata y se fue inmediatamente a investigar. Avistó un buque que sospechó que era un crucero, cuya documentación ordenó enviar al barco estadounidense *Philadelphia*. Descubrió que el barco de veintidós cañones era el buque de guerra del Emperador de Marruecos, el *Mirboha*, comandado por Ibraham Lubarcg.

Bainbridge sospecha que un barco acompañante más pequeño había sido capturado y envió un grupo armado de abordaje para investigar. Descubrieron al Capitán Richard Bowen del bergantín estadounidense *Celia* de Boston y a varios miembros de su tripulación, que fueron apresados el 17 de agosto, a unas 25 millas al este de Málaga, durante una travesía desde Barcelona.

Bainbridge ordenó que todos los moros subieran a bordo de su Fragata, pero los fuertes vientos agitaban el mar y tardaron toda la noche en subir a los prisioneros abordo del *Philadelphia* y enviar una tripulación de presa al *Mirboha*.

Bainbridge pasó la mayor parte del día siguiente con su tripulación de presa buscando al bergantín estadounidense *Celia* que había escapado durante la tormentosa noche. El buque fue finalmente recapturado a media noche cerca de la bahía de Almería.

Bainbridge comenta que los moros confesaron que habían salido a navegar con el objetivo de capturar a los americanos y llevarlos a Tánger. Le mostraron la autorización concedida por el Gobernador de Tánger. Bainbridge afirma que los prisioneros alegaron que el Gobernador era la única causa de las actuales hostilidades con Estados Unidos.

Bainbridge espera que la captura del *Mirboha* demuestre al Emperador de Marruecos que si entra en guerra con los Estados Unidos perderá todos sus grandes cruceros. Él y sus oficiales tratan a sus prisioneros con especial atención y civismo para dar una impresión favorable del carácter estadounidense.

A principios de 1800, Bainbridge envía su informe por barca a Málaga, pidiéndole a William Kirkpatrick que lo mande urgentemente a Gibraltar, adonde él se dirige con el buque capturado.

Firmado Comandante WILLIAM BAINBRIDGE Armada de Estados Unidos)

To James Simpson, Esq.

Dear Sir, I wrote you from Gibraltar on the 24th instant, mentioning that we should sail the next morning *for* Malta.

Hearing at the Rock, that two Tripolitains were off Cape de Gatt, made me proceed with all expedition to examine that part of the Spanish coast. On the 26th it blowing very fresh, at 8 p. M. being nearly up with Cape de Gatt fell in with a ship carrying only her foresail, which had a brig in company, under the same sail. It being night, and her guns housed, prevented an immediate discovery of her being a cruiser. After hailing for some time found that she was a vessel of war from Barbary ; on which information I caused her boat to be sent on board the frigate Philadelphia with her passports, from which I discovered that she was a cruiser belonging to the emperor of Morocco called Mirboha, commanded by Ibraham Lubarcg, mounting twenty-two guns, and manned with one hundred men. By not making ourselves known to the officer who came on board, he confessed that the brig in company was an American, and had been with them three or four days, was bound to some port in Spain, had been boarded by them but not been detained. The low sail the brig was under induced me to suspect they had captured her, notwithstanding their having your passport, which it must appear from the sequel, was only obtained to protect them from American ships of war. I sent my first lieutenant on board to examine if they had any American prisoners; on his attempting to execute my orders, he was prevented by t captain of the" cruiser. This increased my suspicion, and I sent a boat with aimed men to enforce my instructions; after they were on board they found captain Richard Bowen, of the American brig Celia, owned by Mr. Amasa Thayer of Boston, and several of his crew, who was taken on the 17th instant, from Barcelona, bound to Málaga, within two or three leagues of the Spanish shore, and about twenty-five miles to the eastward of Málaga. The captain and the crew they had confined below deck, which they always did when speaking a vessel. After making this discovery I immediately ordered all the Moorish on board the frigate, for I made no hesitation in capturing her, after such proceedings on their part, and violation of the faith of passports which ought to be sacred. Owing to the high wind and sea, it took me the greater part of the night to get the prisoners on board and man the prize, which detention occasioned losing sight of the brig. The following morning discovering many divers directions, the day was spent by the frigate and prize in chasing to find the captured brig: about 4 P. M. made her coming round Cape de Gatt from the eastward, standing close in shore for Almeria bay.

Owing to the wind not being very fresh, we were going slow in approaching her; the greatest exertions were made by lieutenant Coxe, in towing and rowing the prize. Fortunately the wind increased in the evening, and we re-captured her at twelve o'clock at night. The Moors confessed that they came a cruising for the sole purpose of capturing Americans to be sent to Tangier.

I have received a paper from them written in Moorish, which they say is their authority from the governor of Tangier for so doing. I enclose this to John Gavino, Esq. with a particular request to have it safely conveyed to you, that you may be informed of the circumstance and act accordingly. I believe the governor of Tangier is much disposed for hostilities with the United States; the Moorish prisoners accuse him as the sole cause of their present situation. I sincerely hope that the capture may be productive of good effects to the United States with the emperor, who may be assured that if he goes to war unjustly with the United States, he will lose every large cruiser he has, and God grant that it may not in the least prove a disadvantage to you. My officers and self have made it a marked point to treat the prisoners not only with the lenity that is due from humanity, but with particular attention and civility, to impress on their minds a favourable opinion of the American character. That you may receive this information as early as possible, I despatch my boat on shore at Málaga, to request William Kirkpatrick Esq. consul, to send it by express to Gibraltar. I shall be extremely anxious to hear from you, as also for the arrival of Commodore Preble, to receive his instructions relative to the captured ships. I am bound to Gibraltar bay with the prize, but am fearful we shall be detained for want of an eastwardly wind. I am, &c.

WILLIAM BAINBRIDGE Cmdr. U.S.N.

Árboles Genealógicos

Kirkpatricks of Conheath

Thomas KIRKPATRICK of Knock

Robert KIRKPATRICK = Henrietta Gillespie
of Glenkiln of Craigshield
b. 1678 Garrell [Kirkmichael]
executed in Edinburgh 1746 as a Jacobite

Thomas = Janet Craig   **Robert**   **William** = Mary Wilson
of Craigshields   **of Conheath**   m.22 Dec 1755
b. March 1737   b 1739   b. 1737
                                                 d. 1787

Mary b. 5 June 1758 m. Thomas Wilson of Edinburgh,
John b. 1 Aug. 1760 d. Honfleur 28 Sept 1828 Merchant at Ostende,
     m. Jane Stothert of Arkland who died in Havre on 22 Feb 1846
William of Málaga b. 24 May 1764 d. 20 Jan.1837 in Málaga
     m. 2 Nov 1791 Francesca (Fanny) Maria de Grivegnée y Gallegos
Thomas b. 25 July 1766 died Málaga on 9 April 1837, no issue (Málaga)
     m.   (1) Dorothea Kilbi
          (2) m. Juana Plinck y Nagel in Málaga who died on 1 Oct 1809
Jane Forbes b. 18 Sept 1767 d. 21 Dec. 1854, Dumfries
Rose b. 12 April 1770 d. April 1833
Harriet b. 3 June 1772 d. Spain 9 March 1824
Robert b. 24 Nov 1774 d. London. This is not the Robert of Málaga.
Alexander b. 1780 d. 11 Aug. 1814 at Wilmington, South Carolina
     or New York no issue *ref.* J. Campbell Gracie

Of the 19 children born of this couple 10 were stillborn or died very young.

and the Málaga Connection

|
James KIRKPATRICK = Elizabeth Capper
b. 1686 Scotland   Honiton, Devon
Settled in England   Lived in Cullompton
see English Kirkpatricks.   m. 10 Oct. 1692.
Their descendants, Robert, Abraham, John, Anne and Elizabeth
were all connected to Málaga and James to Bristol.

| |
John = Jean Forbes   **Henrietta** = William Kirkpatrick
of the Isle of Man   Ballie of Dumfries
d. 1787   d. 29 June 1785

Sources: Enrique Kirkpatrick Mendaro, Marquis de Placetas, unpublished family history, *William Kirkpatrick y Wilson*, Anexo V.
J. Campbell Gracie, *Ibid*, from information from Miss Jane Forbes Kirkpatrick.

Note: Some sources show that George Kirkpatrick, who founded the Irish Kirkpatrick lines associated with Coolmine, was a brother of Robert Kirkpatrick of Glenkiln and Garrell and of the James who settled in Devon. This James appears to be separate from the James Kirkpatrick who also settled in the south of England and founded the Isle of Wight family. Both the Coolmine and Isle of Wight Kirkpatricks kept in touch with their Málaga cousins, and some intermarriage took place in later generations.

Descendants of William Kirkpatrick y Wilson

William KIRKPATRICK y Wilson
Born Dumfries, Scotland 24 May 1764
Married 2 Nov 1791 Málaga
Died 20 Jan 1837 Málaga

Antonia
b. Málaga 1792
died young.

María Manuela = Cipriano Portocarrero
b. 24 Feb 1794   y Palafox Count de Teba
m. 15 Dec 1817   7th Count de Montijo
d. 22 Nov 1879   d. 15 March 1839
in Madrid

Francisca = Duque d' Alba
Paca or Paquita
b. 9 Jan 1825
Numerous descendants

Eugénia Inacia = Louis
Augustina   Napoleon III
b. 5 May 1826
Empress of France

Guillermo
died young

Louis Bonaparte y Guzman
b. 16 March 1856
d. 1 June 1879, Zululand, South Africa.

and Fanny de Grivegnée y Gallegos of Málaga

Françoise Maria de Grivegnée y Gallegos (Fanny)
Born 1769

Died 4 Feb 1822, Málaga

I	I	I
lota Cantalona = Thomas James	**Heniquita** = Domingo Cabarrús	**Guillermo**
8 Jan 1796 Kirkpatrick	b. 1797 y Quilty, Count	**Enrique**
818 Gibraltar y Stothert of	d. 27 Oct 1872 de Cabarrús	b. 11 March 1797
0 Feb 1831 of Ostend	Descendants	died young
cendants b. 1792 Ostende		
d. 1841 Ostende		

Sources:
Don Enrique Kirkpatrick Mendaro, Marqués de Placetas.
Memoir *Respecting the Family of Kirkpatrick of Closeburn in Nithsdale*
Imbert de Saint-Amand   *Louis Napoleon and Mademoiselle de Montijo*,
Hutchinson, London, 1900.
Málaga Cathedral Archives, Sacristy Parochial Baptisms including special small folder Leg 491, No 3. 1822 – 1823 – (Cabarrús.)
Archivo Histórico Provincial de Málaga, Notary Files.
Major General Charles Kirkpatrick, *Records of the Closeburn Kirkpatricks,* The Grimsay Press, Glasgow, 2003.

Guzman, Palafox y Portocarrero

Descent of the Condes de Teba and de Montijo

Don Christobal Gregorio Portocarrero = Maria Fernandez de Cordoba
b. 2 June 1693 y Portocarrero
Funes de Vilalpando 5th Compte de Montijo.
Ambassador to the Court of St. James, London, Oct 1732
Minister in the Spanish Court
Ambassador Extraordinary to the Elector of Hungary 29 Nov 1741
d, 15 June 1763.

|

Christobal Pedro PORTOCARRERO = Maria Lopez de Zuniga
b. 1728 Daughter of Comte de Miranda,
m. 2 April 1747 Duke of Penaranda
d. 1757 born 28 April 1733

|

Maria Francisca de Sales y Portocarrero = Felipe Antonio Palafox y Croy De Havre
6th Comtesse de Montijo 7th Marquis de Ariza
Born 10 June 1754 Born 1739, San Sebastian
Died in 1808 Died 1790, Madrid
A noted Liberal Intellectual

Maria Ramona	Maria Tomasa	Maria Gabriela
m. José Antonio	m. Fran. Alvarez	m. Luis Palafox
de la Cerda,	de Toledo	y Meizi
Conde de	Duque de	le Marquis
Parcent	Medina Sidonia	de Lazan
issue	issue	issue

Notes: Conde de Parcent associated with the Conde de Teba in supporting Joseph Napoleon in court circles in Madrid.
Ref. *José Bonaparte Rey de Espana 1808 - 1813*, Riba, Juan Mercader, C.S.I.C., 1971, Madrid. There are letters from Eugénie to the Compte and Comptess de Parcent in *Lettres Familières de L'Empératice Eugénie,* Llanos y Torriglia. Madrid 1983. The Marquis de Lazan was a *frère aîné* to don Joseph Palafox-y-Melzi, Capitaine General and defender of Saragossa in 1808. Born in 1780, died 1847. There are references to Don Christobal Gregorio Portocarreo in the *Gentleman's Magazine* for the relevant dates.

I	I	I
Maria Benita	Eugenio Portocarrero y Palafox	Cipriano Palafox
b.1782	7th Conde de Montijo	y Portocarrero
m. 1799	Duque de Granada, etc	Artillery Colonel
Antonio Bellvis	b. 12 Feb. 1770	b. 1784
de Moncarda	d. 16 July 1834	8th Conde de Montijo
m. le Marquis	Commandant General, Infantry	m. 1817 **María**
de Belgida	m. Ignacia Idiaquez y Carvajal	**Manuela**
issue	2nd "marriage" unconfirmed	**Kirkpatrick y**
d. 1864		**Grivegnée**
		daughters,
		Paco and Eugénie
		d. 16 July 1839

The English Kirkpatricks

(*Not* of New Cross, Isle of Wight)

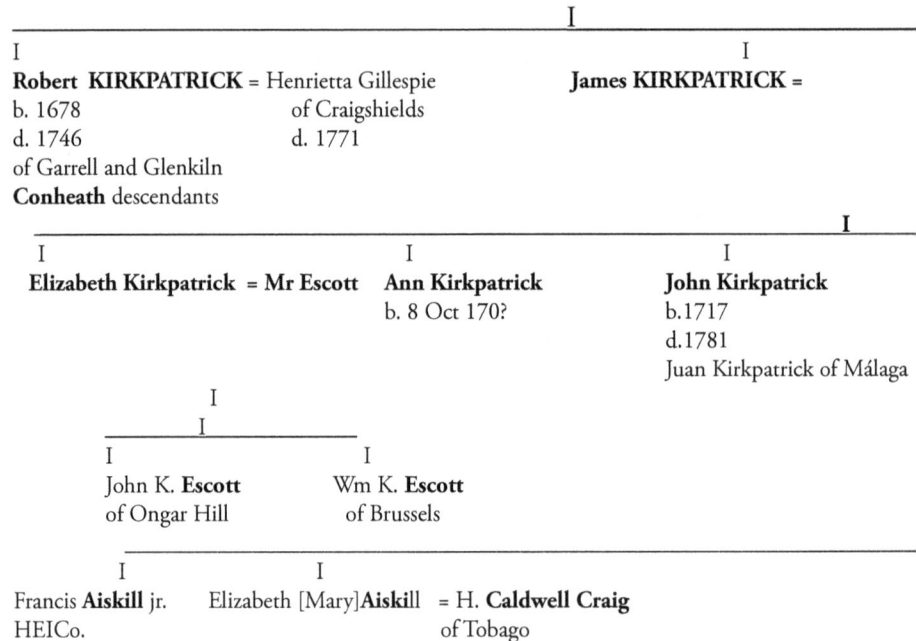

Thomas KIRKPATRICK of Knock
1649

Robert KIRKPATRICK = Henrietta Gillespie
b. 1678 of Craigshields
d. 1746 d. 1771
of Garrell and Glenkiln
Conheath descendants

James KIRKPATRICK =

Elizabeth Kirkpatrick = Mr Escott   **Ann Kirkpatrick**
b. 8 Oct 170?

John Kirkpatrick
b.1717
d.1781
Juan Kirkpatrick of Málaga

John K. **Escott**
of Ongar Hill

Wm K. **Escott**
of Brussels

Francis **Aiskill** jr.
HEICo.

Elizabeth [Mary]**Aiskill** = H. **Caldwell Craig**
of Tobago

The attribution of James Kirkpatrick of Bristol to the family of James Kirkpatrick of Cullompton remains controversial. Some sources suggest that this James was the founder of the "Indian" Kirkpatricks of Hollydale, near Bromley, Kent. But the Wills of Robert and Abraham Kirkpatrick, and of John Escott Kirkpatrick, suggest that James of Bristol was their brother and "head of the family". Others descendants are mentioned in Robert Kirkpatrick's Will: Charles Kirkpatrick, the son of William Kirkpatrick of Dumfries, James Kirkpatrick of Bristol, and Mary Escott of Bristol. The reference to "my dear sister Ann Kirkpatrick" as residual legatee with "my dear nephew John Kirkpatrick Escott" confirms the identity of Robert Kirkpatrick of Málaga.

```
                                        I
Elizabeth Capper                  George KIRKPATRICK
of Cullompton, Devon              b. 1671
m. 30 Oct. 1692, Honiton,         Founded Irish line of
Devon                             Coolmine and Drumcondra
                                  d. 1738 Garrell, Dumfries.

        I                    I                        I
Abraham Kirkpatrick    Robert Kirkpatrick        James KIRKPATRICK
                       Unmarried                 of Bristol
                       of Málaga and             Barrister at Law
                       Woodford, Essex

        I_____
                                             I
Charlotte Kirkpatrick = Francis Aiskill    Daughter  =  Dr Sherston
              British Consul in Málaga
     I                                       I_____
Charlotte Aiskill   =   James Reed              I
              Director of Bank of England    Abraham K. Sherston
                        I_____
              I                         I
           Son Reed                  Daughter = Mr Elvington,
                                             Deputy Gov. Tower of London
```

The de Grivegnée, Gallegos, de Lesseps

Antonio **Gallegos** = [Flora Esturla?]
of Alhaurin el Grande
Málaga

Antonia **Gallegos** = Baron Henri de **Grivegnée**
b. 1751　　　　　　b. 1744 Liege
d. 1833　　　　　　Merchant of Málaga
　　　　　　　　　m. 1766 in Málaga
　　　　　　　　　d. 1823

Françoise **Grivegnée** = William **Kirkpatrick**　　Catherine **Grivegnée** = Mathieu **de Lesseps**
b. 1769　　　　　　　b. 1764 Dumfries,　　b. 1774　　　　　　French Diplomat,
(Fanny)　　　　　　　U.S. Consul　　　　　resident of Paris　　Count of the Empi
m. 1791　　　　　　　Málaga, d. 1837　　　d. 1853　　　　　　b. 1774, d. 1832, T
d. 1821

Theodore **de Lesseps**　　Adéle **de Lesseps** = Dr. Jules Tallien **Cabarrús**
Director of Consulates　　　　　　　　　　　cousin of
Senator under 2nd Empire　　　　　　　　　Henrietta Kirkpatrick
　　　　　　　　　　　　　　　　　　　　　and the son of Thérèse née Cabarúss,
　　　　　　　　　　　　　　　　　　　　　later Madame Tallien and
　　　　　　　　　　　　　　　　　　　　　then Princesse de Chimay

Referenced and drawn from various sources: (Indicative only)
Louis Napoleon and Mademoiselle de Montijo, Imbert de Saint-Amand, Hutchinson,
　　London 1900.
Málaga Cathedral Archives, Parochial records.
Will of Joseph Gallego of Richmond, Virginia.

and Cabarrús Connection

```
|─────────────────────────────────────────────────|
|                                                 |
José [Joseph] Gallegos = Mary Magee         Manuel Gallegos
aka. Joseph Gallego
of Richmond, Virginia


|──────────────────────────|
|                          |
Juana Grivegnée = Michael Power    Josefa Grivegnée = Henry Neuman
                 Merchant                             Polish Consul
                 of Málaga                            Málaga


            |────────────────────────|
            |                        |
     Ferdinand de Lesseps       Jules de Lesseps
     Creator of the Suez Canal  Represented the Bey of Tunis
     b. 1805,                   in Paris
     d. 1894
```

The Descendants of

William KIRKPATRICK y Wilson =
Born Dumfries, Scotland 24 May 1764
Married 2 Nov 1791 Málaga
Died 24 Jan 1837 Málaga

I	I	
Antonia Maria Ann	**Maria Mañuela** =	Cipriano Portocarrero
b. Málaga 1792	b. 24 Feb 1794	y Palafox, Count de Teba
d.y.	m.15 Dec 1817	9th Count de Montijo
	d 22 Nov 1879	d. 15 March 1839

I	I	I
Thomas Kirkpatrick	**Guillermo Kirkpatrick**	**Juan Kirkpatrick**
Provincial Governor	b. 6 December 1824 Málaga	b. 12 Nov. 1826, Motril
In the Philippines	m. 1868, Ma. Antonia	d. 22 Apl. 1846
	O'Farrill Montalvo	at Segovia Military Academy
	d. Havana 26 Feb 1877	

I	I
Guillermo Kirkpatrick O'Farrill	**Concepción Kirkpatrick O'Farrill**
b. Havana 8 April 1870	= Alfredo Escobar
General of Artillery	Marques de
= Ma. Victoria O'Donnell y Vargas	Valdeiglesias
Marquesa de Altamira in Madrid	in Madrid
30 May 1900.	
d. 7 January 1952 Madrid	

From whom descends
Don Luis Kirkpatrick O'Donnell, Baron of Closeburn, b. 19 August 1910 Madrid;
m. Blanca Mendaro 2 February 1933
Don Enrique Kirkpatrick Mendaro, Marques de Placetas, b. 17 May 1943
m. 11 October 1969, Granada.

Sources:
Don Enrique Kirkpatrick Mendaro, Marques de Placetas.
Málaga Cathedral Archives, Sacristy Parochial Baptisms including special small folder Leg 491 No 3. 1822 – 1823 – (Cabarrús.)
Archivo Histórico Provincial de Málaga, Notary Files.
Major General Charles Kirkpatrick, *Records of the Closeburn Kirkpatricks*, The Grimsay Press, Glasgow, 2003
David R. Ringrose, *Spain, Europe and the "Spanish Miracle, 1700-1900"*.

Carlota Catalina Kirkpatrick y Grivegnée

Françoise Maria de Grivegnée y Gallegos
Born 1769

Died 4 Feb 1822, Málaga

I	I	I
Carlota Cantalona = Thomas James	**Henrietta** = Domingo Cabarrús	**Guillermo**
b. 18 Jan 1796 Kirkpatrick	b. 1797 y Quilty, Count	**Enrique**
m. 1818 Gibraltar y Stothert	d. 27 Oct 1872 de Cabarrús	b. 11 March
d. 10 Feb 1831 of Ostende	Descendants	1797
Descendants b.1792 Ostende		
d. 1841 Ostende		

I
                              I
Alexander Kirkpatrick = Maria Gimenez   **Carlota Kirkpatrick** = Conde Guitaud
b. 26 Jan 1829, Adra
British Vice Consul, Vera
   I
   I
   I
   I
Tomas Kirkpatrick Gimenez
Alejandro Kirkpatrick Gimenez
Guillermo Kirkpatrick Gimenez   with descendents
Encarnación Kirkpatrick Gimenez
Carmen Kirkpatrick Gimenez
Carlota Kirkpatrick Gimenez

The Descendants of

William KIRKPATRICK y Wilson =
born Dumfries, Scotland 24 May 1764
married 2 Nov 1791 Málaga
died 24 Jan 1837 Málaga

Antonia	María Manuela = Cipriano Portocarrero	Carlota Cantalona = Thomas Jam
b. Málaga 1792	b. 24 Feb 1794 y Palafox Count de Teba	b. 18 Jan 1796 Kirkpatrick
died young	m.15 Dec 1817 7th Count de Montijo	d. 10 Feb 1831 y Stothert
	d. 22 Nov 1879 d. 15 March 1839	Descendants of Ostende
	in Madrid	

Enriquetta Cabarrús Kirkpatrick
= Felix Maria de Vejarano in 1857
Count de Tajo

Felix Vejarano Cabarrús	Maria Vejarano Cabarrús	Antonia Vejarano Cabarrús
= Maria Bernaldo de Quiros	= Francisco Ansaldo Otalora	= 1. Rodríguez-Casanova
		2. Attanville
		3. Conde de Bacciochi

From whom descends Carlos Trías Verjarano of Marbella.

Sources:
Don Enrique Kirkpatrick Mendaro, Marques de Placetas.
Málaga Cathedral Archives, Sacristy Parochial Baptisms including special small folder
Leg 491, No 3. 1822 – 1823 – (Cabarrús.)
Archivo Histórico Provincial de Málaga, Notary Files.
Major General Charles Kirkpatrick, *Records of the Closeburn Kirkpatricks,*
The Grimsay Press, Glasgow, 2003

Henrietta Kirkpatrick y Grivegnée

Françoise Maria de Grivegnée y Gallegos (Fanny)
born 1769
died 4 Feb 1822, Málaga

- **Henrietta** = Domingo Cabarrús
  b. 1797 y Quilty, Count
  d. 27 Oct 1872 de Cabarrús
  Descendants

- **Guillermo Enrique**
  b. 11 March 1797,
  d.y.

Paulina Cabarrús Kirkpatrick Condesa de Cabarrús
= Emilio Faer Angulo y Pons

Cipriano Faer Cabarrús
= Clotilde de Semprún

Maria Del Carmen Angulo Cabarrús

The Line of

William KIRKPATRICK of Conheath =
b. March 1737
d. 1787

John KIRKPATRICK = Jane Stothert	**William KIRKPATRICK** = Françoise
of Ostende of Arkland	of Málaga Grivegnée y
b. 1 Aug 1760	b. 24 May 1764 Gallegos
	three daughters

William Escott Kirkpatrick
= Eliza Ann Parkinson
dau. of Jeremiah
Parkinson of London
Issue in Belgium

Thomas James Kirkpatrick. = **Carlota Catalina Kirkpatrick y Grivegnée**
of Motril, Spain
Issue in Belgium

William Henry Kirkpatrick = Emma van Baerle
b. 8 Jan 1828
Le Havre

Henry Kirkpatrick
Unmarried

John Kirkpatrick
= Margurite Braule
d. of Count Braule.
Issue

Edward Kirkpatrick
Unmarried

Sources: *Records of the Closeburn Kirkpatricks* by Major General C. Kirkpatrick,
Don Enrique Kirkpatrick Mendaro, Marques de Placetas, and Claudia Castro in Honduras

John Kirkpatrick of Ostende

Mary Wilson
b. 1739 d. of John Watson of Kelton
d. 29 June 1785 at Conheath

I	I
Thomas KIRKPATRICK	**Alexander KIRKPATRICK**
of Málaga,	of Wilmington
b. 25 July 1766	b.1780
Married twice	no known issue
1. Dorotea Kilbi	
2. Juana Plink 1 Oct 1809	
No issue	
d. 9 April 1837	

I   I   I

John Kirkpatrick   **Robert Kirkpatrick**   **Maria Isabella Kirkpatrick**
worked with his   = Joseph **Kirkpatrick**
Uncle William   of St. Cross of
Kirkpatrick   the Isle of Wight
in Málaga   Issue

I	I
Robert Stothert Kirkpatrick	Edward Kirkpatrick
= Caroline van Baerle	= Victoria Berlioz
	British Consul, Honduras
	Issue in Honduras
	= Kate Klezkoska

I	I
Mary Kirkpatrick	**Lucy Kirkpatrick**
= Theodore Plucker	
Their son Henry W. Plucker	
married Daisy Richardson	

Guía de Personajes

William Kirkpatrick y Wilson de Málaga y su esposa Françoise o Fanny de Grivegnée y Gallegos.

John Kirkpatrick y Wilson de Ostende, su hermano mayor.

Thomas Kirkpatrick y Wilson de Hamburgo y Málaga, su hermano menor.

William Kirkpatrick y Gillespie de Conheath y Mary Wilson de Kelton, sus padres.

Robert Kirkpatrick de Glenkiln, su abuelo, que acabó decapitado como Jacobita en 1745.

James Kirkpatrick of Cullompton, tío abuelo de William, y padre del comerciante Robert y John Kirkpatrick, así como de Abraham y James. Los primeros tres hermanos fueron comerciantes en Málaga y Londres. Sus hermanas Ana y Elizabeth estuvieron también en Málaga. Ana se casó con Francis Aiskell; y Elizabeth se casó con el señor William Escott. James fue abogado en Bristol.

Su bisabuelo fue Sir Thomas Kirkpatrick de Knock, que fue probablemente descendiente de Alexander Kirkpatrick, lord de Kirkmichael, y a través de él de los Kirkpatricks de Closeburn.

El barón Henri de Grivegnée, suegro de William y padre de Françoise o Fanny como fue llamada en familia la esposa de William.

Antonia Gallegos, madre de Fanny de Grivegnée y Gallegos y sus hermanos Manuel y José Gallegos, éste último era su hermano americano. Un tío, Francisco Gallegos, fue presbítero en la catedral Málaga.

Los hijos de William y Françoise fueron María Manuela, Henrietta y Carlotta. Se dice que su hijo, Guillermo, y su hija primogénita Antonia María Ann no llegaron a edad adulta.

María Manuela se casó con Cipriano Portocarrero y Palafox, conde de Teba y luego conde de Montijo. Sus hijas fueron Paca, que se convirtió en la duquesa de Alba, y Eugenia que se casó con Luis Napoleón III, emperador de Francia y sobrino del emperador Napoleon I. Eugenia y Luis Napoleón tuvieron un hijo que murió trágicamente en 1879 en una maltrecha escaramuza en las Guerras Zulús de Sudáfrica.

Bibliografía

Fuentes Primarias

Archivo Histórico Nacional, Madrid, (AHN)

Estados-Carlos 111, EXP.877, Item 12, 1795. Enrique de Grivegnée.
Leg. 52B No. 6 (a – h) Testamentaría de Guillermo Kirkpatrick Wilson.
Sección de Diversos, Serie General. Papeles de la familia Cabarrús, legajos 1-54.
Deed of Aparcería, 29th August 1836, Testamentary documents, Leg, 52 – b – 6.
State Document 3.158/8. 1800. Eulalio de Guzmán Palafox, Count of Teba

Archivo Histórico Provincial de Málaga (AHPM)

Contiene numerosas referencia en el oficio del escribano don Juan de la Sierra y otros escribanos. Se denotan diversas variantes en los nombres: Kirpatrick, Kilpatrick, Kirkpatrick etc. also Scott por Escott.
Ver referencias:

Signatura		Folio	
1,814.			Quiebra de Grivegnée y Cía.
2,620	1758	f.1018	Roberto Kirkpatrick y Anna
2,628		f. 582	The document reads Juan Kirkpatric Scott.
2,260	1758	f. 399	Juan de Kirkpatrick.
2,622	1780	f. 610	Roberto Kirkpatrick.
3,551	1800	f, 735	Guillermo Kirkpatrick.
3,631		f.312.	Enrique Grivegnée (muerte).
3,837	1818	f. 20	Tomás Jaime Kirkpatrick.
3,837	1818	f. 20	Carlota Kirkpatrick.
3,873		f. 13	Grivegnée et Cie.
3,943		f.407	Kirkpatrick, Parkinson et Cíe.
3,944		f.415	Harriet Kirkpatrick.
3,945		f. 20	
3,946	1819	f.705	Tomás Kirkpatrick y Juana Plink.
3,946		f.771	Kirkpatrick, Parkinson et Cíe.
3,949		f.730	
3,950	1823	f.308	Tomás Kirkpatrick y Juana Plink.
3.950	1823	f.209	Carlota and Henriette Kirkpatrick

3,950	1823	f.39	Tomás Kirkpatrick y Juana Plink.
3.963	1836	f.97	Guillermo Kirkpatrick y Wilson.
3,963	1837	f.54	Tomás Kirkpatrick y Juana Plink.

Archivo Municipal de Málaga, (AMM)

Legajo   143 f.5 Juan Kirkpatrick 1730 – 1732, (Alivio a la hambruna)
Legajo   106. f.10.213 Catastro de Ensenada.
Signatura C-45 bis. Archivo el Ayuntamiento de Málaga.
Legajo   176 f.49 Censo.1818, Tomás Kirkpatrick.
Legajo   106. f.10.213 Catastro de Ensenada.
Legajo   99 f.194 – 195 Grevigne, Henrique, comerciante.
Augustina Aquilar Simòn, Inventario de Documentos de la seccion de propios, rentas, censos, arbitrios pósitos, contribuciones y repartos del Archivo Municipal de Málaga. 84- 9655 – 32 –9.

Archivo Histórico Provincial de Almería

[Actividades Mercantiles de William Kirkpatrick y Wilson en Adra (Procedente de un protocolo notarial sin catalogación)

National Archives, Kew, Londres

C 13/107/35   Kirkpatrick v. Kirkpatrick Escott.
C12/2133-1   John Kirkpatrick Escott.
C 213/460   Petition of the English Factory at Málaga
PROB 11/1027 Will of Abraham Kirkpatrick, 1777.
PROB11/1077, Will of Robert Kirkpatrick, 1781.
PC 1/3918   (Varios documentos) Order in Council of 30 June 1810.
FO 927/17   Málaga (Consul's) Correspondence, March -April 1821, Entry book of general correspondence, 16 Feb 1821.
FO 185/90,   Consular papers.
Proceedings of the Court of Appeal, London, page 349, in the 29th year of the reign of George III. (1789) Kirkpatrick cases.
British Parliamentary Papers, Reports of the Committees, Session 19 Feb.-10 Sept. 1835 Vol. VI.

United States National Archives II, College Park, MD.

Department of State List of Communications en "Foreign Letters", United States Ministers, Instructions, Volumes 1-5. Málaga, Kirkpatrick William, consul (24 Jan 1800 – 21 May 1801).
General Records of the Department of State. Appointment Records Lists and

Record Cards. List of U.S. Consular Officers by post, 1789 – 1939. Vol. 13 of 23, Record Group 59, NARS A-1 Entry 802.

Applications and Recommendations for Public Office, 1797 – 1901, Administration of Madison, 1809 – 1817, Record Group 59, RM 438.

Appointment Records, Lists and Record Cards, Card Record of Appointments made from 1776 to 1968, NARS A-1 Entry 798 (box 17).

Miscellaneous Permanent and Temporary Presidential Commissions, 1789 - 1952. Vol. 01 of 21 NARS A-1 Entry 774.

Journal of the Executive proceedings of the Senate of the United States of America, 1815-1829. Friday, December 12, 1817. (Cese de William Kirkpatrick como cónsul en Málaga)

RG 59, Dept of State, Lists of U.S. Consular Officers by Post, A-1 Entry 802, Vol. 13 of 23, Journal of the Executive Proceedings of the Senate of the United States of America, 1815 – 1829, Friday December 12, 1817.

R.G. 59, Dept. of State, Despatches from U.S. Consuls in Málaga, Spain, 1793-1906 rollo de microfilm T217 (1) and T217 (2).

Palacio de Liria, Archivo de la Casa de Alba, Madrid.

C.51-8. Carta de William Kirkpatrick al conde de Teba.

Bedford County Council Record Office.

Correspondence between Thomas Robinson, 2nd Baron Grantham (1738-1786) and John Kirkpatrick Escott. L 30/14/212, 10 October 1775.

Ewart Library, Dumfries.

GGD74/3/9 – 17 documents. Letters of Miss Jane Kirkpatick (see also GGD/55).

Court Books of the Commissariat of Dumfries, The Testament of William Kirkpatrick of Conheath, 17 January 1788, and 14 November 1789, copied by Janet Isabel Finney, 2002.

Archivo Narciso Díaz de Escovar, Museo de Artes Populares, Málaga.

Díaz de Escovar, Cronista de la Provincia.

Guildhall Library, City of London.

London Directories – "Complete Guide" 1760, 1765, Kent's Directory 1771, 1775, 1780, 1785, London Directory 1791 to 1796.

Massachusetts Historical Society, 1154, Boylston Street, Boston, MA 02215.

Hooper-Sturgis Papers - 1798 –1857, 14 document boxes and 1 oversize box, call no. Ms. N-1435.

Missouri Historical Collection Archives, St Louis, MO 63112-0040.

Thomas Jefferson (1743-1826) Collection, 1773-1826, Folder 15, 23 Sept. 1803 and folder 58 4 Feb 1805.

The Schlesinger Library, Radcliff College, Cambridge MA 02138.

Cabot Family Papers

Library of Virginia, Richmond, VA, 23219 –8000.

Will of Joseph Gallego, 1818, Richmond City Hustings Court Will Book 2, pp. 273-294.

Staatsarchiv Oldenburg, Germany

Correspondencia con Mr. Axel Eilts Archivist, , on, 20 Oct 2008. Ref. Best. 22 Nr. 6. Consul Thomas Kirkpatrick.

Staatsarchiv, Hannover, Germany.

Correspondence with the Archivist, Hof und Staats Hadnbuck fur das Konigreich Hannover, 1829, page 39, and 1833, page.50.

U.S. National Library of Medicine, 8600 Rockville Pike, Bethesda, MD 20894

MS B 025 Kerr, James. Observations on natural history by Dr. James Kerr, corrected and improved by Mr. Christopher Holland. 1790.

Referencias a la familia Kirkpatrick

KIRKPATRICK MENDARO, Enrique, marqués de Placetas, Private papers and researches concerning the Kirkpatrick. Numerosas referencias incluyendo nota 8 bis.

KIRKPATRICK, Major General Charles, *Records of the Closeburn Kirkpatricks*, [impreso privado. 1953], The Grimsay Press., 2003

KIRKPATRICK, Major General Charles, Manuscrito inédito, Dean Lane White Parish, Wiltshire (con permiso de su hija Mrs Butler, 20 de marzo de 1996).

KIRKPATRICK, Richard Godman, *Kirkpatricks of Closeburn, Memoir Respecting the Family of Kirkpatrick of Closeburn in Nithdale with notices of some collaterals*, London, impreso privado, 1858.

KIRKPATRICK, Alexander de Lapere: *Chronicles of the Kirkpatrick Family*, impreso privado.

KIRKPATRICK, Melvin Eugene, *A Kirkpatrick Genealogy, Being and Account of the Descendants of the Family*, David Hudson, 1995 p. 425.

ANDERSON, William, *The Scottish Nation, Surnames, Families, Literature, Honours and Biographical History of the People of Scotland*, Vol. II, Edinburgh and London 1862, p. 617.

BURKE Bernard, *A Visitation of the Seats of the Noblemen and Gentlemen of Great Britain*, Heraldry, 1855, p. 145. (Herald's Office, Edinburgh, 16 May 1791).

FELTHEM, John, A Tour Through the Island of Man 1797–1798, from Manx Society Publications.

Genealogical Table of the Family of Kirkpatrick of Closeburn in Nithdale, Patent, Heralds Office, Edinburgh, 16 May 1791.

JOHNSTON, C.L., Historical Families of Dumfriesshire and the Border Wars, Chap. V. Burkes Peerage and Baronetage, 1878, p. 1.516.

Wigtown Pages Death Notices from the Wigtownshire Free Press, transcribed by Diana Henry and Compiled by Randy Chapple Web Update, February 2006.

Referencias sobre el periodo histórico

Anónimo, Napoleon the Third and his Court, Londres 1865.

ALGER, John Goldworth, Napoleon's British Visitors And Captives: 1801–1813. New York, 1904.

Boletín de la Sociedad Económica de Amigos del País de Málaga, de 31 de enero de 1864, p. 4.

BURKE, Edmund, The Annual Register of World Events, 1808.

CARR, Sir John, KC, Descriptive Travelling in the Southern and Eastern Parts of Spain and the Baleric Islands in the year 1809, London, 1811.

CAPPELL BROOKE, Sir Arthur de, Sketches in Spain and Morocco, Vol. II, London 1831, p. 205.

Les Droits de l'Homme, París, Sept. 1876.

Edinburgh New Philosophical Journal, Exhibiting a view of the Progressive, Eds. Robert Jameson, Sir William Jardine, Henry D. Rogers, 1842.

The Edinburgh Annual Review, 1808–1826, Editor Walter Scott, 1824.

JOHNSON, T. B., An Impartial History of Europe, Vol. IV, London, 1813.
LLANOS Y TORRIGLIA, Félix de, María Mañuela Kirkpatrick, Condessa del Montijo, La Gran Dama, Espasa-Calpe, Madrid, 1932.
LLANOS Y TORRIGLIA, Félix y JOSSERAND Pierre, Lettres Familierès de L'Imperératrice Eugénie, 1935.
The Memoirs of Dr Thomas W. Evans, Recollections of the Second French Empire, T. Fisher Unwin, London, 1906.
DODDS, James, Rev.: Personal Reminiscences and Biographical Sketches, Edinburgh, 1888, pp. 197 – 198.
PRIMOLI. J-N, L'Enfance d'Une Souveraine, Souvinirs Intimes, París, 1923.
MÉRIMÉE, Prosper, Lettres de Prosper Mérimée à Madame de Montijo, Ed. Claude Schopp, Mercure de France, vol. 1, París, 1995.
GIL NOVALES, Alberto, William Maclure, Socialism, Utopica en Espania, Universidad Autónoma de Barcelona, 1979, p. 27 y nota nº 47.
La Nouvelle Caprée, ou les Amours de Napoléon III, L'Apothéose Matrimonial de Bonaparte de César, a pamphlet published in Stockholm, ND.
SALDONI, Baltasar, Diccionario biográfico-bibliográfico de efemérides de músicos españoles, Madrid, 1868.
TORRE MOLINA, María José de la, Recensiones. La Música en Málaga Durante la Era Napoleónica (1808-1814), Málaga, Servicio de Ediciones e Intercambio de la Universidad de Málaga, 2003.
VÉSINIER, Pierre, Le Mariage d'une Espagnole, Londres, Deuxiéme Edition, 1869.
Vigésimo sexta Junta General de Accionistas del Banco Nacional de San Carlos, celebrada en la casa del mismo Banco en el día 20 de abril de 1808, Madrid, 1815.

Fuentes Secundarias

ABBOTT, John Stevens Cabot, The History of Napoleon III, Emperor of the French, Boston, B. B. Russell, 1868.
BARRIONUEVO SERRANO, Rosario, Los expedientes de hidalguía del Archivo de Málaga, en preparación para su publicación en 2009. Archivo Municipal de Málaga.
BEATTY, Charles R., Ferdinand de Lesseps, A Biographical Study, London, 1956, p. 20.
BROWNING, Michael Lovelace, Lovelace's Charity, Affairs in Spain, 1803 Onwards.
BULLOCH, J. M., "The Curious Career of the Kirkpatricks and how the Begat Eugene", *San Francisco Weekly Bulletin*, 12 April 1898.
BURGOS MADROÑERO, Manuel, Málaga, Siglos XVIII-XIX – Los Extranjeros, nota 5. procedente del Archivo Municipal de Málaga, Legajo 1.979.

Cambridge Historical Journal 1937, v. 5-6, 1935-1940 citing PRO: S.P.F. Sp. 154 (old PRO ref. no.) Mr Francis Aiskell escribiendo a William Pitt en 1781.
Carlyle Collected Letters, vol. 5, Jan. 1829 – Sept. 1831, Carta a Gustave D'Eichthal.
CARR, Raymond, New Cambridge Modern History, vol. IX, CUP, 1965.
CARVER, Michael, Out of Step, Memoirs of a Field Marshall, London, 1989.
COBBAN, Alfred, Aspects of the French Revolution, France, 1970.
CRUZ, Jesus, Gentlemen, bourgeois and revolutionaries, Political change and cultural persistence among Spanish dominant groups, 1750-1850. Cambridge University Press, 1996.
DALRYMPLE, William, White Mughals, Harper Collins, 2002.
DEMERSEN, Paula de, "La Vida Azarosa de Cipriano Palafox Portocarrero, padre de la Emperatriz Eugenia de Montijo (1784 – 1839)", Revista de Estudios Extremeños, 1995, Vol. II, nº 1, procedente de cartas familiares en los archivos de Montijo, Palacio de Liria, Madrid.
Dictionary of American Biography, p. 395, de George Cabot.
DUFF, David, Eugénie and Napoleon III, London, Collins, 1978.
ESDAILE, Charles J., Fighting Napoleon, Guerrilla, Bandits and Adventurers in Spain 1808–1814, Yale University Press, 1988.
ESDAILE, Charles J., The Peninsular War, A New History, Penguin Books, 2003.
GARCÍA MONTORO, Cristóbal, Historia de Málaga, Universidad de Málaga.
GARCÍA MONTORO, Cristóbal, Inversiones agroindustriales de la burguesía mercantil a fines del siglo XVIII: La burguesía de negocios en la Andalucía de la Ilustración. tomo II, Cádiz, 1991, pp. 151-162.
GLOVER, Michael, Legacy of Glory, The Bonaparte Kingdom of Spain, London, 1970.
GUEDALLA, Philip, The Second Empire, London, Hodder and Stoughton, 1922.
HERR, Richard, "Flow and Ebb", capítulo 7 en Spain a History, editor Raymond Carr, Oxford University Press, 2000.
JEFFREY, Brian, Fernando Sor, Composer and Guitarist, Penderyn, Wales, primera edición, Telca Editions, 1977, p. 128.
KRAUEL HEREDIA, Blanca, Viajeros británicos en Málaga (1769-1855), Málaga, Universidad de Málaga, 1986.
KURT, Harold, The Empress Eugénie, 1826–1920, London, Hamish Hamilton, 1964.
LEGGE, Edward, The Empress Eugénie, Grant Richards, 1916.
LEROY, Alfred, The Empress Eugénie, translated by Anne Cope, Heron Books, Geneva.
LESSEPS, Ferdinand de, Recollections of Forty Years, Trs. C. B. Pitman, 1887.

NEPVEUX, Ethel S., George Alfred Trenholm and the Company That Went to War 1861- 1865, Charleston, 1973. (Privately published)

MALLOY, Fitzgerald, The Romance of Royalty, New York, 1903.

MÉVIL, André, Vie Espagnole de l'Impératrice Eugénie, París, Editions Ventadour.

MUÑOZ MARTÍN, Manuel, Los promotores de la economía malagueña del siglo XIX, Málaga, Colegio de Economistas de Málaga - Fundación Unicaja, 2008.

PARTON, James y otros, Most Prominent Women of the Present Generation, Hartford, CT., 1868.

PARMENTIER, Jan, Dr., Het Gezicht van de Oostendse Handelaar, Studie van Oostende kooplieden, renders en ondernemers actief in de internationale handle en visserij tijdens de 18d eeuw".

PAYNE STANLEY G., A History of Spain and Portugal, Vol. 2.

PLATT, Christopher, Foreign Finance in Continental Europe and the United States, 1815-1870, London, George Allen & Unwin, 1984.

PRESTON, Daniel, A Comprehensive Catalogue of the Correspondence of James Monroe, Vol. III Greenwood Publishing, 2000.

PINTO, Enrique del: Historia General de Málaga, Almuzara, 2008.

RIDLEY, Jasper: Napoleon III and Eugénie, London, Constable, 1979.

RINGROSE, David R., Spain, Europe, and the "Spanish Miracle", 1700–1900, Cambridge University Press, 1996.

QUILES FAZ, Amparo, Málaga y sus gentes en el siglo XIX. Retratos literarios de una época. Málaga, Arguval, 1995.

RUBIO ARGÜELLES, Ángeles, Apunte Históricos Málagueños, 1954.

SAINT–AMAND, Imbert de, Louis Napoleon and Mademoiselle de Montijo, London, Hutchinson & Co., 1900.

SENCOURT, Robert, The Life of the Empress Eugénie, London, Ernest Benn, 1931.

SEWARD, Desmond, Eugénie: The Empress and Her Empire, Stroud, UK, Sutton Publishing, 2004.

STODDART, Jane T., The Life of the Empress Eugénie, London, Hodder and Stoughton, 1906.

SOISSONS, Count de: The True Story of the Empress Eugénie, New York, John Lane, The Bodley Head, 1921.

TORRE MOLINA, María J., La Música en Málaga durante la Era Napoleónica (1808 – 1814).

TURNBULL, Patrick, Eugénie of the French, Michael Joseph, London, 1974.

VILLAR GARCÍA, María Begoña, La emigración irlandesa en el siglo XVIII. Universidad de Málaga, 2000.

VILLAR GARCÍA, M. Begoña, Los Extranjeros en Málaga en el Siglo XVIII. Córdoba, 1982.

WHIPPLE, Sydney B., Scandalous Princess, The Exquisite Thérésia Cabarrús, New York, 1932.

Referencias Bibliográficas Diversas

ANSTED, Prof. D. T., *Scenery, Science and Art, being Extracts from the Note-Book of a Geologist and Mining Engineer*, London, 1854.
BLACKALL, Sir Henry, *The Galweys of Munster*, Part II, http://www.galwey.com/genedocs/galweys_of_munster%202.htm
Blackwood's Gentleman's Magazine, 1781.
Blackwood's Gentleman's Magazine, 1822.
Boletín de la Sociedad Económica de Amigos del País de Málaga, Málaga, Imprenta de Correo de Andalucía, 1861.
BOSANQUET & FULLER, editors, *Report of Cases Argued and Determined in the Court of Common Pleas (etc.)* Easter Term 1796 to Trinity Term 1799, London, Butterworth, 1826.
BRAYLEY, Edward Wedlake, F.S.A., "A Topographical History of Surrey", en *Monuments of Chertsey*, vol. II, Godley Hundred.
BUSBY, James, Esq. *Journal of a Recent Visit to the Principal Vineyards of Spain and France - - with Observations Relative to the Introduction of the Vine into New South Wales*, London, Smith, Elder and Co., 1834.
Calendar of Miscellaneous Letters Received by the Department of State from the Organization of Government to 1820, U.S. GPO., 1897.
Camden New Journal, de 6 de julio de 2008, relativo a los refugiados españoles. http://www.thecnj.co.uk/review/2008/042408/feature042408_01.html
Edinburgh Almanac and National Repository, Oliver and Boyd,1835.
Estudios Regionales, nº. 49, Universidad de Alcalá, (1997), pp. 261-298, http://www.wineonline.ie/library/australia.htm
KEMP, Robert Philp (eds), *The Family Friend*.
LEA, Henry Charles, A History of the Inquisition of Spain, vol. 1, appendix, Spanish Coinage.
LYDON, James G., *Fish and Flour for Gold, 1600 – 1800: Southern Europe in the Colonial Balance of Payments*, Library of Philadelphia, 2008.
MACLURE, William, The European Journals of Wm. Maclure with notes by John S. Doskey, Memoirs Series, vol. 171, Philadelphia, American Philosophical Society, 1988.
www.Málagahistoria.com/Málagahistoria/huelin.html
MALLOY, Fitzgerald, The Romance of Royalty, New York, 1904.
MARRYAT, Frederick, Code universale de signaux à l'usage des navires du commerce de toutes les monde, 1866.
MARTÍN GAITE, Carmen, *Love Customs in Eighteenth-Century Spain*, traducido por María G. Tomsich, Berkeley, University of California Press, 1991.
MARX, Karl, "Revolutionary Spain". *New York Herald Tribune* August–November 1854.

Miscellaneous Works of David Humphreys Late Minister Plenipotentiary from the United States of America to the Court of Madrid, New York, 1804.

MORILLA CRITZ, José, La viticultura de Andalucía en 1831 vista por James Busby, padre de la viticultura Australiana.

NAPIER, Mark, *Memorial and Letters Illustrative of the Life and Times of John Graham of Claverhouse, Viscount Dundee*, (Marqués de Montrose), Edinburgh, 1859.

Naval Documents Related to the United States Wars with the Barbary Powers, vol. 1, Washington 1939.

NORTON, the Hon. Mrs., A letter to the Queen (Victoria) on Lord Chancellor Cranworth's Marriage and Divorce Bill, London, 1855.

Notes and Queries, Oxford University Press 4 Series VL, 3 September 1870.

Notes and Queries, Oxford University Press, January-June 1901.

Notes and Queries, Oxford University Press, 1934 Item notes: v.167 Jul-Dec 1934.

Otago Witness 29 August 1889, Ladies' Gossip.

Passenger Arrivals at the Port of Philadelphia 1800–1819, Baltimore Genealogical Pub. Co. 1986.

RAQUET, Condy editor, The Financial Register of the United States, Philadelphia 1838.

Reports from Her Majesty's Consuls on the Manufactures, Commerce, &c. By Great Britain. Foreign Office, 1868, 299 – 300, for Adra etc.

RHIND, William, A History of the Vegetable Kingdom (etc.), Glasgow, Blackie and Sons, 1857.

RIPLEY, Geo., The American Cyclopedia, New York, D. Appleton, 1858.

Scottish Notes and Queries, 1898, p. 170.

SEALEY, Malcolm, The Coolangatta Estate, Australia, published privately by Lulu, 2006.

SOL.com (Spain on line) Marbella, Spain.

STORY, William: Essay upon the Agriculture of Victoria, (Australia), p. 135. The Victorian Government Prize Essays, 1860, Melbourne 1861.

SUR in English (España), de 2 de diciembre y 8 de diciembre de 2005.

The Cambridge Historical Journal, 1937, v. 5-6 1935-1940 citing PRO: S.P.F., Sp 154.

The Congressional Globe, published by the United States Congress, ed. Francis Preston Blair, John Cook Rives, Franklin Rives, George A. Bailey.

The Gentleman's Magazine, vol. LVII, 1787, part I., matrimonio de James Kirkpatrick.

The Leisure Hour, Great Britain, editado por William Haig Miller, James Macaulay, William Stevens, 1905.

The London Polytechnic Magazine, and Journal of Science, Literature, and the Fine Arts, London, ed. by T. Stone, Jan.-June, 184, publicado por John Mortimer, 1844.

The Mercantile Navy List and Annual Appendage to the Commercial Code of Signals for All Nations: 1856/57, ed. J. H. Brown.
The Spain That William Maclure Knew, *Indiana Magazine of History*, June 1998.
The Papers of Henry Laurens,1782 – 1792, Edited by David R. Chesnutt, Philip May Hamer, C. James Taylor, published by South Carolina Historical Society, Fireproof Building, 100 Meeting Street, Charleston. S.C.
The Remembrances of Mary Westwater Campbell, (1772 – 1865), Great-Grandma's Tales, www.myheritageimages.com
http://list.genealogy.net/mailman/archiv/hannover-l/2002-01/2002-01f.html
The Writing of John Quincy Adams 1767–1848, vol. 6, New York, edited by Ford, Worthington Chauncey, 1913, pp. 274-275.
TACHÉ, Louis-H., Les homes du jour galerie de portraits contemporains, Montreal, 1894.
THOMPSON COOPER (ed.), *The Register and Magazine of Biography*, 1869.
WALFORD, Edward, *Tales of our Great Families*, 1880.

Agradecimientos

Agradezco especialmente a Mike Truman de la Open University y a María Jesús Torres Giménez de Málaga por hacer realidad este proyecto, abriendo tantas puertas en Málaga, quedo en deuda con ellos y con sus amigos, por cuantas veces han tenido que escuchar la distante historia de Ella Rosa.

Inapreciable ha sido el apoyo y ánimo de la profesora doña Amparo Quiles Fax y del profesor López de Coca Castañer, de la Universidad de Málaga, guiando mis pesquisas a muchos nuevos descubrimientos.

Don Enrique Kirkpatrick Mendaro, marqués de Placetas, descendiente directo de William y Fanny Kirkpatrick, me ha ofrecido ricos pormenores sobre su propia familia, muy valiosos para conocer las vidas de sus ancestros. Agradezco inmensamente su respaldo y estímulo.

Igualmente me gustaría dar especial agradecimiento a Esther Cruces Blanco y al personal del Archivo Histórico Provincial de Málaga, así como a don José Manuel Calderón, del archivo de la Casa de Alba del Palacio de Liria en Madrid.

Especialmente en deuda quedo con Christopher y Liz Carlin, de Seattle (Washington) por su búsqueda diligente sobre Ella Rosa en los archivos de Los Estados Unidos.

A don Carlos Trias Vejarano de Trías, Kirkpatrick y de Grivegnée, de Marbella, que fue especialmente bienvenido, presentándome a su primo don Enrique. Él ha suministrado abundante información así como valiosos consejos.

A doña María Pepa Lara García y Augustina Simón y al personal de la Biblioteca Municipal de Málaga que han respondido a mis pesquisas con tolerancia, siendo demasiado generosos con su ayuda y apoyo. De igual modo a Alejandro Luque, de la Secretaría General de la Chancillería y al personal del Archivo de la Catedral de Málaga, especialmente a Alberto Palomo Cruz y Susana Rodríguez de Tembleque, así como al reverendo don Miguel Vega Martín, archivero, y que me han dispensado renovada paciencia, como la que también han tenido doña Trinidad Farcie Merron, en el Archivo Díaz de Escovar, situado en el Museo Unicaja de Artes Populares.

Doy las gracias también a Francisco Marmolejo Cantos, investigador de la historia de Coín, y a Michelle Consuella Heidi, británica también en

Málaga, así como a Carmen Nueda y Vanessa Cary, de Bath, los cuales han trabajado duro transcribiendo y traduciendo antiguos legajos españoles; también a Catherine Kirkpatrick por sus diligentes correcciones y a Cathy Gibb, asistente de Archivos, en el Dumfries Archive Centre, en el 33 de Burns Street, Dumfries (Escocia) por la ayuda con los expedientes sobre Kirkpatrick. Hay muchos otros trabajadores, dispersos en bibliotecas de medio mundo, que ha facilitado mi investigación, incluyendo el personal de la Biblioteca del Centro Cultural Provincial de Málaga y al del National Archives de Washington, así como el del British National Archives, en Kew. Especial agradecimiento debe ir a Marie Weinel de la Biblioteca de Bath Central Library por la búsqueda diligente entre las estanterías en la biblioteca bajo mis designios.

Todos los errores, malentendidos y omisiones son enteramente debidos a mis defectos.